Empatía en un mundo que duele

DR. JOSE SÁNCHEZ GARCÍA

Empatía en un mundo que duele

Una exploración científica
para mejorar tu vida
y aprender a sentir con el otro

Grijalbo

Papel certificado por el Forest Stewardship Council®

Primera edición: noviembre de 2025

© 2025, Jose Sánchez García
© 2025, Penguin Random House Grupo Editorial, S. A. U.,
Travessera de Gràcia, 47-49. 08021 Barcelona

Printed in Spain – Impreso en España

ISBN: 978-84-253-7088-5
Depósito legal: B-17.263-2025

Compuesto en Llibresimes, S. L.

Impreso en Black Print CPI Ibérica
Sant Andreu de la Barca (Barcelona)

GR 7 0 8 8 5

*Para mi madre, quien, con actos más que palabras,
me enseñó las cinco dimensiones de la empatía sin yo saberlo*

Índice

Introducción

Permíteme que te cuente cinco pequeñas historias personales y humanas que guardan relación directa con este libro, de las cuales se destila que la empatía tiene matices y giros.

12 de julio de 2010

Se juega la esperada final España-Holanda del Mundial de Fútbol en Sudáfrica. Me levanto dos horas más tarde de lo normal, a las nueve, después de cuarenta y seis intensos días en el Kievits Kroon, un magnífico resort a las afueras de Pretoria, en Sudáfrica.

Solo me queda por acometer una tarea: reunirme a las once con Howard Webb, Darren Cann, Michael Mullarkey, Yuichi Nishimura y Toru Sagara. Ellos son, respectivamente, el árbitro, asistentes y cuarto y quinto árbitros de la final de la Copa del Mundo de Fútbol. Por la tarde estaré en ese partido en Soccer City, en la sala vip del flamante estadio de Johannesburgo.

El objetivo de la reunión matinal es prepararlos para el día más importante de su vida. No importa el esfuerzo y el mérito que han acumulado a lo largo de su carrera si esa la tarde cometen un error visible que perjudique a España u Holanda, las consecuencias que deberán asumir serán terribles. Podrían comprometer su carrera profesional de por vida y además ser víctimas de críticas, insultos y acoso. No solo hacia ellos, también incluso hacia miembros de sus familias.

Desayuno con calma, paseo y a las once me reúno con todos. El protagonista es sin duda Howard, el árbitro principal. Hemos trabajado juntos durante cuatro largos años por todo el mundo. Ha dulcificado un tanto su comunicación, ha mejorado cómo prevenir conflictos y ha disfrutado como un niño de todas las sesiones de manejo del estrés y la gestión de equipos. Ha sido uno de los mejores en la preparación física y psicológica entre más de 152 árbitros de élite de sus respectivos países. Pero, sobre todo, ha estado abierto a aprender, lo que suele ser difícil cuando te encuentras en lo más alto de tu profesión.

De cara a la final podría hablarle de mentalidad, visualización o actitud, de agallas y coraje o de que todo va a salir bien, pero sería ridículo. Cuando los incentivos y las recompensas inundan nuestra vida por la magnitud de las posibles consecuencias lo más apropiado es activar la motivación interna.

Créeme, es una estrategia que funciona. Le pido a Howard que durante unos minutos me cuente cómo fue su primer partido como árbitro cuando tenía tan solo trece años. Ahora le brillan los ojos, su cuerpo se relaja y su seriedad inglesa se transforma en una sonrisa afable. Nos narra durante largo rato cómo tuvo que hacer dieciocho kilómetros en bicicleta bajo una intensa lluvia torrencial desde Yorkshire, donde vivía, hasta el campo de fútbol. No tenía botas de tacos ni nada parecido, ni cobró dinero por arbitrar y, cuando terminó, feliz y contento por su labor, cogió su bicicleta y se empapó de nuevo en esos otros dieciocho kilómetros de vuelta. «Esta tarde, ese niño de trece años va a estar ahí», le comento. «Todos los instructores también, yo incluido. Todos estaremos ahí. Todos somos Howard», le insisto. Mi labor estaba hecha.

El resto es historia. Iniesta metió un gol, Howard y su equipo pasaron la prueba, con aciertos y errores, pero de estos ninguno tan grave como para que influyera en el resultado y perjudicara su vida, su prestigio o a su familia. Poco tiempo después le nombraron miembro de la Orden del Imperio Británico. Ese día fue el último que lo vi y supe de él.

Agosto de 2010. Un mes más tarde

Viajo a Japón para realizar un retiro con los monjes Shinto Yamabushi, los guerreros de la montaña. Allí voy a practicar y aprender los rituales ancestrales de los monjes, en las preciosas montañas sagradas del sintoísmo. Me acompaña un compañero y amigo, también instructor en la FIFA, Mitsu. Al llegar a Yamagata, me invitan a comer en varios lugares, ¡personas que no conozco!, debido a que ayudé durante esos cuatro años a Yuichi Nishimura, el árbitro japonés que mencioné con anterioridad. Yuichi fue el que más partidos arbitró en el Mundial y eso era todo un hito para su país. En una rueda de prensa al volver me nombró como uno de los artífices de su buen desempeño. De este modo, me agradecen el haber servido a uno de los suyos. Tras quince años, cuando Mitsu y Yuichi coinciden varias veces al año, siempre me envían una foto. Aunque nunca los he vuelto a ver físicamente, siempre sé de ellos. De alguna manera están muy cerca. Son gente que me quiere.

Mayo de 2013

Estoy a punto de entrar al despacho de un ejecutivo de una empresa del IBEX 35. Me piden intentar mejorar el comportamiento de este directivo, muy competente, pero temido por todo su equipo por su lenguaje, formas, desprecio y amenazas. La persona que me contrata me comenta que nadie lo quiere, pero que él tiene que aprobar que yo imparta seminarios a sus setenta directivos.

Parto de la realidad, lo más probable es que en treinta minutos no pueda convencerle de que hay que cuidar a los demás y llevarse bien con los otros miembros, incluso con aquellos que no nos parecen demasiado competentes. Estoy acostumbrado a ayudar en el diseño y la gestión de equipos; para ello, en vez de basarme en motivaciones, afectos, metas y sueños, siempre inestables, me centro en las características más regulares de las personas: su inteligencia, personalidad e identidad social.

Al acceder al despacho me encuentro una escena de película: aspecto clásico, muebles de madera tradicional y el alto ejecutivo con tirantes y camisa con gemelos, mirada desafiante, fuerte olor a colonia y un enorme y llamativo reloj en la muñeca de una marca que desconozco. Sin mucha dilación, me comenta que tenemos poco tiempo y que es consciente de su propia valía, compromiso y creatividad. Se gusta a sí mismo, resulta evidente. Con buenos argumentos me describe los errores de su gente que él debe corregir y soportar. Mientras habla comprendo que no debe de ser sencillo lidiar con la falta de impecabilidad de los demás, aun así, me afirma que no necesita a nadie en el plano psicológico para hacer lo que lleva haciendo quince años a un altísimo nivel.

Pasan los minutos, él habla de sí mismo y su gran desempeño y acabo por no tener ni un hueco para intervenir. Sé que la persuasión no tiene nada que ver con hacer cambiar de opinión a una persona, ni con trucos de prestidigitador, sino más bien con modificar, aunque sea levemente, las actitudes. Mi estrategia pasa primero por reconocer su valía y nivel y al final me atrevo a comentarle: «Parece que lo has conseguido todo. El puesto más alto, la responsabilidad más grande y los mejores proyectos. Sin lugar a dudas, enhorabuena, ¡qué puedo decir! Sin embargo, por si acaso sirviera, solo hay una cosa que quiero decirte. Quizá te falta conseguir todavía algo más, pero estoy seguro de que en breve lo lograrás: que tu gente te quiera». Se queda algo pensativo y concluye la sesión de forma rápida. Muestra ese tipo de amabilidad y educación que muchos definirían como estilo, saber estar, carisma, apariencia, elegancia o liderazgo. Tengo claro que esa «educación» es más bien una forma aceptada de clasismo.

Como a veces sucede, lo que parecía que sería un camino de rosas laboral con muchos directivos en un contrato de ensueño se quedó en nada. A los tres días me envió un mail que ya no esperaba: «Estimado José, muchas gracias por tu profesionalidad el otro día. Un saludo, A.». La intervención fue un éxito, aunque no optara al trabajo.

Muchos años antes. Un día de 2005, desierto de Wirikuta

Estoy con Jim, un ingeniero de Miami, y nuestro maestro en medio del imponente desierto de Wirikuta, en México. Nuestra estancia aquí es el culmen de años de trabajo sobre rituales y aprendizajes basados en las costumbres y la cosmovisión de los indígenas huicholes. La palabra sincera, siempre en medio de un fuego ceremonial, es uno de los ingredientes de esta magnífica experiencia. Como todo buen maestro, este se abre en canal, mostrando su propia vulnerabilidad y cómo esta también es parte de la vida y su incertidumbre. De sus ojos caen lágrimas gruesas, así me lo parece, como una lluvia torrencial que mana de sus pupilas. Narra que una persona a la que ha querido profundamente sentía que «no le había llegado su amor, que no lo había tocado». Quizá es que el amor, para que toque al otro, debe ser al menos templado, nunca distante.

Un día de 2025, en una feria tecnológica

Me acompaña David, un amigo con el que investigo la convergencia entre neurociencia e inteligencia artificial, en una exposición tecnológica. Estamos probando diversos botones que accionan un robot situado a unos tres metros de nosotros. No es un humanoide actual, sofisticado y complejo, sino un simple prototipo de exposición. Toco varios botones y el robot saluda, mueve la cabeza de arriba abajo, los brazos o comenta alguna frase. No me he dado cuenta de que una señora, de unos sesenta y pico años, le responde al robot. Pulso el botón de despedida y el robot saluda con la mano y emite un «Buenas tardes, que tenga un buen día. Gracias por visitarnos». La señora se despide efusivamente del robot y les comenta en voz alta a sus amigas que es muy majo y educado. No es un juego para ella, parece haber dotado al robot de agencia y consciencia en tan solo unos segundos. Para ella, quizá no está tan clara la diferencia entre el ellos y el nosotros, lo cual solo puede significar una cosa: el futuro ya está aquí.

Llegado a este punto tal vez te hayas preguntado quién soy, así que procederé a presentarme. Mi nombre es José Sánchez García. Trabajo como neurocientífico y profesor universitario en la facultad de Psicología de la Universidad Internacional de La Rioja. Investigo el cerebro con relación a emociones e inteligencia y publico esos resultados en revistas científicas internacionales. Como consultor científico en empresas aplico lo que sabemos de la ciencia del comportamiento y lo que he explorado en numerosas culturas sobre la mente humana para mejorar el rendimiento, la influencia y la persuasión de una forma ética. Como mentor para individuos desde hace más de veinticinco años, compruebo que los humanos nos topamos, como en estas pequeñas historias, con ese ellos-nosotros en innumerables ocasiones.

Te hablo desde el pasado, desde esa idea que revolotea mis pensamientos y que no sé si llevaré a cabo. Me he propuesto escribir un libro en torno a la empatía, pero antes quiero comprobar que realmente era un tema importante y necesario. Sospecho que sí, pero lo quiero certificar de alguna manera. Así que he creado una encuesta muy especial formada por una única pregunta y cuya respuesta debe ser una sola palabra. La pregunta es: ¿Qué le falta al mundo? Si las respuestas nada tienen que ver con lo que se destila de estas historias, no lo escribiré. Pero, si lo que las personas contestan está relacionado con mi sospecha, el libro seguirá adelante, merecerá la pena escribirlo y tú estarás leyendo estas líneas Si deseas seguir nutriendo esta encuesta, puedes participar en el siguiente enlace: <https://forms.gle/BRnzbsi2saLN wk2D9>.

En una sola palabra, ¿qué le falta al mundo?

1

En una sola palabra, ¿qué le falta al mundo?

Como ya comenté en la introducción, esta es la pregunta de la encuesta anónima que he realizado en el último año como base para escribir este libro. A través de ella he recogido la edad, el género, la profesión, el nivel de estudios y el país de residencia de los miles de personas que ya han participado. Te comparto los resultados para un número total de 2.150 participantes. Los rangos de edad de la muestra se distribuyen con un 40 % de personas menores de treinta años, un 45 % de entre treinta y cincuenta y un 15 % de mayores de cincuenta años. En relación con el género, un 60 % son mujeres y un 40 % hombres. Al clasificar los resultados por ocupación, los estudiantes constituyen un 35 %, los profesionales en activo el 40 % y los desempleados o jubilados un 25 %. En cuanto al nivel de estudios de los participantes un 55 % poseen formación superior o universitaria, un 30 % han realizado los estudios secundarios y un 15 % poseen solo estudios primarios.

¿Cuál crees que es la palabra que más respuestas ha tenido?

Las más citadas son: «empatía» (35,8 %), «amor» (19,3 %), «respeto» (8,8 %), «humanidad» (4,7 %), «paz» (4 %), «conciencia» (3,8 %), «educación» (3,6 %), «honestidad» (2,9 %), «valores» (2,7 %) y «bondad» (2,5 %). ¿Te sorprende? Estas diez palabras representan aproximadamente el 85 % de todas las respuestas, lo que indica un alto grado de consenso entre los participantes sobre lo que consideran que le falta al mundo. Es notable que la mayoría de las respuestas más frecuentes estén relacionadas con valores humanos y cualidades interpersonales (amor, empatía, respeto, humanidad), más que con aspectos materiales o tecnológicos.

Otras como «agradecimiento», «sensatez», «ternura», «honradez», «concordia», «calma», «cordialidad», «fraternidad», «humildad», «templanza», «sensibilidad», «corazón», «tribu», «autocultivo», «felicidad», «magnanimidad» o «luz» apuntan en la misma dirección. Cuando analizamos los resultados por género, apenas varían, y el mito de hombre racional y mujer emocional se desvanece una vez más. Los hombres utilizan algo más la palabra «empatía» y las mujeres «amor». Si miramos los resultados en relación con la ocupación, no encontramos diferencias entre individuos en activo, estudiantes o jubilados. Si pensamos en el nivel de estudios, tampoco aparecen distinciones significativas.

Sorprende la ausencia de respuestas como «disciplina», «aislamiento», «autoestima», «pasión», «actitud», «empoderamiento», «resistencia», «resiliencia», «mentalidad» o «visualización», palabras que sin embargo nos invaden día tras día en una cultura centrada en el individuo, al que se hace responsable único de su suerte.

¿Será porque las personas que han contestado saben y sienten que, en general, tienen buena actitud, se esfuerzan y transitan la vida día a día con decoro y dignidad? ¿O será que son débiles y flojos de «empoderamiento» y «mentalidad»? Científicamente, la respuesta correcta es la primera.

Conviene destacar que en las respuestas no hay términos como «guerra», «violencia», «acoso», «expulsión», «alerta», «defensa», «ataque», «cancelación», «prohibición», «autoritarismo», «dictadura», «militarización» o «mano dura». Bueno, mano dura serían dos palabras y la encuesta mide uno.

Profundicemos un poco más a través de un análisis de similitud semántica, es decir, revisemos cuánto se parecen las palabras entre sí en relación con el significado al que apuntan. Te pongo un ejemplo: «bondad» y «amor» guardan mayor parecido entre ellas que «bondad» y «mesa». De esta manera podemos diferenciar grandes grupos de significados comunes que nos ayudan a entender mejor las respuestas, algo así como cuando clasificamos los coches en utilitarios, berlinas, deportivos, SUV o monovolumen, o los futbolistas en defensas, medios y delanteros.

Mediante el análisis aparecen cinco grupos principales de términos relacionados. Un primer conjunto de valores emocionales básicos con palabras como «amor», «paz», «cordura», «silencio» y «nada», que expresan conceptos relacionados con estados emocionales de tranquilidad. La inclusión de «nada» en este grupo podría interpretarse como una visión nihilista o de plenitud o quizá como un sentido profundo de aceptación.

El segundo grupo evoca conceptos temporales y de percepción con palabras como «conexión», «tiempo», «luz» y «memoria». Aquí se unen términos relacionados que sugieren que el mundo necesita más vínculos significativos y mayor conciencia temporal.

El tercero se centra en valores intelectuales y morales con palabras como «educación», «responsabilidad», «conciencia», «humanidad», «valores», «coherencia», «equilibrio», «sensibilidad», «sentido común», «unicidad», «inteligencia» y «discernimiento». En este caso se vinculan los conceptos con el desarrollo intelectual, moral y ético. Desde esta percepción, al mundo le faltan sobre todo valores relacionados con el pensamiento crítico y la responsabilidad.

El cuarto grupo evoca virtudes personales con palabras como «bondad», «humildad» y «sensatez», que representan la moderación y la consideración hacia los demás.

El quinto y último grupo lo forman las virtudes sociales con palabras como «honestidad», «respeto», «empatía», «justicia», «templanza» y «serenidad», virtudes orientadas a la interacción social y la convivencia.

Al examinar la similitud entre palabras vemos que existe una fuerte relación semántica entre términos como «empatía» y «compasión» (85 %), «amor» y «bondad» (78 %), y «educación» e «inteligencia» (73 %), lo que refuerza la coherencia de los grupos identificados.

La familia de términos vinculados con la empatía en un nivel individual, interpersonal y social es ubicua. Esta muestra, a pesar de sus limitaciones, puede ser representativa de la población de algún modo. La homogeneidad que presenta, con independencia del género, la edad, la profesión o el nivel de estudios, resulta fidedigna. Si unimos todo eso, este libro tiene sentido.

Es tremendamente importante que comprendamos, estudiemos y analicemos la empatía a fondo porque, no en vano, esta o términos de semántica próxima muestran que es justo «lo que falta en el mundo». No esperes una visión ingenua, acrítica y romántica de esta; el hecho de que para casi todo el mundo represente la solución impide disimular o evitar sus limitaciones.

Este libro versa de virtudes y peligros, de origen y evolución, de su evaluación y diagnóstico, de su falta y exceso, de su lado racional y emocional, de sus correlatos cerebrales biológicos, de sus antecedentes en otros animales, de su imbricada relación con el resto de emociones, de sus mitos de neurona espejo y oxitocina, ¡de su vertiente corrupta!, de cómo no solo une, sino que también separa y acusa, de su versión reparadora y de su futuro en relación con las máquinas y los robots humanoides.

Si atendemos a todo ello, si nos aplicamos en esa tarea que es comprender mejor la empatía en todos esos niveles, el logro resulta gigantesco y quizá podamos ayudar a construir qué le falta al mundo.

Este libro va dirigido a todas las personas, dado que como puedes sospechar por las historias de la introducción, la empatía, su exceso, escasez o peligros forman parte de nuestro día a día. Las relaciones interpersonales y sociales son con frecuencia una de nuestras fuentes de sufrimiento y uno de los conflictos más comunes en las organizaciones. Espero que resulte especialmente útil a psicólogos y estudiantes de Psicología, a los que con frecuencia la empatía se presenta desde una visión un tanto naíf.

Aunque se trate de un libro de divulgación y lectura ágil, tienes a tu disposición numerosas referencias científicas para ampliar y analizar a fondo todo lo que engloba este constructo. También consta de un apartado «Para saber más», que es casi como un segundo libro paralelo que apoya el texto de este. He incluido numerosas anécdotas personales que pretenden enraizar lo que voy a compartir y porque como autor me posiciono también vulnerable y confuso en ocasiones sobre cuánto, cómo, por qué, hasta dónde y con quién empatizar. Por fortuna, he podido avanzar en este discernimiento.

Por último, soy una persona práctica, y esto quiere decir que, aunque me encanten la erudición y los libros, la sabiduría no se trata de conocer sin más a Voltaire, a Séneca o a Kant, sino de aplicar en la vida, en el día a día, y de forma práctica, eso que aprendemos. En el campo de juego aparecen detalles, sutilezas, destrezas, habilidades, giros y matices que no conoce ni sueña el que solo mira los mapas teóricos desde el salón de la casa de sus padres. Es decir, el catedrático de las emociones, el que más sabe de ellas, no necesariamente las regula. Erudición no equivale a sabiduría, algo que como cultura solemos confundir una y otra vez.

Es por eso que en la mayoría de los capítulos te propongo varios ejercicios de puesta en práctica de lo aprendido. Son muy similares a los que utilizo en mi comunidad o en las organizaciones a las que asesoro, donde en ocasiones es preciso trabajar con los conceptos que aquí te presento.

Empecemos por entender qué es la empatía, eso que, en una palabra, resulta ser lo que le falta al mundo.

Cada vez que encuentres el símbolo ±, puedes dirigirte a la página 285 y, tras escanear el código QR, hallarás más información sobre el tema tratado. Para saber más cómo he analizado la encuesta, dirígete a la página 15.

2

Qué es la empatía, con qué se confunde y un poco de historia

En la pequeña ciudad de Maycomb, Alabama, durante la Gran Depresión de los años treinta, Atticus Finch, un abogado viudo y padre de dos niños, aceptó defender a Tom Robinson, un hombre negro acusado de violar a una mujer blanca. Esta decisión lo enfrentó de inmediato con la mayoría de la comunidad, que daba por sentada la culpabilidad de Robinson simplemente por su raza.

A lo largo del juicio, Atticus demostró con evidencia clara que las acusaciones contra Robinson eran falsas. Probó que Mayella Ewell, la supuesta víctima, había intentado seducir a Robinson y que, al ser descubierta por su padre, ambos fabricaron la acusación de violación. A pesar de la evidente inocencia, el jurado, compuesto en exclusiva por hombres blancos, declaró culpable a Robinson.

Más allá del caso, Atticus constantemente enseñaba a sus hijos, Jem y Scout, a considerar las perspectivas de los demás. Cuando Scout tenía problemas con su maestra de primer grado, Atticus le aconsejó: «Nunca llegarás a entender realmente a una persona hasta que consideres las cosas desde su punto de vista…, hasta que te metas en su piel y camines con ella».

Incluso hacia aquellos que lo insultaban o amenazaban, Atticus mantenía una actitud de comprensión. Cuando un granjero le escupió en la cara, les explicó a sus hijos que el hombre estaba pasando por dificultades económicas extremas para contextualizar su comportamiento sin excusarlo. Cuando una turba intentó linchar a Robinson en la cárcel, Atticus se interpuso solo, desarmado, hablando con calma hasta que los hombres, confrontados con su humanidad a través de la presencia inocente de Scout, se dispersaron.

Tras su condena injusta, Robinson intentó escapar de prisión y fue asesinado. A pesar de esta derrota devastadora, Atticus mantuvo su integridad y siguió modelando para sus hijos la importancia de tratar a todos con dignidad, incluso a aquellos con quienes estaba en profundo desacuerdo moral.

Esto que has leído es un resumen de la trama de *Matar a un ruiseñor*, de Harper Lee, y pone de manifiesto que la empatía es «sufrir con». Es decir, supone instalar una mirada en la que, además de uno mismo, está el otro y, por tanto, implica a un mínimo de dos individuos. Viene de la palabra griega *empatheia* («pasión»), compuesta por *em-* («con») y *pathos* («sentimiento», «sufrimiento», «dolor»).

Desde una visión psicológica y científica, la empatía es ser capaces de comprender y sentir los estados mentales y afectivos de nuestros congéneres. Nos permite no solo comunicarnos e interactuar de manera eficaz y agradable, sino también predecir las acciones, las intenciones y los sentimientos de los otros. Muchas veces nos damos cuenta de esta capacidad solo cuando en apariencia «falla», es decir, cuando no funciona como esperamos.

La empatía, como explica Karsten Stueber, significa reconocer a los demás como «criaturas dotadas de mente». Gran parte de la investigación sobre la empatía se ha centrado en el dolor y, por ello, en qué hacemos y cómo sentimos el sufrimiento de los demás. Pero resulta que la empatía es tan solo una de las muchas respuestas vicarias hacia otros. De hecho, con frecuencia la confundimos con contagio emocional, simpatía, antipatía, angustia o compasión. Conviene aclarar por tanto qué es y qué no es «sufrir con».

Empecemos por distinguirla del contagio emocional. ¿No te ha ocurrido en una reunión, en un evento deportivo o musical, en un cumpleaños o en una celebración que de repente sientes que te contagias de las emociones de los demás? Algo así como empezar a sentirte alegre porque los que se encuentran a tu alrededor lo están, o sentir que surge miedo en ti porque multitud de personas sienten pánico. Trato de permitirlo en un concierto de Iron Maiden y de evitarlo cuando mi vecino entra en bucle al explicar cómo solucionar con mano dura, «principios» y disciplina los problemas del país.

Curiosamente, el contagio emocional no requiere que seas consciente de que experimentas esas emociones debido a otras personas. Uno las vive, ante todo, como propias.[1] Esta tendencia a «contagiarse» de las emociones de otras personas ya se aprecia en los bebés; así, estos empiezan a llorar cuando escuchan a otros bebés llorar, mucho antes de desarrollar un sentido de sí mismos separado de los demás. Un estudio realizado con resonancia magnética funcional (sí, ese famoso tubo en el que te meten, que hace muchísimo ruido a pesar de los cascos que te proporcionan y que da un poco de claustrofobia) encontró evidencia inicial de un contagio pupilar involuntario.[2] En la resonancia, en vez de estar quieto «sin hacer nada» te exponen a realizar una tarea. En este caso a los participantes se les mostraron fotografías de rostros tristes con diferentes tamaños de pupila. El tamaño de las suyas se reducía significativamente cuando observaban rostros tristes con pupilas pequeñas en comparación con otros con pupilas más grandes. Otros estudios favorecen la idea de este contagio pupilar, del que, por supuesto, no somos conscientes.[3]

Los seres humanos estamos muy preparados para la comunicación social. Detectamos en milisegundos el blanco de los ojos, lo que nos permite inferir las intenciones de otros. Si miras a la izquierda de repente, es el blanco de tus ojos el que me permite dirigir mi atención al mismo lugar que tú. De hecho, el *Homo sapiens*, y casi seguro los neandertales, mostraban blanco de los ojos. La mayoría de los animales no tienen una esclerótica blanca, lo que limita cierta comunicación social. No obstante, la función social del blanco de los ojos ha sido recientemente cuestionada (±).

Todo esto me recuerda una de las rimas de Bécquer donde menciona de forma explícita la pupila como reflejo de ese abismo que atrae:

> *Tu pupila es azul y, cuando ríes,*
> *su claridad suave me recuerda*
> *el trémulo fulgor de la mañana*
> *que en el mar se refleja.*

El contagio pupilar que intuye Bécquer se vio favorecido en el siglo XIX y principios del XX en ambientes de la alta sociedad francesa e italiana. Las mujeres usaban extracto de la planta *belladonna* (literalmente «bella mujer» en italiano) para así dilatar sus pupilas de manera artificial antes de los bailes y encuentros amorosos. Lo hacían por un motivo estético y simbólico, dado que las pupilas dilatadas son un marcador inconsciente de interés o excitación emocional. En ese contexto, las pupilas grandes producían un brillo hipnótico y un efecto de «mirada encantada» que nuestro cerebro capta en milisegundos. Ojo (¡nunca mejor dicho!), no confundas interés con seducción, ni seducción con relación íntima. Si alguien te escucha y ves sus pupilas dilatadas, puede que tan solo esté interesado en tu postura y opinión respecto a lo que hablas (±).

Otra curiosa forma de contagio emocional es la imitación (*mimicry*). Se refiere a la tendencia a sincronizar automáticamente expresiones afectivas, vocalizaciones, posturas y movimientos con los de otra persona.[4] Quizá te haya sucedido que, sin darte cuenta, sintonizas con la postura de tu interlocutor. Es importante que esta gestualización sea automática y no tanto deliberada, te doy una pista de por qué (±).

Existen personas que entran en una especie de éxtasis cósmico con estas sutilezas del contagio emocional y la imitación. Con esto quiero decir que se obsesionan tanto con gestos, posturas y su aparente importancia que se sientan a tu lado y te das cuenta de que están imitando tus gestos para así «armonizarse» contigo. Cuando lo detecto, me meto el dedo en la nariz o en la oreja a propósito y observo que ya no me copian. Funciona siempre. Lo hago un poco por provocación, pero sobre todo porque, aunque cuando un observador percibe las expresiones faciales afectivas de otro (como una sonrisa o un ceño fruncido) se producen respuestas afectivas correspondientes en él, la empatía generada es débil.[5] Además, quien está pendiente de tu postura no puede atender a lo que dices. Sí, ya sé que creemos que podemos con todo, escuchar al otro, analizar su postura, pensar en lo que dice, preparar nuestras próximas palabras… En realidad, la capacidad para la multitarea (memoria de trabajo) es limitada (±). Atender al otro no es imitarlo; eso está lejos de la empatía y más próximo de una máscara que simula cercanía. Por ello, te aconsejo que atiendas desde el interés genuino y dejes que suceda el resto.

Es importante resaltar que no todo contagio implica alta emocionalidad. Existen casos en los que ocurre imitación sin un componente emocional, y otros en los que las emociones se generan automáticamente al observar el estado emocional de otro, sin que haya imitación motora. Por ejemplo, un jefe que trabaja en silencio y con calma puede inducir un ambiente productivo y sereno en la oficina, aunque nadie imite sus gestos o expresiones.

¡Y qué decir del bostezo! Es un fenómeno que se produce incluso si el observador no está cansado o aburrido. En este caso, hay imitación motora (activación de músculos faciales), pero no necesariamente una emoción asociada.

Otro ejemplo es el de una persona que puede sentir ansiedad al ver a alguien sufrir un ataque de pánico, incluso si no reproduce sus movimientos (temblores, hiperventilación). La emoción surge de la inferencia del estado interno del otro, no de la mímica.

En otros casos, a veces ligados a otras culturas, la expresión emocional abierta se contiene y las personas pueden experimentar emociones intensas al observar a otros, aunque no las exterioricen mediante imitación motora. Siento decir que en estos casos no es detectable esa contención, a pesar de que lo hayas escuchado mil veces.

En resumen, puede que otro se contagie de tu emoción y no lo parezca y que otro adopte tu postura, pero no sienta tu emoción. ¡Cuidado! Elaine Hatfield, una investigadora de la Universidad de Hawái, ha denominado sabiamente toda esta afinidad y facilidad de comunicación vía pupila y gestos «empatía primitiva».[6] Si existe una empatía primitiva, también hay una adquirida, es decir, que se aprende y, por tanto, esta será nuestra primera dimensión de la empatía: primitiva-adquirida. De alguna manera refleja el pasado y el futuro, lo innato y lo añadido. Guarda el concepto, porque lo veremos más adelante.

Avancemos un poco más. ¿Qué hay de esas personas que nos caen simpáticas o antipáticas? Es necesario destilar qué causa esta percepción, pero antes debemos saber si tiene algo que ver con la empatía. La simpatía es un sentimiento de preocupación o compasión hacia otra persona, que suele ir acompañado del deseo de aliviar su malestar o ayudarla. Ojo, no implica sentir lo mismo que el otro, sino que es una emoción dirigida a la otra persona, pero desde la propia experiencia (no compartes su tristeza, más bien te preocupa que esté triste). Es una muestra de afecto benevolente, pero sin contagio emocional directo. Tal vez te extrañe esta visión de la simpatía y, sin embargo, ¡es la científica!

La definición popular es algo más laxa y solemos pensar que la simpatía es la experiencia de que alguien «me caiga bien», me resulte agradable, afín, divertido o fácil de tratar, pero no implica *per se* el deseo de ayudarle. Sería algo así como «me cae simpático el vecino, pero no tengo por qué ayudarle a hacer la mudanza». De hecho, es probable que, si te pide ayuda para esta, ya no te resulte tan simpático.

Sin embargo, la definición científica conlleva un sentimiento de preocupación, afecto benevolente o cuidado hacia el sufrimiento o bienestar de otra persona. No necesariamente te lleva a ayudar, pero facilita esa conducta. Es un factor motivacional que aumenta la probabilidad de querer aliviar su malestar. Ves a alguien triste, no te pones triste tú (eso sería empatía), pero te preocupa y te gustaría que estuviera mejor porque te cae simpático, aunque puede o no traducirse en ayuda concreta. Espero haberte convencido de lo bueno de ayudar en las mudanzas.

La antipatía es lo contrario: un sentimiento de aversión o rechazo hacia otra persona o hacia su estado emocional. No hay deseo de bienestar para el otro. ¡Suena duro! Su sufrimiento o malestar no nos produce preocupación, sino distancia, indiferencia o incluso satisfacción, como veremos. La antipatía no solo no suena bonita, sino que, además, no resulta muy saludable. Cuando la antipatía evoca en nosotros desagrado y desprecio, nos inoculamos estrés a nosotros mismos. Por ello conviene reducir lo máximo posible el contacto con quien nos resulta antipático, para no ahogarnos en nuestra propia «bilis negra». De alguna manera sería sensacional encontrar un modo de discrepar, de no estar de acuerdo con algo o alguien que no conllevara elevar hasta la estratosfera la tensión arterial, disminuir el raciocinio, entorpecer la digestión, aumentar los sesgos, parar la inmunidad y acortar la longevidad. ¡Qué cara nos sale la gente que nos resulta antipática! ¡Cuidado con los que te caen antipáticos si tú mismo te enervas! Te aseguro que en este libro encontrarás esa forma más armónica de lidiar con lo diferente y ser crítico si lo deseas, pero sin quemarte en la crítica.

A diferencia de la simpatía o la antipatía, cuando somos empáticos «sentimos con», al menos parcialmente, pero sabiendo que la emoción es suya, no nuestra. Repito, es importante: suya, ¡no nuestra!

Tania Singer, reputada investigadora del Instituto Max Planck, describe cuatro condiciones necesarias para que se produzca la empatía:

1. El observador experimenta un estado afectivo (por ejemplo, tristeza).
2. Este estado es similar al de la otra persona (un individuo que llora y está triste).
3. Se ha provocado este estado por observar o imaginar las emociones del otro (me acaba de contar que le han subido el alquiler).
4. El observador sabe que ese estado proviene de la emoción del otro, no de sí mismo (le han subido el alquiler al individuo, no a mí).

Esta respuesta empática no ocurre solo por percepción directa al comunicarse con alguien. Basta con imaginar la situación para que se produzca esa inferencia del estado emocional de otra persona.

Habrás escuchado una y otra vez que el cerebro no distingue entre lo real y lo imaginario, sin embargo, mi cerebro no funciona así. Estar con mi familia no es lo mismo que imaginarla y mi cerebro no suele abrazar el aire cuando los imagino, sino cuando están presentes. La paella me encanta, y no sé a ti, pero a mí no me sabe igual comerla que imaginarla. Te animo a desprenderte de este mito y sentirte liberado de su yugo (±).

¿Y qué hay de la compasión? Para Singer es una motivación pro-social para aliviar el sufrimiento ajeno, acompañada de calidez afecti-va. Es un hacer más que solo «sentir con».[7] Implica no solo el deseo, sino también la acción orientada a aliviar el sufrimiento. Por su natu-raleza impulsa conductas prosociales (ayudar) y, como puedes deducir, es muy relevante. Mientras que la empatía implica «sufrir con», pero no necesariamente llevar a la acción una ayuda, la compasión sí. Al igual que ocurre con la simpatía, el uso popular de la palabra «compa-sión» difiere del científico. La asociamos con pena, y precisamente una de las cosas que más rechazamos los humanos es «dar lástima» (¡hay excepciones, claro!). ¿Por qué ese rechazo si en realidad estamos su-friendo? Probablemente porque sabemos que cuando esto nos sucede somos muy vulnerables y no queremos que abusen de nosotros, nos manipulen o nos chantajeen. No nos gusta que pasado un tiempo nos echen en cara que nos ayudaron y soñamos con que el que ofrezca la ayuda lo haga desde un lugar genuino. Además, la compasión en un nivel popular contiene un matiz religioso que intuitivamente sentimos desigual. Seguro que en alguna ocasión te ha ayudado alguien, pero desde una postura superior. En definitiva, no queremos dar lástima ni sentirnos superiores. La compasión cotidiana a veces es reactiva (como cuando donamos tras un desastre), cuando en realidad puede y debe ser proactiva. Ampliemos el término «compasión» hacia su vertiente más científica.

Quizá tantos términos te hayan dejado agotado y empieces a sentir por mí algo parecido a lo que te genera el vecino que te pide cargar cajas para la mudanza. Aun así, me temo que nos falta uno: la angustia personal. Se produce cuando ves a otro sufrir y piensas en ti más que en el otro. La «angustia personal», también llamada *distress* personal, no es empatía altruista, sino un malestar tan autofocalizado que te empuja a ayudar solo para dejar de sufrir tú. El pensamiento dominante cuando aparece es «esto me está destrozando» y no tanto «el otro está sufriendo». En los ochenta se exploró esa «vía de escape». Con baja empatía y mayor angustia personal, la gente ayudaba mucho, pero ¡solo cuando no podía marcharse![8] Te animo a que observes en situaciones de dolor, sufrimiento, estrés, incertidumbre o inestabilidad si las respuestas propias o ajenas emanan de un altruismo recíproco o de la angustia personal.

Te entiendo, es un jaleo, así que vamos con un pequeño resumen que te ayude a fijar los conceptos:

Estado emocional	Definición técnica	Resultado psicológico y social
Contagio emocional	Resonancia automática e inconsciente con la emoción de otro. No hay diferenciación del yo y el otro.	Fusión emocional. Vulnerabilidad a sobrecarga afectiva o desregulación. Es preempático.
Simpatía	Afecto o preocupación leve por otro sin compartir su emoción. Distancia afectiva.	Cercanía emocional superficial. No siempre motiva a actuar.
Empatía afectiva	Sentir lo que el otro siente. Reconocimiento del sufrimiento compartido.	Riesgo de *fatiga por empatía* o *burnout* si no se regula. Conexión emocional directa.
Compasión	Empatía motivacional que impulsa deseo activo de aliviar sufrimiento. No dolor personal.	Conductas de ayuda sostenibles. Bienestar emocional propio y ajeno. Protección ante desgaste.
Antipatía	Rechazo afectivo o malestar ante el estado emocional o presencia de otro.	Desconexión emocional. Puede inhibir conducta prosocial. En ciertos contextos activa mecanismos defensivos o de exclusión.

Estado emocional	Definición técnica	Resultado psicológico y social
Angustia personal	Sobrecarga afectiva autofocalizada.	Activación emocional desbordante con ansiedad y malestar propio.

Como sospechas, navegamos en el día a día entre estos términos. Nos contagiamos de algunas emociones, generamos antipatía hacia personas o grupos que justificamos con razones que nos parecen muy convincentes, sentimos preocupación empática por otros, nos angustiamos y en ocasiones incluso ayudamos para aliviar el sufrimiento. O sea, que el lío empático aparece.

Decir que sientes empatía o no, o qué bonita y dorada es, o similares, como ya puedes sospechar, es no decir nada. Al menos conocemos la primera dimensión primitiva-adquirida y no la confundimos con otros términos.

Veamos si podemos evaluar cuánta empatía tenemos en el siguiente capítulo, pero antes te dejo algunas prácticas.

EJERCICIO

Revisando empatías

Siempre conviene afinar términos. La palabra «empatía» significa tantas cosas diferentes para cada persona que antes de usarla casi necesitamos asegurarnos de que apunta al término original.

Para este primer ejercicio te propongo tan solo observar durante tres días en el espacio cotidiano de tu vida, comportamientos, actos o palabras de empatía, simpatía, antipatía, angustia empática, compasión y contagio emocional.

Para ello anota las situaciones en las que suceden cada uno.

Ejemplo

Contagio emocional en el concierto de Iron Maiden ayer.

Antipatía espontánea a la vecina que anoche hacía ruido a las dos de la mañana.

Simpatía natural por Álvaro, el conserje siempre afable y tranquilo.

Empatía por mi madre, preocupada por un dolor fuerte en la mano.

Compasión y ayuda por Sergio, que no sabía cómo resolver un formulario de proyectos y temía perder su puesto.

3

Evalúa tu empatía

En 2009, el psicólogo Richard Nisbbet y su equipo realizaron un estudio comparativo sobre la empatía entre estudiantes universitarios estadounidenses y japoneses. Utilizaron un test del Cociente de Empatía (EQ, por sus siglas en inglés), con sesenta preguntas donde los participantes indicaban su grado de acuerdo con afirmaciones como «Puedo detectar fácilmente si alguien quiere entrar en una conversación» o «Me resulta difícil juzgar si alguien es grosero o educado».

Los resultados mostraron que los estudiantes japoneses puntuaban más bajo que sus homólogos estadounidenses. Basándose en estos datos, los investigadores podrían haber concluido que los japoneses tenían menor capacidad empática.

Sin embargo, Nisbbet decidió complementar el estudio con observaciones etnográficas. Su equipo documentó interacciones sociales cotidianas en ambos países y entrevistó a participantes sobre situaciones específicas que habían presenciado. La interpretación cambió. Descubrieron que los estudiantes japoneses demostraban formas sofisticadas de sensibilidad interpersonal no capturadas por el cuestionario.

Por ejemplo, muchos japoneses practicaban *amae* (una forma de dependencia indulgente, pero a la vez aceptada y valorada) y *sasshi* (anticipación de las necesidades de otros antes de que sean expresadas), comportamientos válidos en su cultura, pero no reflejados en las preguntas del test.

Cuando se les preguntaba por qué habían respondido negativamente a afirmaciones como «Soy bueno percibiendo cómo se sienten los demás», muchos japoneses explicaron que considerarían arrogante afirmar tal habilidad, aunque sus comportamientos observados demostraban justo esa capacidad.

En un experimento de seguimiento, Nisbbet modificó el cuestionario para incluir escenarios culturalmente relevantes para ambos grupos. Con este instrumento adaptado, las diferencias en puntuación desaparecieron casi por completo.

Como has podido comprobar en el capítulo anterior, existe mucha confusión sobre las emociones y la empatía. Salvo para Elon Musk, quien recientemente ha manifestado que «el gran error de Occidente es ser demasiado empático» (sí, sí, lo hablaremos a lo largo del libro), la empatía tiene buena prensa, pero es un galimatías.

Me creo muy empático, pero resulta que tengo antipatía hipertensora a muchas personas. Otros son más compasivos que empáticos y están dirigidos a la acción. A muchos lo que les pasa es que se contagian con facilidad de los sentimientos de los demás, sobre todo en la Champions, pero el resto del año no «sufren con».

Nuestra percepción, por intensa que resulte, no siempre resulta fidedigna. Siempre creemos que nos conocemos a la perfección, dado que solo nosotros estamos en contacto con nuestros pensamientos. Sin embargo, la mente humana es una madeja de hilo, una maquinaria predispuesta a sesgos y estereotipos que en muchas ocasiones necesita una mirada desde fuera. Precisamente por este posible lío empático, los psicólogos y los neurocientíficos han desarrollado diversos instrumentos estandarizados para medir la empatía de forma confiable y válida. O lo que viene a ser lo mismo: los test.

Es práctico y útil que sepamos de forma aproximada cómo es nuestra empatía. Para ello se utilizan indicadores directos, mediante diversas preguntas, e indirectos, basados en la observación del otro. Otra opción sería evaluar la activación de redes cerebrales vinculadas al cerebro social en cada individuo. De este modo podríamos deducir con precisión un posible nivel empático, sin embargo, no sabríamos si esa persona empatiza con Pink Floyd (±).

La necesidad de evaluar la empatía radica en sus amplias implicaciones en ámbitos clínicos, educativos y sociales. Por ejemplo, calcular la empatía permite identificar déficits empáticos en trastornos como el autismo o la psicopatía, facilitando las intervenciones terapéuticas. En un contexto educativo, medir la empatía puede ayudar a diseñar programas para mejorar la convivencia y prevenir los habituales conflictos interpersonales. En entornos laborales, suelo encontrar diferencias empáticas muy notables entre los trabajadores e incluso corrupción empática, que luego te explicaré. Entender la empatía me ayuda a mejorar las dinámicas de equipo en organizaciones, no de forma romántica, sino entendiendo dónde se genera la fricción. Permite también reducir la ingenuidad en algunos entornos y en otras ocasiones favorecer la satisfacción laboral.

Para que un test psicológico sea útil para la ciencia debe demostrar dos propiedades esenciales: validez y fiabilidad. Por un lado, la validez, de forma muy resumida, se refiere a que la prueba mida de verdad el objeto en cuestión, es decir, que las preguntas o las situaciones evaluadas reflejen genuinamente el constructo de la empatía. Del mismo modo, si quieres medir la temperatura de una habitación en grados debes hacerlo con un termómetro y no con una báscula.

Por el otro, la fiabilidad se refiere a la consistencia de los resultados. No importa cuántas veces midas: lo obtenido en distintas aplicaciones y circunstancias debe ser igual. Es decir, que una vez tengas el instrumento válido (por ejemplo, el termómetro), este siempre mida bien. Siguiendo la analogía, si cada vez que usas el termómetro da diferente temperatura, no hay fiabilidad. Una prueba con alta fiabilidad asegura que las diferencias observadas en las puntuaciones son consecuencia de distinciones reales en la empatía, y no producto de errores de medición o circunstancias puntuales.

Existen muchos test para evaluar la empatía. Uno de los más antiguos es el Índice de Reactividad Interpersonal (IRI), de Davis. Otro muy conocido es el Cociente de Empatía (EQ, por sus siglas en inglés), de Simon Baron-Cohen. Tranquilo, no me he equivocado en el nombre de pila, se trata del primo hermano de Sasha, el famoso actor y comediante británico (±). En el laboratorio he usado en muchas ocasiones el TECA, test de empatía cognitiva y afectiva, en mis investigaciones sobre las emociones sociales de culpa, vergüenza y orgullo. Es mi favorito, pero no por razones de apetencia o rechazo, que sobran en ciencia, sino porque me parece vital que una de los componentes que incluya sea la alegría empática.

Aunque el uso de un test requiere de un psicólogo especializado y, por tanto, no podemos reproducir estas herramientas en este libro, es interesante mirar algunos de los ítems (preguntas) que se hacen sobre la empatía y que nos permiten entender mejor este constructo. Estas dieciséis preguntas que te muestro no forman parte de ningún test oficial. Las he preparado yo para esta explicación con objeto de que tengas una idea de cómo preguntamos sobre la empatía a las personas.

Léelas despacio y piensa en la respuesta que darías:

1. Me siento emocionalmente afectado cuando observo que alguien está sufriendo.

2. Cuando veo a alguien llorando o angustiado, me cuesta mantener la calma.
3. Las emociones negativas de los demás suelen impactarme mucho.
4. Me siento incómodo o agobiado cuando una persona cercana está molesta o nerviosa.
5. Me siento feliz cuando algo bueno le sucede a otra persona.
6. Disfruto sinceramente al ver a otros celebrar sus logros.
7. Cuando alguien cercano experimenta éxito, lo siento como una alegría propia.
8. Suelo contagiarme con facilidad del entusiasmo de los demás.
9. En general, entiendo por qué una persona se siente de determinada manera.
10. Me resulta sencillo identificar los sentimientos de las personas con solo observarlas.
11. Soy bueno interpretando las emociones que las personas intentan ocultar.
12. Comprendo con rapidez las razones detrás de los sentimientos de alguien.
13. Intento activamente ponerme en la situación de los demás para entender cómo se sienten.
14. Me resulta fácil imaginar cómo reaccionaría si estuviera en el lugar de otra persona.
15. Suelo considerar diferentes puntos de vista antes de formarme una opinión.
16. Cuando alguien toma una decisión que no comparto, trato de entender sus motivos antes de juzgar.

Como puedes deducir, las preguntas buscan determinados aspectos de la empatía que son distintos entre sí.
Tienen que ver con:

- Cuánto nos alegramos de los triunfos de los demás.
- Cuánto sufrimos cuando ellos sufren.
- Cómo somos capaces de comprender las emociones que afrontan.
- Cómo podemos entender lo duro que debe de ser su situación.

¿Qué te parecen estos apartados?

Parece que solo experimentamos empatía cuando sufrimos porque otro sufre, pero en realidad hay matices.

¿Te alegras de lo bien que le va a los demás o estás tan centrado en ti que no tienes tiempo para alegrarte por los otros? Si te alegras eso también es empatía. Recuerda, se trata de «sentir con».

¿Eres capaz de entender que si una persona sufre un ERTE no siempre planea como solución grabar vídeos en YouTube para que el mundo conozca su nuevo mensaje?

¿Puedes imaginar cómo debe de ser huir de un país en guerra y buscar asilo, cobijo o trabajo en otro?

¿Puedes entender que si alguien no sale de un agujero vital no siempre es por falta de actitud, coraje o agallas? Sería bueno comprender que igual no tiene oportunidades o que su estado de salud física y mental no es tan moldeable. O que las circunstancias también moldean, y a menudo de forma intensa, nuestras capacidades.

EJERCICIO

Cartografía empática

A continuación, exploraremos patrones personales de empatía, posibles sesgos y puntos ciegos.

Busca un momento tranquilo para realizar este ejercicio, quizá el fin de semana sea idóneo. Hazlo sin prisa.

Procedimiento

1. Escribe tu nombre o pega una foto tuya que te represente en el centro de una cartulina grande.
2. Alrededor, dibuja grupos con los que te relacionas y escribe sus nombres: familia cercana, amigos íntimos, conocidos, extraños, gente del trabajo, vecinos.
3. Para cada grupo, responde honestamente:
   —¿Cuánto tiempo dedico a considerar su bienestar?
   —¿Con qué facilidad puedo imaginar su perspectiva en un conflicto?
   —¿Qué emociones surgen cuando piensan diferente a mí?
   —¿Qué grupos me generan incomodidad empática?
4. Durante la siguiente semana, escribe un diario de empatía:
   —Registra momentos en los que sentiste empatía automática.
   —Identifica situaciones que hicieron que bloquearas tu empatía.
   —Anota qué características de la otra persona facilitaron o dificultaron tu conexión con ella.

Reflexión profunda

¿Qué revela este mapa sobre tus límites empáticos?

¿Qué experiencias o creencias han moldeado tu capacidad de conectar con ciertos grupos y no con otros?

4

Empatía en la mente y en el cuerpo
(cognitiva y afectiva)

Aquí va el caso más conocido de la neurociencia.

En 1848, Phineas Gage, un capataz de ferrocarril de veinticinco años conocido por su eficiencia y temperamento equilibrado, sufrió un accidente que cambiaría para siempre nuestra comprensión del cerebro humano. Mientras colocaba explosivos para abrir paso a una nueva vía férrea en Vermont, ese bellísimo estado situado en el noreste de Estados Unidos, una chispa accidental provocó una detonación prematura. La explosión propulsó una barra de hierro de más de un metro de largo y tres centímetros de diámetro que atravesó el cráneo de Gage, entrando por su mejilla izquierda y saliendo por la parte superior de la cabeza.

Sorprendentemente, Gage sobrevivió. Tras unos minutos de convulsiones, recuperó la consciencia y pudo hablar e incluso caminar con ayuda hasta un carro que lo transportó al médico local. El doctor John Harlow, quien trató sus heridas, documentó con meticulosidad el caso, asombrado por la supervivencia de Gage y los cambios que siguieron. De hecho, Harlow incrementó su reputación por haber asistido a Gage en un caso tan complejo.

Gage recuperó su estado físico. En pocas semanas podía caminar y comunicarse normalmente. Sus capacidades intelectuales básicas permanecieron intactas: podía razonar de forma lógica, recordar eventos pasados y aprender nueva información. Sin embargo, quienes lo conocían notaron un cambio profundo en su personalidad.

El antes respetuoso, responsable y amable Gage se volvió impulsivo, irreverente y en apariencia incapaz de considerar las consecuencias de sus actos y cómo afectaban a otros. Su lenguaje se tornó soez, vulgar y maleducado, algo impropio de su carácter anterior. Tomaba decisiones imprudentes sin considerar riesgos obvios y sus compañeros, que antes lo consideraban «el mejor capataz», declararon que «Gage ya no es Gage». Así, sus superiores se vieron obligados a despedirlo.

Lo más revelador fue que Gage podía articular de manera verbal las normas sociales y explicar cómo debería comportarse en diversas situaciones. Entendía intelectualmente qué comportamientos eran apropiados y podía razonar sobre las emociones y las expectativas de otros. No obstante, parecía incapaz de incorporar este conocimiento a su comportamiento real o sentir preocupación genuina por cómo lo que hacía afectaba a quienes lo rodeaban. Para Phineas saber era muy diferente a saber hacer.

Durante los siguientes doce años, Gage trabajó como mozo de cuadra, conductor de diligencias y finalmente en una exhibición en el Museo Barnum de Nueva York, donde mostraba su cráneo dañado y la barra que lo había atravesado casi como un mono de feria. Murió en 1860 tras sufrir convulsiones, aparentemente relacionadas con su lesión cerebral.

Décadas después, cuando los neurocientíficos Antonio y Hanna Damasio reconstruyeron la trayectoria de la barra usando técnicas de neuroimagen, descubrieron que había dañado selectivamente su corteza prefrontal ventromedial. A partir de ahí esa región se reconoció por su papel crucial en la integración de emoción y cognición.

Hemos visto que la empatía necesita validez y fiabilidad. Si la empatía significa para cada persona algo diferente, ¿de qué hablamos cuando la nombramos? En realidad, este es un problema cada vez más común, usamos tan mal las palabras que pese a hablar de lo mismo nos referimos a cosas diferentes. Si preguntas a cien personas qué creen que es la democracia puedes obtener cien respuestas distintas. Por tanto, habría que poseer una definición más consensuada y formal que favoreciera el entendimiento y el diálogo. Y si ocurre con «democracia», imagina lo que sucede cuando hablamos de «espiritualidad», «desarrollo personal», «inteligencia emocional» o, como en nuestro caso, «empatía». Hay que sacar la empatía de este cajón de sastre. De no hacerlo, decir que tengo o que me falta empatía será una afirmación generalista, imprecisa y vaga.

Para ello primero recorramos brevemente su historia, lo cual siempre nos ayuda a posicionar cualquier término.

El concepto de empatía tiene sus raíces en la filosofía alemana del siglo XIX. Fue Robert Vischer quien en 1873[1] acuñó en su tesis doctoral sobre estética la palabra *Einfühlung*, que literalmente significa «sentirse dentro de». Vischer utilizó este concepto para describir el proceso mediante el cual un observador proyecta sus emociones en objetos artísticos, lo que le permite experimentar una conexión profunda con la obra de arte. Esta idea revolucionaria sugería que la apreciación estética no era un proceso meramente intelectual, sino que implicaba una forma de proyección emocional que permitía al espectador «habitar» de manera simbólica el objeto contemplado. Todos sentimos esta *Einfühlung* ante una obra de arte, un edificio singular o un lugar. Es más, en ocasiones nos cuesta ponerle palabras a ese sentir. En mi caso, me he entrenado para que sea intenso; a veces demasiado, lo reconozco. Pero ya que es placentero lo bello, conviene sensibilizarnos con esto y ¡no con lo nocivo!

Este viaje de la estética a la psicología comenzó con el filósofo Theodor Lipps en 1903. Lipps concibió la *Einfühlung* como un mecanismo psicológico fundamental que permitía a las personas identificarse con los estados mentales de otros. Según su teoría, cuando observamos a otra persona experimentando una emoción, tendemos a imitarla internamente, lo que nos permite comprender su experiencia. Un poco más tarde, el psicólogo Edward B. Titchener introdujo en 1909[2] el término *empathy* en el inglés, como traducción del alemán *Einfühlung*. Titchener definió la empatía como una especie de proyección mental que permitía a uno comprender los estados mentales de otro.

Durante la primera mitad del siglo XX, el concepto de empatía fue ganando relevancia. En la década de los cincuenta, Carl Rogers, fundador de la psicología humanista, otorgó a la empatía un lugar central en su teoría y práctica terapéutica (±). En 1957, Rogers definió la empatía como la capacidad de «percibir el marco de referencia interno de otra persona con precisión, con los componentes emocionales y significados que le pertenecen, como si uno fuera esa persona, pero sin perder nunca la condición de "como si"». Esta definición enfatizaba el aspecto cognitivo de la empatía como herramienta terapéutica, destacando la importancia de comprender las perspectivas ajenas sin confundirlas con las propias.

La distinción formal entre empatía afectiva (compartir estados emocionales) y cognitiva (entender perspectivas) comenzó a cristalizarse en la década de 1980. Martin Hoffman[3] realizó contribuciones significativas al diferenciar entre respuestas emocionales automáticas y la capacidad deliberada de adoptar el punto de vista del otro. Asimismo, estableció las bases para una comprensión más matizada de la empatía como un fenómeno multidimensional.

Un avance metodológico crucial en esta diferenciación fue uno de los test que te comenté en el capítulo anterior: el Índice de Reactividad Interpersonal (IRI), de Mark Davis. Este instrumento ayudó a asentar los componentes de la empatía, distinguiendo entre «preocupación empática» (componente afectivo) y «toma de perspectiva» (componente cognitivo). Esta será la segunda dimensión de la empatía: la cognitiva-afectiva.

La empatía, como viste con las dieciséis preguntas del capítulo anterior, no es un fenómeno unitario, sino un proceso complejo que integra estos dos componentes: el cognitivo y el afectivo, cada uno con sus propias características y sustratos neurales que participan en la experiencia empática completa.

Vamos a entenderlos un poco mejor, algo muy útil para que diferencies mucho mejor tu empatía o, mejor dicho, tus empatías, su exceso o su falta. Ojo, todavía no he manifestado en ningún momento que debamos aumentar la empatía, aunque eso es lo que las personas dicen en la encuesta: ¡que falta! Pero primero toca conocerla.

EMPATÍA COGNITIVA: ENTIENDE LA MENTE DEL OTRO

El componente cognitivo se refiere a nuestra capacidad para comprender y abstraer los procesos mentales de otras personas. Está íntimamente relacionado con lo que los psicólogos y los neurocientíficos denominamos teoría de la mente (TOM, por sus siglas en inglés) o mentalización. La TOM es esa capacidad que te permite atribuir estados mentales (pensamientos, deseos, creencias e intenciones) a otros individuos y entender que pueden ser diferentes de los tuyos. Por ejemplo: cuando veo a mi vecina acelerar el paso hacia el ascensor, sospecho que no quiere subir conmigo. He atribuido una intención a su conducta. O quizá pienso que simplemente tiene mucha prisa. O que como va despeinada se sonrojará si me ve. O tal vez me ve con bolsas de la compra cargando peso y, como eso ya no se lleva, le parezco un tipo extraño. Incluso puede que tema que saque una conversación sobre si la consciencia emerge de la sincronización de la red por defecto cerebral en las ondas ultralentas. Estoy seguro de que es por esto último, así de pelma soy, pero lo cierto es que ¡hay miles de posibilidades por las que la vecina no sube conmigo en el ascensor!

Cuando observamos a alguien en una situación determinada e intentamos comprender lo que está pensando o sintiendo, empleamos este componente cognitivo.

Ojo, no se trata tan solo de reconocer su expresión facial e interpretarla como enfado, vergüenza, tristeza o alegría, sino de realizar toda una compleja inferencia psicológica en la que la observación, la memoria, el conocimiento y el razonamiento se combinan para poder comprender los pensamientos y los sentimientos de los demás. Recuerda: comprender al otro está relacionado con la empatía cognitiva.

La TOM, también denominada inteligencia social, implica la habilidad para inferir las intenciones y las creencias de los demás, tal y como fue definida por Premack y Woodruff.[4] De este modo, podemos explicar y predecir gran parte de su comportamiento. ¿Y por qué necesitamos predecir el comportamiento de los demás? Pues por la sencilla razón de que si no tuviéramos cierta estabilidad en nuestras acciones y fuéramos del todo impredecibles no sobreviviría ninguna relación. En realidad, espero que mis padres, mi familia y mis amigos, cuando los vea esta tarde, sigan siendo y actuando como tal. Las predicciones en el cerebro permiten construir un modelo estable del mundo. Cuando este es inestable, porque hay mucha incertidumbre, surgen todo tipo de reacciones extremas (populismos, conspiraciones, tribalismo, aumento de creencias). El que necesitemos predecir y anticipar no significa que nuestras predicciones sean perfectas y acertadas; dado que están sujetas a estereotipos, prejuicios e incluso discriminación, malentendidos del contexto y a que se basan en nuestra memoria y tendencias, las predicciones con frecuencia fallan. Aun así, las necesitamos. Si has sido amable conmigo en las últimas treinta ocasiones, mi predicción es que lo serás en la número treinta y uno.

Esta capacidad, por tanto, es fundamental para navegar por el complejo mundo social humano, permitiéndonos anticipar reacciones, adaptar nuestro comportamiento y establecer interacciones sociales efectivas. Qué mejor que verte desde tus ojos para poder comprenderte.

Profundicemos un poco más en la TOM, ya que tiene diferentes niveles. Un ejemplo puede ser ilustrativo:

Nivel 1 (creencia básica sobre el otro)

Julia piensa: «Si le pido el coche, Juan me dirá: "Lo siento, pero nunca lo presto"».

Aquí, Julia anticipa la respuesta de Juan basándose en su conocimiento previo (Juan no es precisamente un tipo generoso con sus cosas).

Nivel 2 (creencia sobre lo que el otro piensa de ella)

Julia actúa y piensa: «Le diré que tengo un viaje importante y le preguntaré si conoce alguna opción para alquilar un coche barato».

Su estrategia es indirecta: quiere que Juan infiera que ella necesita ayuda, pero sin pedirlo explícitamente, para evitar un «no» directo. En este segundo nivel yo ya suelo pedirle a la persona que conmigo sea directa.

Nivel 3 (Juan detecta la indirecta)

Juan piensa: «Julia saca lo del viaje y lo de alquilar un coche porque seguro quiere que le preste el mío, pero no se atreve a pedírmelo».

Así, Juan interpreta la intención oculta de Julia (segundo orden: «Ella cree que yo no notaré su indirecta»). Como ves, este tipo de situaciones es habitual. Pensamos que el otro piensa que...

Nivel 4 (Juan decide cómo responder)

Juan dice: «Alquilar puede ser caro... ¿Para qué día necesitas el coche? Si es solo el sábado, tal vez pueda ayudarte».

Juan ofrece una solución limitada (solo un día) para sentirse cómodo, pero sin rechazar del todo a Julia. Aunque también podría haber dicho, entre otras cosas, «lástima que no pueda y más sabiendo que cuesta caro alquilarlo, pero estoy pendiente de llevarlo al taller para una revisión».

En mi caso todo es más fácil. Mi vecino Pedro me presta cualquiera de sus bólidos cuando los necesito sin preguntar para qué. Comprende que lo necesito, sin más.

La complejidad no acaba aquí. La TOM se estudia habitualmente hasta niveles de segundo orden (pensar sobre lo que otro piensa que tú piensas) o tercer orden (pensar sobre lo que otro piensa que tú piensas que él piensa). Sin embargo, en contextos teóricos o en dinámicas sociales muy complejas podríamos hablar de niveles superiores (quinto, sexto, etcétera). En teoría no existe límite, pero ello implicaría una especie de bucle infinito tipo «yo sé que ella sabe que yo sé que ella sabe». La verdad es que la mentalización del cuarto nivel es poco común en la vida cotidiana, pero, como todos hemos tenido un conocido de quinto nivel y hemos acabado agotados de sus infinitas suposiciones, te pongo un ejemplo de ello.

Dos espías (Agente A y Agente B) se enfrentan en una negociación secreta. El Agente A piensa: «Si le ofrezco un trato justo, él sospechará que es una trampa, porque sabe que yo sé que él desconfía de mí. Por eso, en vez de un trato justo, le propondré algo que parezca poco ventajoso para mí, para que crea que estoy desesperado y baje la guardia».

Quizá lo más gracioso es cuando alguien cree que juega al quinto o sexto nivel, pero realmente está en el segundo. Ese conocido vendedor que te prometió fantásticos resultados diciendo que debes levantarte a las 3.33 de la mañana para así resonar con la vida y obtener abundancia, cuando todos sabemos que romper el ciclo circadiano de luz y oscuridad es de las cosas más estúpidas que un humano puede realizar. Ese estafador que pensaba que, como la gente espera que disimules una venta, pues mejor les dices directamente que pretendes venderles algo, y así muestras honestidad, cuando en realidad lo que haces es desvelar tus intenciones, no tus valores. Ambos casos corresponden al segundo nivel, no al quinto.

El ajedrez sería un posible ejemplo de niveles altos de teoría de la mente. Si se da en la pareja íntima, ¡conviene pensarse bien la relación!

Imagina que una pareja discute por un malentendido.

María piensa: «Si le digo que me molestó que no me llamara, él pensará que soy insegura, porque sabe que yo sé que él valora su independencia. En vez de eso, le preguntaré cómo estuvo su día, para que él note mi tono de preocupación y se disculpe sin que yo se lo pida».

Así, María evita una confrontación directa manipulando las capas de percepción de Juan sobre sus propias emociones.

En inteligencia artificial, aunque los modelos no entiendan su propio procesamiento, es posible crear infinitos niveles de teoría de la mente.

Quédate con la idea de que la empatía cognitiva se basa en la TOM para así ponernos en la perspectiva de los demás. Si te quieres llevar bien conmigo, ¡no pases del tercer nivel!

En definitiva, este componente nos permite ponernos en el lugar del otro desde una perspectiva mental, tratando de comprender su situación, contexto y experiencia. Este proceso requiere un esfuerzo consciente y deliberado, a diferencia del componente afectivo, que puede surgir de manera más automática e inmediata.

A nivel interpersonal, nos facilita la comunicación efectiva, la resolución de conflictos y la construcción de relaciones significativas. Si no soy capaz de comprender a los otros, ¿cómo voy a solucionar un conflicto? Si no puedo ver el mundo desde los ojos del otro, ¿cómo voy a aceptar o negar lo que pide?

Imagina por ejemplo una aplicación para el ámbito educativo. Necesitamos fomentar el aprendizaje colaborativo y el desarrollo de competencias sociales para reducir el *bullying* y la discriminación, pero sin comprender el mundo del otro será imposible. De hecho, los programas educativos que promueven esta perspectiva han demostrado efectos positivos en la reducción del acoso escolar.[5]

En un contexto clínico sucede algo similar. Con frecuencia sentimos que «el médico no me escucha», «no me entiende». Una mejor empatía cognitiva permite a los profesionales comprender las experiencias subjetivas de sus pacientes, facilitando la construcción de un vínculo terapéutico sólido. Sin embargo, la cognitiva por sí sola puede resultar insuficiente.

¿Cuándo desarrollamos la empatía cognitiva?

Como tal vez sospeches, si la empatía cognitiva requiere de la teoría de la mente, tiene que emerger tras un proceso de aprendizaje que incluye comprender que los demás tienen intenciones, necesidades y deseos.

En la infancia temprana, entendemos solo las intenciones básicas de otros. La capacidad para discernir que los demás pueden tener creencias falsas, un hito fundamental en el desarrollo de la TOM, no se consolida hasta los cuatro o cinco años. Este logro, TOM de primer orden, marca un avance significativo en la capacidad del niño para representar los estados mentales ajenos.

Durante la infancia media (entre los seis y los doce años) se desarrollan formas más sofisticadas de empatía cognitiva, que incluyen la comprensión de que las personas pueden tener creencias sobre las creencias de otros (TOM de segundo orden) y la capacidad para entender el lenguaje figurado, la ironía y el humor. Habrás comprobado que a esa edad los niños se toman de forma literal las cosas. ¡Cuidado con hacerles bromas porque no distinguen bien las metáforas!

La TOM está relacionada con la maduración progresiva de la corteza prefrontal, una de las regiones que más expansión tienen en el *Homo sapiens* en comparación con otros primates no humanos. Con las experiencias acumuladas, el niño va refinando las conexiones entre regiones cerebrales implicadas en comprender lo social.

En la adolescencia todo el cerebro se reorganiza, eliminando conexiones innecesarias y favoreciendo nuevos aprendizajes. En esta etapa, mejoramos la capacidad para considerar múltiples perspectivas a la vez, comprender contextos sociales complejos y razonar sobre normas sociales abstractas. Si has observado a un grupo de adolescentes, tal vez hayas percibido cómo se influyen entre sí, pero además exploran perspectivas, toman nuevos riesgos y reorganizan su mente. A diferencia de la empatía afectiva, que tiende a mantenerse estable, la cognitiva puede mostrar cierto declive en la edad adulta mayor.

En definitiva, la empatía cognitiva nos permite trascender los límites de nuestra propia experiencia para acceder al mundo mental de quienes nos rodean, enriqueciendo nuestra comprensión de la condición humana y facilitando la cooperación y el entendimiento mutuo en nuestras complejas sociedades.

Ahora hablaremos de la componente más clásica e intuitiva: la afectiva.

EMPATÍA AFECTIVA: SINTIENDO CON EL OTRO

La empatía afectiva va más allá de entender intelectualmente que alguien está sufriendo al sentir un eco de ello en nuestro propio ser. Nos estremece ver a alguien herido o sonreímos casi sin querer cuando presenciamos la alegría ajena.

Al observar a alguien experimentando una emoción intensa, en nuestro cerebro se activan patrones similares a los que se pondrían en funcionamiento si sintiéramos esa emoción directamente.

La empatía afectiva se define como la capacidad de compartir el estado emocional de otra persona, experimentando sentimientos similares o congruentes con los suyos. Como señala Batson,[6] esta forma de empatía hace referencia a una respuesta afectiva hacia el estado emocional percibido de forma directa, imaginado o inferido de otro ser.

Una característica distintiva de la afectiva es su naturaleza relativamente automática e inmediata, y a menudo involuntaria. Esta rapidez refleja sus raíces en mecanismos neurobiológicos básicos que han evolucionado para facilitar la conexión social y la cooperación.

¿Recuerdas el concepto de «empatía primitiva», nuestra primera dimensión?

La afectiva puede incluir la tendencia a contagiarse de las emociones observadas en otros, como cuando comenzamos a sentirnos tristes al ver llorar a alguien, la angustia personal ante el sufrimiento ajeno, caracterizada por incomodidad o malestar, o la alegría empática, cuando resonamos con las experiencias positivas y la felicidad de los demás.

Este tipo de empatía también requiere la distinción entre uno mismo y el otro. Aunque compartamos su estado emocional, sabemos que el origen de nuestra experiencia afectiva no ha sido provocado por uno mismo. Esta distinción entre yo y el otro es fundamental para diferenciar la empatía afectiva del mero contagio emocional, en el que los límites entre la experiencia propia y ajena se desdibujan. Piensa en ocasiones en las que el contagio es tan brutal que lo que quieres reducir no es el sufrimiento del otro, ¡sino el tuyo!

En nuestras relaciones resulta fundamental facilitar la conexión emocional con los demás, fortalecer los vínculos sociales y promover ciertos comportamientos prosociales y altruistas. Vale, igual piensas que no tanto, que, como dijo Musk, es un mal, pero, por favor, aguanta unos párrafos para entender el cerebro social. Lo que es un hecho es que si me siento mal por tu sufrimiento, es probable que me vincule contigo de forma más intensa y genuina. Dale la vuelta a otra posibilidad: solo si estoy vinculado contigo me siento mal por tu sufrimiento. La empatía afectiva no es tan romántica, sino, como veremos, radicalmente verdadera.

Desde una perspectiva evolutiva, esta capacidad ha sido esencial para la supervivencia humana. Sin facilidad para la cooperación, el altruismo recíproco y la resolución de conflictos no estaríamos aquí.[7] Si hubiésemos permanecido insensibles ante el dolor, el sufrimiento y las emociones de los nuestros no habríamos sobrevivido. Sí, la empatía nos hace humanos; somos humanos porque hemos empatizado entre nosotros.

Retomemos el ejemplo del médico. El facultativo que consigue conectar emocionalmente con el sufrimiento de sus pacientes nos resulta más profesional, cercano y preparado. No solo eso, le hacemos más caso. Pero todo tiene un límite… «Sufrir con» una y otra vez implica un alto riesgo para nuestro sistema nervioso. El fenómeno de «fatiga por compasión» o *burnout* en profesionales que están constantemente expuestos al sufrimiento ajeno es muy común.

Las alteraciones en la empatía afectiva se han asociado con diversos trastornos psicológicos. En la psicopatía, por ejemplo, se observa con frecuencia un déficit específico en la empatía afectiva mientras que la cognitiva puede estar preservada o incluso potenciada, lo que permite a los individuos con esos rasgos manipular eficazmente a otros sin experimentar remordimiento. Como demostró el estudio de imagen por resonancia magnética funcional de Marsh y su equipo,[8] los psicópatas presentan una activación atenuada ante imágenes de dolor ajeno en la ínsula, una región que expresa nuestra interocepción (cuánto sentimos el cuerpo) y que se correlaciona con su falta de remordimiento. ¿Debe el mundo ser más empático también con los psicópatas? Reflexiona sobre ello antes de que lo desarrollemos en los siguientes capítulos.

La empatía afectiva también sigue una trayectoria de desarrollo que comienza en la infancia temprana y continúa refinándose a lo largo de la vida. Los bebés muestran signos tempranos de respuestas empáticas rudimentarias como el llanto reactivo ante el el lloro de otros.

Durante la infancia, la capacidad para la empatía afectiva se desarrolla en paralelo con la maduración de las estructuras cerebrales relevantes y la adquisición de habilidades sociocognitivas. Poco a poco, el desarrollo de la empatía progresa desde formas globales y egocéntricas hacia respuestas más diferenciadas y orientadas al otro. Ahora por fin comprendo por qué mi hijo no sentía tanta empatía como esperaba hace unos años ante determinada situación. ¡Es que era un niño! Como cualquiera de nosotros, ha ido madurando la atención al otro.

En la adolescencia se atraviesan también numerosos cambios fundamentales para el desarrollo de la empatía afectiva. Las respuestas pueden ser muy intensas, cambiantes y en apariencia incoherentes. Veamos algunos ejemplos: un adolescente de quince años ve a un compañero llorar después de ser excluido de un partido de fútbol. Aunque sabe que debería consolarlo (empatía cognitiva), su maduración emocional está en pleno desarrollo, lo que puede generar dos respuestas contradictorias:

Opción A: acercarse y decir: «Oye, ¿quieres hablar?» (activación de empatía afectiva).

Opción B: reírse con otros amigos para no ser excluido también (priorización de la aceptación social sobre la empatía).

Aunque no comprendamos la opción B, el cerebro es hipersocial. La corteza prefrontal responsable de la regulación emocional aún está madurando, y la amígdala y las estructuras adyacentes, que son centros de activaciones intensas, dominan las respuestas.

Rosa, de catorce años, que normalmente es solidaria un día ignora a Marian, su mejor amiga, que está angustiada por la posible separación de sus padres.

Esto no significa que Rosa haya perdido su empatía, sino que quizá está estresada por un examen y su cerebro prioriza su propia supervivencia emocional («No puedo ocuparme de otros ahora»).

Un grupo de adolescentes se burlan de un meme de TikTok que ridiculiza por su forma de vestir a Javier, un compañero de clase.

Aunque algunos se sensibilizan con la vergüenza de Javier (empatía afectiva), otros se unen a las burlas para no ser señalados. La presión por pertenecer al grupo activa la recompensa (núcleo accumbens del cerebro) y compite de alguna manera con los circuitos de empatía.

Si Juan, adolescente, parece insensible al sufrimiento de su hermano menor Diego, no es necesariamente egoísmo. Puede deberse a un aumento de la carga cognitiva. Su cerebro está muy saturado (con exámenes y conflictos con amigos) y a la vez hay una asincronía en su maduración. Las redes neuronales para conectar con emociones ajenas están en proceso de ajuste. En lugar de regañarle, quizá se le puede decir: «Noté que no reaccionaste cuando tu hermano se lastimó. ¿Estabas distraído o te costó saber cómo ayudarlo?».

Esto abre la puerta a trabajar la empatía sin juzgar. No es sencillo ser padre en un estado zen de ecuanimidad, pero sobre todo es imposible si desconocemos las claves de por qué se dan esos comportamientos. El conocimiento es poder.

En la madurez e incluso en el envejecimiento la empatía afectiva se mantiene relativamente estable o incluso puede mejorar (primera dimensión: primitiva-adquirida). Por tanto, siempre hay esperanza.

¿Cómo se relacionan ambos componentes?

Aunque los he descrito de forma separada para facilitar su comprensión, en realidad están en constante interacción.

La empatía plena requiere tanto la capacidad de comprender cognitivamente la situación del otro como la resonancia emocional con su experiencia. Por ejemplo, cuando mi amigo Carlos perdió su trabajo después de haberlo dado todo en aquella consultora, pude entender lo que significaba para él (componente cognitivo) y también sentir tristeza en respuesta a su dolor (componente afectivo). Ambos aspectos trabajan juntos para crear una respuesta empática completa.

Esta interacción es bidireccional: nuestro entendimiento mental de la situación de otra persona puede intensificar o modular nuestra respuesta emocional y, a su vez, nuestra resonancia emocional puede motivarnos a esforzarnos más por entender su perspectiva. Es decir, lo que siento en el cuerpo al «sufrir con» me ayuda a interpretar en mi mente lo que le pasa a la persona al ponerme en su lugar. Lo que comprendo desde su perspectiva ayuda a que yo lo sienta en mi propio organismo. Ambas se alimentan entre sí.

Pero ¿qué sucede cuando no están equilibradas?

Imagina que Mario es capaz de comprender a la perfección la situación laboral de Rosa al sufrir un despido improcedente en su empresa y que, tras un sórdido juicio, no reciba los ciento treinta mil euros que le corresponden después de veinticuatro años de servicio impoluto. ¡Es un caso real que me contaron el año pasado! Sin embargo, Mario no sufre ni un ápice. Si eres Rosa, quizá ya respiras con cierta angustia, empiezas a barajar opciones de cancelación de hipoteca y temes ser mayor para el mercado laboral al tener cuarenta y tres años. Tras un par de semanas te duele la cabeza, duermes peor y te molestan más que nunca las mentiras de las redes sociales. Mario, impasible, pese a entenderte a la perfección, no cambia el rictus, no emite signo alguno de estrés empático. ¿Recuerdas en la introducción una historia en la que un hombre al final lloraba porque «su amada sintió que su amor no le llegaba»?

Pues esta es la situación contraria, alguien que llora cuando lloras y sangra cuando sangras, pero aun así falta algo.

Veamos otro caso. Luisa y Javier son amigos cercanos. Él está pasando por una ruptura amorosa y se siente muy triste. Luisa lo visita para apoyarlo y, al ver llorar a Javier, se emociona y llora con él, abrazándolo con fuerza. «Siento tanto tu dolor… Debe de ser horrible, ¡te mereces todo el amor del mundo!».

Sin embargo, Luisa no pregunta «¿Qué pasó exactamente, Javier?» o «¿Qué necesitas ahora?». Asume que solo precisa compañía física, pero no indaga en las causas de su tristeza. Javier requiere espacio y está agotado ahora mismo, pero ella insiste en ver películas tristes «para sacar las lágrimas», sin darse cuenta de que él quiere descansar. Después le propone salir y olvidarse de todo o aquello de «un clavo saca otro clavo». Javier no busca distracciones ni sustitutas ahora mismo, sino reflexión. Aunque se siente acompañado y aprecia el esfuerzo de Luisa (empatía afectiva), se frustra porque ella no le da espacio para expresar por qué su ruptura lo afecta tanto (falta de empatía cognitiva). Sus intentos de ayudar, aunque bienintencionados, no se alinean con lo que él necesita en ese momento (hablar, no ver películas). Por raro que te parezca, hay muchos terapeutas con esta actitud. Preocupados por la sensibilidad y el vínculo, algo loable, pero incapaces de comprender cognitivamente, no digamos ya de diseñar estrategias prácticas.

La capacidad de integrar estos dos componentes varía entre individuos y puede verse afectada por diversos factores, desde diferencias genéticas hasta experiencias vitales.

Como hemos visto en los ejemplos algunas personas pueden ser muy hábiles en el aspecto cognitivo de la empatía pero tener dificultades con la resonancia emocional, mientras que otras sienten con intensidad las emociones ajenas pero sufren dificultades para comprender la situación del otro.

Esta dualidad de la empatía, con sus componentes cognitivo y afectivo en constante interacción, refleja la complejidad de nuestra naturaleza social y la sofisticación de los mecanismos cerebrales que nos permiten conectar con los demás a múltiples niveles. Es la segunda dimensión, y entenderla resulta fundamental.

Es en el cerebro donde se debe investigar la empatía, y así lo haremos en el próximo capítulo. Mientras tanto, te invito a tomarte un café, que algo tiene que ver con la neurociencia.

EJERCICIO

Disección de empatías

Nos toca distinguir entre comprender (intelecto) y sentir (emociones) el estado de otros.

Repite este ejercicio durante al menos tres días seguidos. Planifica con anterioridad cuándo lo realizarás.

Procedimiento

1. Selecciona tres noticias o situaciones que involucren sufrimiento humano cada día, preferiblemente de contextos diversos y distantes de tu experiencia personal.
2. Para cada situación, realiza dos fases separadas:
   —Fase cognitiva: analiza racionalmente la situación. Describe los hechos, las causas probables y las perspectivas de los involucrados, pero mantén una distancia emocional deliberada.
   —Fase afectiva: visualiza la situación, permitiendo que emerjan emociones. Registra sensaciones físicas, emociones y pensamientos automáticos.
3. Compara ambas experiencias:
   —¿Qué información única te aportó cada aproximación?
   —¿Cuál te resultó más agotadora?
   —¿En qué situaciones tendiste a refugiarte en lo cognitivo para evitar lo afectivo?
   —¿Qué decisiones tomarías desde cada estado?

Reflexión profunda

¿Tiendes a un componente empático predeterminado? ¿Qué ventajas y limitaciones posee? ¿Cómo podrías integrar ambas dimensiones de forma más equilibrada?

5

¿Dónde está la empatía? En el cerebro

En 1692, en el pequeño pueblo de Salem, Massachusetts, comenzó uno de los episodios más oscuros de la historia colonial americana. Todo empezó cuando Betty Parris, de nueve años, y su prima Abigail Williams, de once, comenzaron a exhibir comportamientos perturbadores. Las niñas se retorcían en posturas imposibles, gritaban incoherencias, sufrían convulsiones y parecían ahogarse repentinamente. Pronto, otras jóvenes del pueblo empezaron a mostrar síntomas similares.

Los médicos locales, incapaces de encontrar una causa física, declararon que las niñas estaban «bajo la mano del diablo». El reverendo Samuel Parris, padre de Betty, junto con otros líderes religiosos, concluyó que las niñas estaban embrujadas. Bajo una intensa presión, las afectadas comenzaron a acusar a varios habitantes del pueblo de practicar brujería contra ellas.

Lo que siguió fue una histeria colectiva. Los tribunales especiales establecidos para juzgar a los acusados aceptaban como evidencia las «visiones espectrales» de las niñas, quienes afirmaban ver a los espíritus de los acusados atormentándolas durante los juicios. Se acusó a más de doscientas personas, se ahorcó a diecinueve y se aplastó hasta la muerte a un hombre por negarse a declararse culpable o inocente.

Tres siglos después, en 1976, la investigadora Linnda Caporael propuso una explicación alternativa: ergotismo. No se trataba del diablo, sino de una intoxicación causada por un hongo (*Claviceps purpurea*), que crece en el centeno en condiciones húmedas, precisamente como las que precedieron a los eventos de Salem. Este hongo produce alcaloides que pueden provocar alucinaciones, sensación de hormigueo, espasmos musculares dolorosos, convulsiones y psicosis.

Más tarde, tras el análisis histórico de los síntomas, se propuso otra explicación: muchas de las «poseídas» mostraban signos de epilepsia del lóbulo temporal con alucinaciones vívidas, intensas experiencias emocionales y sensaciones de presencia sobrenatural.

En 2012, un equipo dirigido por la neuropsiquiatra Anne R. Bass sugirió que algunas de las afectadas podrían haber sufrido de encefalitis anti-NMDAR, una enfermedad autoinmune descubierta en 2007. Esta condición, que afecta sobre todo a mujeres jóvenes, causa inflamación cerebral y puede provocar psicosis, comportamiento anormal, movimientos involuntarios y convulsiones. La realidad de este caso histórico es que los factores culturales fueron determinantes.

Esta historia ilustra como ninguna otra cómo fenómenos que una vez se atribuyeron a fuerzas sobrenaturales o morales también pueden tener explicaciones neurobiológicas y sociales. La empatía, como cualquier facultad mental humana, requiere de un cerebro que funcione correctamente.

Cuando vemos a alguien sufrir y sentimos un eco de ese dolor en nuestro interior, cuando la alegría de un ser querido se convierte también en la nuestra, estamos experimentando uno de los fenómenos más extraordinarios de la condición humana. Pero ¿dónde reside esta capacidad empática? ¿Por qué tenemos un cerebro que nos permite sentir lo que otros sienten?

Como con cualquier otro constructo de la mente humana, la empatía fue estudiada durante mucho tiempo desde una mirada filosófica. Basta que recuerdes su origen como respuesta ante la experiencia estética. Los avances en neurociencia han permitido mejorar nuestra comprensión de este fenómeno, permitiéndonos comenzar a responder a la pregunta fundamental que da título a este capítulo: ¿dónde está la empatía? En el cerebro.

Cuando digo que algo está en el cerebro conviene contextualizar. Corro el riesgo de ser tachado de «cerebrocentrista», de hecho, hay cierta moda en esta crítica para defender un dualismo, o sea, una separación oculta entre mente y cuerpo, que nos recuerda a los viejos tiempos de «carne» frente a «espíritu». El riesgo de caer en el «cerebrocentrismo» existe si no prestamos atención al resto del organismo o al ambiente cuando hablamos del cerebro. No obstante, sería menos preocupante que el atribuir al corazón, el estómago o la rodilla, por ejemplo, facultades que no tienen.

En realidad, dependiendo del nivel desde el que analicemos un fenómeno, las experiencias, en este caso la empatía, suceden en el aquí y ahora (y no en otro momento), en la consciencia (porque la experimentamos como tal) y en el organismo (mente-cerebro-cuerpo son uno con el medio). Eso no significa que no haya niveles, jerarquías o nodos importantes dentro de ese sistema de relación e interacción.

No podemos evitar que este maravilloso órgano que es el cerebro siga siendo el integrador complejo por excelencia. Basta ver su anatomía y morfología para sospechar cómo es su función.

Por eso, cuando hablamos de cerebro no debemos cometer estos errores habituales:

1. Separar cerebro de mente. Esto es algo muy habitual cuando se dice que «el cerebro nos engaña». Tal como se plantea, parece que uno mismo se libra de la responsabilidad de sus percepciones, intenciones y actos. Y la culpa, claro, es de su cerebro traidor. Si esto tuviera algo de cierto una parte del cerebro debería engañar a la otra, pero en cualquier caso ambas te pertenecerían.

2. Separar cerebro de cuerpo. Según esta creencia, «la verdad» está en el cuerpo y, por el contrario, la cabeza, el cerebro, la razón y el lenguaje no son fiables. Esto es del todo falso. Cuando sientes el cuerpo, es el sistema nervioso el que permite y construye el sentir e integra la información en el cerebro. Esta separación tan bien vista es de nuevo dualismo puro.

3. Lo contrario. Tratar de unir lo que de antemano se ha separado. Juntar cerebro y cuerpo, o cerebro y corazón, o cerebro e intestinos en nombre de la microbiota, una región anatómica o un ritmo, pero seguir separando al individuo y la persona. «El corazón comunica al cerebro información antes que el cerebro al corazón». Este tipo de posiciones no reflejan una fusión, sino una separación: estás tú y luego tu cerebro-corazón, tu cerebro-microbiota o similares. Ojo, no es mentira que existan relaciones entre diferentes partes del organismo y que sean importantes para avanzar en la investigación de patologías o de cómo funciona la biología. De hecho, son fascinantes campos en cuyo conocimiento profundizar. El problema es que la persona «desaparece» y uno se dedica a trabajar su cuerpo, su respiración, su «corazón» mientras tú, con tus problemas y dificultades, estás ahí. Es más, observa cómo esto suele olvidar el componente

social y estructural por el que estamos como estamos y hacemos lo que hacemos.

Estos tres puntos son ejemplos de lo que me gusta compartir con mi vecina en el ascensor. Ya sabes por qué acelera el paso al verme. No hagas como ella, son tremendamente importantes y sirven no solo para cultivar la empatía, sino la vida.

No hay separación. No podemos centrarnos en el cerebro, en el cuerpo, o en la microbiota y dejar a la persona como si no tuviera nada que ver con todo ello. O incidir hasta la saciedad en que hay que mejorar la postura corporal porque así mejora nuestro ánimo, cuando resulta que la población sufre no solo por una mala postura corporal, ¡sino porque la vivienda ha subido un 68 % su precio en los últimos quince años! Es más, para los jóvenes vivir de alquiler provoca mayor envejecimiento que estar obeso o fumar.[1] No digo que fumes, sino que ojalá tengas casa. Al César lo que es del César. Creo que notas que me dedico a la neurociencia y la psicología social. Nada de lo que hago quiero que evite lo social y se centre en decirle al individuo todo lo que puede conseguir principalmente si mejora por sí mismo su respiración o su postura. Somos cerebro social, como comprobarás a lo largo del libro.

Profundicemos en este asunto. El cerebro-mente-organismo genera estados empáticos en interacción con un medio social-cultural-ecológico. Cuando miramos una parte de todo ello comprendemos varias de las relaciones entre estos aspectos. En el cerebro se ven muchísimas de esas interacciones producto de siglos y siglos de coconstrucción biológica y cultural.

Quizá pensarás que tiene que haber en el cerebro un sitio, un lugar o un grupo de neuronas destinadas a generar la empatía. En realidad, en el cerebro no hay ni una sola neurona que se dedique a una única función. El localizacionismo (±), así se llama, es un modo anticuado de comprender el cerebro, aunque en su momento fue una corriente de estudio. Incluso hubo una que analizaba la forma de tu cabeza para decirte si eras espiritual, terco o avispado, llamada frenología. Imagina que en una entrevista de trabajo rechazaran a alguien por la forma de su cabeza. La ciencia avanza ¡por suerte!

La empatía no reside en una región cerebral única (ni ninguna cualidad mental), más bien emerge de la actividad coordinada de múltiples redes neuronales distribuidas por todo el cerebro.

Vamos a estudiarlas y a entenderlas, porque esto nos permitirá avanzar. Es posible que los nombres y los conceptos sean algo complejos. No te preocupes, al final del capítulo lo integrarás paso a paso con todo lo que vamos aprendiendo. No es un examen, así que trata de disfrutar de los conceptos tanto como puedas.

CORTEZA CINGULADA ANTERIOR (CCA)

La corteza cingulada anterior (CCA) es una de las estructuras cruciales del cerebro humano. Ubicada en la parte medial y frontal de este, es una especie de puente entre lo emocional, lo cognitivo y la motivación.

La CCA se activa de manera significativa tanto cuando experimentamos dolor como cuando observamos a otros sufrirlo.

Así lo demostraba Singer en un ingenioso diseño experimental.[2] Reclutaron parejas y midieron las respuestas hemodinámicas desencadenadas por la estimulación dolorosa de la mujer a través de un electrodo conectado a su mano derecha. Mientras esta recibía ocasionalmente estímulos dolorosos, su pareja masculina observaba una señal que indicaba cuándo lo recibía. Durante todo el experimento, se registraba la actividad cerebral de ambos.

Los resultados fueron sorprendentes. Las áreas cerebrales involucradas en el procesamiento del dolor —ínsula anterior (IA), corteza cingulada anterior dorsal (dACC), sustancia gris periacueductal (SGA) y el cerebelo— se activaron tanto cuando los participantes experimentaban dolor ellos mismos como cuando veían una señal que indicaba que su ser querido experimentaba dolor.

Estas áreas están involucradas específicamente en cuán desagradable o aversivo es el dolor sentido de manera subjetiva. Por eso, tanto la experiencia directa del dolor como el conocimiento de que tu pareja amada lo sufre activan los mismos circuitos cerebrales afectivos (±).

Todos estos resultados respaldan la hipótesis de una «simulación encarnada» en la empatía; es decir, el cerebro no solo refleja componentes afectivos y motrices del dolor ajeno, sino que también recrudece la representación sensorial primaria dentro de ti. Dicho de otro modo, en el cingulado anterior, tu dolor es mi dolor (ojo, ¡solo si formas parte de mis seres queridos!) y, por tanto, juega un papel fundamental en el compartir emocional.

ÍNSULA ANTERIOR (IA)

La ínsula, con ese bello nombre quijotesco, es otra estructura fundamental para la empatía, en particular su región anterior. Está ubicada dentro del surco lateral que separa los lóbulos temporal y frontal, y participa en la representación de estados como la temperatura, el hambre, la excitación corporal y las señales que vienen del sistema digestivo. Lo hace integrando todas las señales interoceptivas provenientes del interior del cuerpo (latidos, sensaciones viscerales, dolor) y lo traduce en percepciones emocionales y conciencia corporal. El poder mapear estados corporales propios, sentir en uno mismo, aquí y ahora, en mi mente y en el cuerpo, resulta crucial también para comprender los estados emocionales de los demás. De eso se encarga la ínsula.

Ambas estructuras (IA y CCA) son fundamentales en el procesamiento de sentimientos vicarios. Parece que estas representaciones corticales en la ínsula anterior de los estados corporales pueden tener una doble función (±).

Primero, me permiten vivir de forma subjetiva mis sentimientos. La ínsula no solo me ayuda a entender mis emociones, también me sirve para predecir los efectos corporales de estímulos emocionales anticipados. Pienso en algo futuro y «lo noto tanto en las tripas» que puedo evaluar, calcular y sopesar las consecuencias de ese estímulo o situación. Recuerda, aunque lo sientas en las tripas, es el sistema nervioso el que organiza toda esa actividad y se hace consciente en la ínsula anterior.

Segundo, además me puede servir como sensor visceral de una simulación prospectiva hacia el futuro de cómo algo puede sentirse para otro, es decir, «cómo se sentiría eso que tú sientes». «Uf, tal como lo siento yo de doloroso, o difícil, o desesperante, ahora entiendo cómo es para ti». De este modo puedo comprender el significado emocional de un estímulo particular y sus probables consecuencias, ¡en los otros!

Un maravilloso detalle neurocientífico del cerebro predictivo es que cuando anticipo el dolor se activan regiones insulares anteriores, pero cuando lo experimento lo hacen regiones más posteriores. El cerebro (organismo-cultura, recuerda) ha construido a partir de lo que siento estructuras cercanas dentro de la misma región sobre qué podría sentir en determinadas situaciones.

Surco temporal superior (STS)

El surco temporal superior (STS) está situado en el lóbulo temporal y desempeña un papel nuclear en la percepción social y, por extensión, en la empatía. Está especialmente implicado en la percepción de expresiones faciales, movimientos corporales y en la atribución de intenciones a partir de señales visuales. Es por tanto sensible a los movimientos biológicos, como los gestos faciales y corporales, y nos ayuda a interpretar estas señales para inferir los estados emocionales e intenciones de los demás. Cuando observamos a alguien sonreír, fruncir el ceño o realizar gestos de dolor, el STS se activa para procesar esos movimientos y contribuir a nuestra comprensión de su estado emocional.

El STS no solo nos permite reconocer qué emoción creemos que está expresando alguien, sino también a evaluar cuán auténtica nos parece esta y cómo forma parte de un contexto social (±).

En neuroimagen se advierte[3] que el STS se activa cuando los participantes observan interacciones sociales o cuando intentan inferir las intenciones de otros a partir de sus acciones. Esta activación es crucial para el componente cognitivo, ya que nos permite «leer» las señales sociales que nos ayudan a comprender la experiencia subjetiva de los demás.

Su arquitectura refleja una alta especialización en el procesamiento empático, distinguiéndose regiones funcionalmente disociables, como ocurría con la ínsula. El STS posterior participa en la percepción de movimientos biológicos y expresiones faciales, mientras que las regiones anteriores están implicadas en la atribución de estados mentales (empatía cognitiva).[4]

Si se altera la conectividad funcional entre el STS y otras regiones cerebrales, aparecen déficits empáticos que implican trastornos de conducta caracterizados por insensibilidad emocional.[5] Piensa en esto, no puedo leer a los demás, ni entender sus movimientos y expresiones…, luego me vuelvo insensible a esa información.

Giro fusiforme

El giro fusiforme, ubicado en la superficie inferior del lóbulo temporal, es conocido principalmente por su papel en el reconocimiento facial, pero también contribuye de forma significativa a los procesos empáticos. Esta región está muy especializada en cómo procesamos e identificamos rostros humanos.

¿Por qué existe en el cerebro una región que se centra en un aspecto tan particular? Por supuesto, por la importancia que tiene para nosotros el reconocernos, muestra de la especialización social del cerebro.

Tanto es así que vemos caras humanas en las nubes, en las montañas, en los árboles, en la parte frontal de los coches y algunas personas ¡hasta a Jesucristo en una tostada!

Imagina qué sucede si existe una lesión en esa región. En ese caso se produce la prosopagnosia, es decir, una dificultad ¡para reconocer caras! Como hemos citado, ninguna región es única, con lo que se puede producir prosopagnosia por lesiones en otras regiones o en la conexión del fusiforme con otras estructuras (±).

En el contexto de la empatía, como puedes imaginar, la información sobre la identidad facial resulta crucial para contextualizar las respuestas.

Unión temporoparietal (UTP)

Situada en la intersección de los lóbulos temporal y parietal, la UTP desempeña un papel crucial en la toma de perspectiva y la distinción entre el yo y el otro. ¿Recuerdas la diferencia entre contagio y empatía? Esta región te ayuda a comprenderlo aún mejor.

La UTP se activa en especial durante tareas que requieren adoptar la perspectiva de otra persona o imaginar cómo se sentiría uno en su situación. Lesiones en esta área pueden afectar la capacidad de generar empatía cognitiva.

Existen muchas curiosidades sobre la UTP (±). La UTP se relaciona con la integridad del cuerpo y la consciencia en uno mismo aquí y ahora. Soy, ahora, en este cuerpo. Si soy, pero no ahora, o no en este cuerpo, algo se ha disgregado. Pero ¿qué tiene que ver todo esto con la empatía? Mucho, dado que distinguir entre otro y uno mismo es necesario para no ahogarte en la empatía. Esta distinción es fundamental para la defusión empática y depende críticamente de la UTP.

Las investigaciones han mostrado que la UTP se activa durante tareas que requieren adoptar la perspectiva de otra persona o distinguir entre acciones realizadas por uno mismo y acciones observadas en otros. Por ejemplo, si te dicen que imagines cómo se ve tu casa desde la terraza de tu vecina, o cómo se percibe el mundo si midieras lo que tu pequeño de cuatro años, aparece una activación en la UTP. Se identificó que la integridad de esta red neural contribuye a esa distinción entre uno mismo y el otro durante experiencias empáticas.[6] Insisto: esta separación es fundamental si queremos evitar una sobreidentificación con el sufrimiento ajeno.

Cuando realizamos tareas que involucran teoría de la mente y comprensión de estados mentales ajenos también hay activación de la UTP.[7]

Al distinguirme del otro la empatía es una experiencia de conexión sin fusión o confusión, sin perder nuestra perspectiva, lo que es esencial si queremos proporcionar un apoyo efectivo sin anular nuestro propio bienestar emocional.

Corteza prefrontal medial (CPFm)

La corteza prefrontal medial (CPFm) participa activamente en nuestras respuestas empáticas y en traducirlas en comportamientos apropiados. También está involucrada en la mentalización, que ya conoces como componente clave de la empatía cognitiva.

La CPFm se activa durante experiencias de compasión, junto con el núcleo accumbens (recompensa social) y la amígdala (detección de amenazas).

En un estudio observaron un fenómeno que estoy seguro de que has experimentado alguna vez.[8] La CPFm muestra mayor activación ante eventos que afectan a una sola persona en comparación con aquellos que afectan a múltiples individuos, más allá de la valencia emocional del evento ($\pm$).

Este fenómeno podría explicar en parte por qué los seres humanos tendemos a responder con mayor intensidad empática ante el sufrimiento de una víctima individual identificable que ante tragedias que afectan a grandes grupos. Cuando vemos por ejemplo a un niño sufrir, con una historia particular, podemos comprender mejor el sufrimiento de todo su pueblo. Convertimos los datos en una historia empática, de ahí que necesitemos historias personalizadas, concretas, reales y visibles que implican a un cerebro social. Y para ello es imprescindible la CPFm.

Toda la evidencia, neuroimagen, estudios clínicos y del desarrollo, establece la CPFm como un componente también esencial de la red neural que sustenta la empatía, principalmente cognitiva, facilitando la adopción de perspectivas ajenas y la comprensión de estados mentales ajenos.

AMÍGDALA

La conocida amígdala es una estructura en forma de almendra ubicada en la profundidad del lóbulo temporal medial. Es muy conocida por su papel central en el procesamiento emocional, el aprendizaje y el procesamiento de señales feromónicas (olfato). La amígdala es una especie de centinela que nos avisa de cuán importante, novedosa o saliente parece una situación (±).

Muestra activación significativa durante la percepción de expresiones faciales emocionales, lo que facilita la detección rápida de señales sociales relevantes para la respuesta empática.[9]

Se ha demostrado que la amígdala muestra mayor activación en niños cuando contribuyen a las emociones de sus padres, tanto positivas como negativas, en comparación con cuando experimentan resultados emocionales similares para sí mismos.[10] O sea, que la amígdala no solo responde a la percepción de emociones ajenas, sino que su activación se intensifica cuando existe un componente de responsabilidad personal en la generación de estados emocionales en otros.

Paradójicamente, algunos estudios sobre empatía por el dolor no han encontrado activación consistente de la amígdala. Su papel podría ser más relevante para contextos empáticos específicos y también puede activarse con respuestas de antipatía, en situaciones asociadas al desprecio o desagrado, y reducir la actividad en las redes empáticas.

Hemos visto una estructura más, la amígdala, parte esencial de la red neural que sustenta la empatía, en particular en su dimensión afectiva. En resumen, facilita la detección rápida de señales emocionales relevantes y la generación de respuestas viscerales, que constituyen la base de la resonancia empática.

Sustancia gris periacueductal (SGP)

La sustancia gris periacueductal (SGP) es una estructura del mesencé-falo ubicada entre el bulbo raquídeo y el resto del cerebro, que participa en la modulación del dolor y las respuestas defensivas. Las señales que van desde la corteza cingulada anterior hasta la SGP son fundamentales para transformar la empatía en conductas como la congelación o la evitación (±).

La SGP, tradicionalmente asociada con respuestas defensivas primarias como la congelación ante amenazas directas, adquiere un papel crucial como receptora de señales empáticas.[11] Es como cuando un padre siente un nudo en el estómago al ver a su hijo caerse en el parque, aunque él mismo no haya sufrido ningún daño físico. La conexión CCA-SGP representa el sustrato neurobiológico que transforma la observación del dolor ajeno en una experiencia afectiva propia. Moya-Albiol y su equipo[12] destacaron que esta vía constituye un componente esencial del «contagio emocional», base primitiva de la empatía.

Imagina todas estas regiones cerebrales como aeropuertos y la unión entre ellas como redes o circuitos neuronales. No operan de manera aislada, sino coordinadamente.

Veamos cómo son los seis circuitos empáticos principales (±).

¿Los procesos empáticos son automáticos o controlados?

En la mayoría de los estudios sobre empatía en el dolor, el tacto o el asco, a los participantes no se les informa de que el objetivo del estudio es investigar la empatía. Sin embargo, muestran activaciones en las regiones cerebrales correspondientes, esto demuestra que compartimos de forma automática los sentimientos de otras personas.

Preston y De Waal enfatizan la importancia de estos procesos automáticos perceptualmente impulsados.[13] Es clave señalar que el término «automático» se refiere a un proceso que no requiere procesamiento consciente y esforzado, pero que sí puede ser inhibido o controlado.

Pero la empatía no es solo un proceso impulsado por la sensorialidad, Adam Smith ya propuso que la imaginación nos permite proyectarnos en el lugar de otras personas,[14] experimentando sensaciones que en general son similares (aunque más débiles) a las de la otra persona. Por tanto, hay dos sistemas, uno más automático y otro más deliberado.

El primero representa la correspondencia directa entre percepción y acción. Cuando observamos a alguien sufriendo, este sistema se activa de inmediato y genera una respuesta emocional directa en nosotros. Escuchas a tu bebé llorar y sientes angustia al instante, sin razonar. Tu cerebro responde a esa señal, creando un compartir emocional directo a menos que algo lo inhiba.

El segundo involucra regulación, valoración contextual y control. Estos procesos están implementados en la corteza prefrontal y cingulada de nuestro cerebro, que operan a través de la atención selectiva y la autorregulación. Es algo similar a lo que ocurre cuando un médico en una sala de emergencias ve a alguien sufriendo, pero su entrenamiento le permite regular esa respuesta emocional automática para poder ayudar como profesional.

Estos dos sistemas mantienen un diálogo constante. El nivel metacognitivo (*top-down*) se actualiza sin cesar mediante información que recibe del sistema automático (*bottom-up*) y, a su vez, controla el nivel inferior proporcionando retroalimentación. Podríamos compararlo con un termostato inteligente en casa: los sensores (*bottom-up*) detectan la temperatura, mientras que el procesador central (*top-down*) recibe esa información y decide si debe encender o apagar la calefacción, manteniendo una comunicación constante y bidireccional.

Cuando vemos a un amigo triste, nuestro sistema automático reacciona automáticamente generando empatía. De forma simultánea, nuestro sistema de control evalúa el contexto: ¿es apropiado mostrar empatía ahora? ¿Cuánta? ¿De qué manera? Dependiendo de nuestros objetivos y el contexto social, nuestra corteza prefrontal y cingulada pueden aumentar la respuesta empática (acercarnos y consolar) o disminuirla (mantener distancia profesional).

Esta interacción constante entre ambos sistemas es lo que nos permite ser empáticos de manera adaptativa, respondiendo de manera apropiada según cada situación. No somos solo máquinas que reaccionan al sufrimiento ajeno, ni somos puramente calculadores, racionales y desconectados de las emociones de los demás. Somos el resultado de este diálogo constante entre lo automático y lo controlado.

¿Cómo son los otros circuitos de la simpatía y la compasión?

La simpatía, al implicar preocupación por el otro sin necesariamente compartir su estado emocional, activa regiones relacionadas con la regulación emocional y la conducta prosocial. También puede involucrar la activación del sistema de recompensa, que incluye el núcleo accumbens, sugiriendo que ayudar a otros o preocuparse por su bienestar puede ser gratificante en sí mismo.

La simpatía puede ser útil cuando necesitamos mantener cierta distancia emocional, pero puede percibirse como superficial si la otra persona necesita una conexión más profunda.

La compasión, como fenómeno que integra elementos de la empatía con la motivación para actuar, tiene bases neurales que reflejan esta complejidad. Algunos estudios han mostrado que la compasión activa la corteza prefrontal medial (CPFm), el núcleo accumbens (asociado con la recompensa social) y la amígdala (por la intensidad emocional).[15] La compasión, al incluir un componente de acción, puede ser más adaptativa, permitiéndonos apoyar a nuestros seres queridos sin quedar atrapados en su dolor.

Lejos de ser meros constructos teóricos, estas distinciones tienen implicaciones prácticas significativas para nuestro bienestar personal y colectivo. Creo que más que nunca es necesario un resumen de este agotador capítulo.

Hemos visto que la empatía no reside en una única estructura cerebral, sino que emerge de la actividad coordinada de múltiples redes neurales distribuidas.

Hemos identificado ocho regiones cerebrales clave implicadas en la empatía y seis circuitos (±).

Hemos comprendido que la empatía no es un fenómeno unitario, sino que implica múltiples componentes que pueden disociarse en ciertas condiciones. La distinción entre empatía cognitiva (comprender los estados mentales ajenos) y afectiva (compartir emocionalmente esos estados) tiene correlatos neurales específicos y puede verse afectada diferencialmente en diversos trastornos.

La comprensión neurocientífica de la empatía tiene profundas implicaciones éticas y sociales que merecen una reflexión cuidadosa. Pero ¿cómo desarrolló el cerebro humano esta capacidad tan curiosa?

Este será el tema del siguiente capítulo, que te prometo que te resultará mucho más sencillo.

6

De dónde viene la empatía. El cerebro social

Howard Hughes, uno de los hombres más ricos del mundo en su época, pasó los últimos años de su vida en completo aislamiento. Nacido en 1905 en una familia adinerada de Texas, Hughes se convirtió en un exitoso empresario, productor de cine y aviador. En su juventud, lo conocían por su carisma, atractivo y vida social activa, relacionándose con estrellas de Hollywood y figuras influyentes.

A partir de los años cincuenta, Hughes comenzó a aislarse. Se encerraba en habitaciones de hotel, con las persianas cerradas y sin permitir que nadie entrara excepto unos pocos asistentes. Desarrolló rituales obsesivos y fobias extremas a los gérmenes. Pasaba meses sin contacto humano directo, comunicándose solo mediante notas escritas bajo la puerta.

A pesar de su inmensa fortuna material, su salud física y mental se deterioraron dramáticamente. Cuando murió en 1976 durante un vuelo de México a Houston, apenas pesaba cuarenta kilos y estaba tan demacrado que resultaba casi irreconocible. Las autopsias revelaron que, además de desnutrición severa, sufría de deshidratación crónica y múltiples fracturas no tratadas.

Lo más revelador fueron los diarios y las notas encontrados entre sus pertenencias. En ellos, Hughes expresaba un profundo sentimiento de soledad y anhelo por conexión humana, a pesar de ser él mismo quien había construido las barreras que lo aislaban.

En una nota particularmente conmovedora escribió: «Todo el dinero del mundo no puede comprar un segundo de felicidad real o aliviar esta sensación de vacío».

Los médicos que luego examinaron sus registros médicos concluyeron que, además de trastorno obsesivo-compulsivo, Hughes sufría de depresión severa exacerbada por el aislamiento social extremo y la falta de contacto con otros seres humanos.

Hemos visto que un conjunto de redes y regiones en el cerebro pertenecientes a diferentes lóbulos están implicadas en nuestra querida empatía. Pero ¿por qué el cerebro *sapiens* es así?

A lo largo de la evolución este ha sufrido transformaciones que nos han permitido sobrevivir y adaptarnos. Si pensamos en qué nos hace humanos, y nos embelesamos con la pregunta que tanto ha fascinado a filósofos y científicos durante milenios, encontramos algunas características muy distintivas de nuestra especie. Sin duda, nuestra capacidad para el lenguaje complejo, la creación de herramientas sofisticadas o la reflexión sobre nuestra propia existencia son características nucleares, pero una dimensión fundamental subyace a todas ellas: nuestra naturaleza social.

Somos, por excelencia, la especie hipersocial del planeta. Esto no debe traducirse vulgarmente como un tener amigos o quedar para tomar unas birras. Es mucho más. Nuestra supervivencia, desarrollo y éxito evolutivo están ligados a nuestra capacidad para navegar en complejas redes de relaciones, para cooperar en tareas y para comprender las intenciones, emociones y pensamientos de nuestros congéneres. Pero ¿cómo evolucionó esta extraordinaria capacidad social? ¿Qué mecanismos biológicos y cognitivos la sustentan?

Una de las respuestas más poderosas la ofrece el antropólogo y psicólogo evolutivo Robin Dunbar en su hipótesis del cerebro social.

Esta teoría postula una conexión directa y causal entre el tamaño relativo del cerebro, o más bien de la neocorteza, y la complejidad de la vida social de una especie. Es decir, nuestro cerebro es como es por cómo ha sido la vida social a lo largo de la evolución. Las presiones selectivas impuestas por la necesidad de gestionar un número creciente de relaciones sociales complejas, mantener la cohesión grupal y procesar información socialmente relevante fueron el principal motor evolutivo que permitió el crecimiento exponencial del cerebro en los primates, pero muy en especial en el linaje humano.

Lejos de ser una consecuencia del tamaño corporal, una simple respuesta a un desafío ecológico, un cambio en la dieta o algo similar, el cerebro social sugiere que nuestra inteligencia evolucionó para lidiar con los desafíos de los «otros» y para entender, predecir e influir en el comportamiento de ellos dentro del grupo.

Dunbar explica que los primates poseen cerebros inusualmente grandes en relación con su tamaño corporal y en comparación con otros vertebrados.[1] Durante mucho tiempo se pensaba que se necesitaban cerebros más grandes para procesar información más compleja del entorno, como localizar dónde hay alimentos (hipótesis de la dieta frugívora) o navegar por territorios extensos desconocidos (hipótesis de los mapas mentales) o desarrollar técnicas sofisticadas para obtener alimentos ocultos o de difícil acceso (hipótesis del forrajeo extractivo).[2]

Para Dunbar estas visiones enfrentaban una dificultad considerable, dado que el cerebro es un órgano muy costoso para el metabolismo. En los humanos, aunque representa solo alrededor del 2 % del peso corporal, el cerebro consume aproximadamente el 20 % de la energía total del cuerpo en reposo.[3] Este alto coste energético hace improbable que cerebros tan grandes evolucionaran solo como respuesta a desafíos ecológicos que otros animales con cerebros mucho más pequeños resuelven sin problema. Tendría que existir una presión selectiva fuerte y específica en los primates más allá de esas visiones.

La explicación basada en lo social se denominó en un inicio «hipótesis de la inteligencia maquiavélica»[4] y luego hipótesis del cerebro social.[5] La premisa central es que la principal fuerza selectiva que impulsó la encefalización en los primates no fue la interacción con el entorno físico, sino, como se ha indicado antes, la complejidad del entorno social. Los primates viven en grupos sociales caracterizados por redes intrincadas de relaciones, alianzas cambiantes, competencia social, necesidad de cooperación y capacidad para ciertos engaños y manipulaciones.[6]

La gestión de esta complejidad social impone demandas significativas, por ejemplo, requiere que seas capaz de:

- Reconocer a numerosos individuos.
- Recordar el historial de tus interacciones con cada uno de ellos, comprender las relaciones de parentesco (saber quién está disponible y a qué familia pertenece) y de dominancia entre terceros.
- Inferir los estados mentales (intenciones, creencias, deseos) de otros para predecir su comportamiento.
- Utilizar esta información para navegar eficazmente en un entramado social muy complejo.

La hipótesis del cerebro social propone que estas demandas fueron requiriendo cerebros cada vez más grandes, sobre todo con la expansión de la neocorteza, la parte del cerebro asociada con funciones superiores como el razonamiento y la planificación.[7] Y así, al aumentar la neocorteza, también crece la posibilidad de manejar una mayor complejidad social.

La evidencia empírica robusta que respalda esta hipótesis llegó un poco después de su formulación. Se analizó el tamaño relativo de la neocorteza y la magnitud promedio del grupo social en diferentes especies de primates, y múltiples estudios hallaron una correlación positiva.[8] A mayor tamaño relativo de la neocorteza, mayor tiende a ser el volumen del grupo social que una especie puede mantener de forma estable. Por tanto, el tamaño de la neocorteza impone un límite cognitivo al número de relaciones sociales significativas que un individuo puede gestionar al mismo tiempo. Así que siento decirte que no puedes tener miles de amigos, tu neocórtex no da para tanto.

Cuando se comparó el poder predictivo del tamaño del grupo con el de diversas variables ecológicas (como el porcentaje de fruta en la dieta, el tamaño del área de movimientos cotidianos o la longitud de la jornada diaria), fue el tamaño del grupo social el que emergió como el mejor predictor del tamaño relativo de la neocorteza en primates.[9]

La hipótesis social de Dunbar no niega la importancia de los factores ecológicos. De hecho, se argumenta que la ecología a menudo actúa como un motor primario que favorece la vida en grupo (por ejemplo, para la defensa contra depredadores o la localización eficiente de recursos). Pero una vez que la vida en grupo se establece, son las demandas cognitivas de gestionar relaciones dentro de este las que impulsan la evolución del tamaño cerebral.[10] Variables como una dieta rica en energía pueden ser precursoras necesarias, pues permiten sufragar el alto coste metabólico de un cerebro grande, pero no son la causa selectiva ni última de su expansión.[11]

Curiosamente, la relación cuantitativa entre el tamaño cerebral y dimensiones del grupo parece ser una característica más pronunciada en los primates antropoides. En otros mamíferos y aves, también se observa una relación entre el tamaño cerebral y la socialidad, pero tiende a ser más cualitativa, asociándose cerebros más grandes con sistemas de apareamiento monógamos (formación de vínculos de pareja estables) en lugar de con el tamaño general del grupo.[12]

Dunbar[13] sugiere que los primates antropoides podrían haber generalizado los mecanismos cognitivos y afectivos de la formación de vínculos de pareja intensos para aplicarlos a otras relaciones no reproductivas dentro del grupo. Así se crearon las «amistades» y redes sociales complejas que caracterizan nuestra hipersocialidad.

Cuando se comparan los tamaños del neocórtex y del grupo social, aparece el conocido número de Dunbar. Los humanos evolucionamos para vivir en grupos sociales complejos de unos ciento cincuenta individuos. Según la extrapolación de Dunbar, es un número significativamente mayor que el de cualquier otro primate. Esta hipersocialidad impregna nuestra biología y cognición. ¿Cómo? Pues favoreciendo una serie de adaptaciones únicas diseñadas para facilitar la interacción, la comunicación y la cooperación a gran escala.

A continuación, vamos a recorrerlas juntos.

Nuestros rostros son bastante diferentes de los de otros primates. Observa de perfil a un chimpancé, nuestro rostro es mucho más plano, con una frente más vertical, casi a noventa grados y cejas sin duda mucho más flexibles. Mueve tus cejas ahora. ¿Qué puedes hacer con ellas? Puede que te ayuden a expresar intenciones y estados. Nuestra cara, que cuenta con cuarenta y dos músculos, es excepcionalmente compleja, pero aun así la controlamos con destreza. Todo ello nos convierte en maestros de la expresión facial.[14] La cara humana es una especie de lienzo social muy dinámico. Aunque el rostro no expresa emociones universales como se creía hace veinte años y aunque estas impliquen una complejidad muchísimo mayor (y científica) que lo que los detectores de mentiras (¡incluso los formados en el FBI!) están dispuestos a admitir, el rostro es una fuente primordial de información social. Esta comunicación, animal por un lado y no verbal por otro, complementa e incluso en algún caso sustituye al lenguaje (±).

La expresividad facial evolucionó como adaptación clave para el cerebro social. Si soy capaz de comunicar estados internos de forma fiable y de interpretar correctamente las señales que tú me muestras, podemos coordinar acciones y formar alianzas. Incluso podríamos intentar detectar engaños (aunque lo hacemos muy mal, por cierto, ¡y el FBI también!) y, en general, navegar por el complejo mundo social humano.[15]

En paralelo a la evolución facial, nuestro cerebro ha desarrollado redes neuronales altamente especializadas dedicadas al procesamiento de la información social. Ya conoces muchas áreas y circuitos del cerebro que participan en la empatía. También entiendes que la característica principal de nuestro cerebro no es lo racional o lo emocional, sino lo social. ¡Eureka! Sí, las redes empáticas que has visto en el capítulo anterior son redes sociales.

Comprobémoslo. El conjunto de regiones del «cerebro social» que se activan durante tareas que implican pensar en uno mismo o en otros, interpretar señales sociales o inferir estados mentales son:[16]

- La corteza prefrontal medial (CPFm), implicada en la autorreflexión, la percepción de personas y la inferencia de los estados mentales de los demás (TOM).
- La unión temporoparietal (UTP), crucial para atribuir creencias, intenciones y perspectivas a otros.
- El surco temporal superior (STS), especializado en procesar señales sociales dinámicas, como la dirección de la mirada, el movimiento biológico y las expresiones faciales cambiantes.
- La amígdala, fundamental para procesar la relevancia emocional de los estímulos sociales, evaluar la confianza y detectar posibles amenazas.
- La ínsula anterior (IA), asociada con la conciencia de los estados corporales internos (interocepción) y la experiencia afectiva de la empatía.
- El giro fusiforme (área facial fusiforme, AFF), dedicado al reconocimiento de rostros individuales.

¿A que te suenan esas regiones? ¿Qué conclusiones sacas?

Ya sabes que no funcionan de forma aislada, sino que forman una red intrincada y flexible que nos permite comprender el mundo social con una profundidad y complejidad sin parangón en el reino animal.[17] Este sofisticado «cableado» cerebral para la cognición social respalda la idea de que las demandas sociales han sido una fuerza selectiva primordial en la evolución de nuestro cerebro.

Ahora, añadiremos algunas características anatómicas curiosas que se dan en nuestra especie y que favorecen la hipersocialidad.

Como vimos al inicio, a diferencia de la mayoría de los primates, los humanos poseemos una esclerótica (la parte blanca del ojo) grande, expuesta y uniformemente blanca, que contrasta con el iris pigmentado.[18]

La hipótesis del ojo cooperativo[19] propone que esta característica evolucionó para facilitar la comunicación basada en la mirada. Si veo que miras a la izquierda, detecto tu «blanco de los ojos» y acto seguido yo mismo miro a tu izquierda. De este modo compartimos la información. Saber adónde miran los demás nos da pistas sobre sus intenciones, intereses y focos de atención, facilitando la coordinación y la comprensión mutua. La esclerótica blanca mejora la visibilidad de la dirección de la mirada tanto en humanos como en chimpancés cuando se manipulan digitalmente sus ojos.[20]

Sin embargo el mecanismo social más poderoso es sin duda el lenguaje. Dunbar propuso que el lenguaje evolucionó, al menos en parte, como una forma de «acicalamiento vocal» o «acicalamiento a distancia».[21] A diferencia del acicalamiento físico tan habitual en primates no humanos, el lenguaje permite interactuar de forma simultánea con varios individuos dentro de una conversación. Su capacidad de expansión social es mucho mayor que cualquier mecanismo físico y, además, permite intercambiar información social sobre otros miembros de la red que no están presentes (lo que nosotros conocemos como chismorreo). Recuerda que conocer quiénes están disponibles, dónde, cómo y qué hicieron es importante. ¿Cómo tener a mano toda esta información y compartirla o recibirla? Con el lenguaje puedo monitorear relaciones, conocer reputaciones, detectar tramposos, recordar potenciales parejas libres y, en general, mantener la cohesión y la estabilidad en grupos grandes y dispersos.

El lenguaje, por lo tanto, no habría evolucionado primariamente para intercambiar información sobre el entorno físico (aunque también cumple esa función), sino sobre todo para facilitar la vinculación social y gestionar la complejidad de las redes sociales humanas. Permitió superar las limitaciones de tiempo impuestas por el acicalamiento físico, el clásico *grooming* o despiojado de nuestros hermanos primates, posibilitando la existencia de grandes grupos cooperativos.

Rostro expresivo, ojos comunicativos y lenguaje elaborado reflejan las demandas de una vida social intensa y compleja. Somos, en esencia, criaturas construidas para conectar, comunicar y cooperar gracias a un cerebro hipersocial.

Esta vida social es también sentimental, como bien sabemos. Necesitamos cohesión, confianza y cooperación; en definitiva, «sufrimos con». Nos duelen la traición, el abandono y el ostracismo, nos importa el estatus porque perdemos o ganamos amigos, reputación o recursos según a qué estrato social pertenecemos. Aquí aparece la empatía cognitiva y afectiva.

No basta con que nos resuene el dolor ajeno, también es necesario comprender la situación desde la perspectiva del otro y regular la respuesta para poder ofrecer ayuda eficaz en lugar de quedar paralizado por la angustia personal.[22]

La empatía es crucial para la lógica del cerebro social. Facilita la cohesión al promover la comprensión mutua y la preocupación por el bienestar de los demás, motiva comportamientos prosociales (ayudar, consolar y cooperar), esenciales para el éxito colectivo en grupos grandes[23] y ayuda a disuadir comportamientos antisociales y a mantener normas comunitarias, ya que nos permite anticipar el impacto negativo de nuestras acciones en los sentimientos de los demás.

La hipótesis del cerebro social está respaldada por décadas de investigación en primatología, neurociencia y psicología evolutiva. Lo que más me gusta de ella es que te permite salir de la clásica dicotomía razón-emoción. La inteligencia es una, no múltiples, y tanto las estrategias como los afectos son fruto de la complejidad social (±).

Lo social es el centro de lo que nos hace humanos. Sí, por tanto, el tema de este libro es neurobiológicamente importante. El extraordinario tamaño y coste de nuestro cerebro no es un lujo accidental, sino una adaptación ajustada al detalle a las demandas de navegar y mantener redes sociales extensas.[24]

Reconocer esta base biológica de nuestra necesidad de conexión social, las limitaciones en el número de relaciones que podemos mantener activas (el famoso número de Dunbar) y la importancia de mecanismos como la empatía y la comunicación efectiva sirve para muchos menesteres. Entre otros para diseñar o gestionar equipos en organizaciones y comunidades, manejarnos en relaciones personales, negociar en entornos difíciles, e influenciar y persuadir desde una ética humana.

EJERCICIO

Círculos concéntricos

El objetivo aquí es intentar ver qué ocurre al expandir gradualmente la capacidad empática hacia personas cada vez más diferentes a uno mismo.

Procedimiento

1. Dibuja cinco círculos concéntricos y etiquétalos del uno (centro) al cinco (exterior):
   —Círculo 1: personas muy similares a ti.
   —Círculo 2: personas con diferencias menores.
   —Círculo 3: personas con diferencias significativas pero no antagónicas.
   —Círculo 4: personas con valores opuestos a los tuyos.
   —Círculo 5: personas con las que consideras difícil empatizar.
2. Durante dos semanas, dedica días alternos a cada círculo:
   — Día 1: selecciona una persona del círculo 1.
   — Día 2: círculo 2, y así sucesivamente.
3. Para cada persona:
   —Investiga su contexto y circunstancias.
   —Imagina su historia de vida.
   —Identifica al menos tres valores o necesidades que compartes con ella.
   —Comenta con alguien cercano cómo debe de ser vivir desde su perspectiva en primera persona.

IMPORTANTE: no fuerces ni pretendas ser empático. Solo adopta perspectivas, imagina, discierne. Deja que suceda, si es que tiene que suceder.

Reflexión profunda:

¿Qué círculo te resultó más desafiante?
¿Qué descubriste sobre tus límites empáticos?
¿Tu percepción cambia cuando reconoces su visión incluso con quienes te resultan más ajenos?

7

Empatía en animales

En el zoológico de Twycross, en Inglaterra, una bonobo hembra llamada Kuni protagonizó un incidente extraordinario que fue documentado por el primatólogo Frans de Waal. Un pequeño pájaro se estrelló contra el cristal de protección del recinto de los bonobos y cayó, aturdido, al suelo. Antes de que los cuidadores pudieran intervenir, Kuni se acercó al ave caída.

Con extrema delicadeza, la bonobo recogió al pájaro y lo examinó. Cuando un cuidador le pidió que lo soltara, Kuni ignoró la orden. En lugar de eso, trepó al árbol más alto del recinto con el pájaro acunado en su mano.

Al llegar a la cima, Kuni desplegó con cuidado las alas del pájaro, abriéndolas por completo con sus dedos, un ala primero y luego la otra, en un gesto que nunca habían observado antes en ella. Luego lanzó al pájaro hacia la barrera perimetral del recinto, que era el punto más cercano a la libertad que podía alcanzar desde su posición.

El pájaro no logró volar en ese primer intento y cayó al suelo. Kuni descendió del árbol, se acercó de nuevo al ave, la protegió de un joven bonobo curioso que se aproximaba y permaneció vigilándola hasta que por fin el pájaro se recuperó y pudo volar fuera del recinto.

Kuni no tenía experiencia previa con aves, no había sido entrenada para manipularlas y no obtenía ningún beneficio personal al ayudar al pájaro. De hecho, tuvo que desobedecer a sus cuidadores y realizar un esfuerzo considerable para intentar ayudar a una especie diferente a la suya.

Queremos comprender profundamente la empatía. Sospechamos que es muy importante, a tenor de lo que la gente piensa. Hemos definido qué es y la hemos diferenciado de la simpatía, la antipatía, el contagio emocional y la compasión. Hemos entendido sus dimensiones, cognitiva y afectiva, del pensar y del sentir, lo que nos permite ir conociendo mejor comportamientos propios y ajenos. Hemos explorado sus regiones en el cerebro, que responden al marcado carácter hipersocial de nuestra especie. Toca ahora observar su existencia y evolución en otros organismos vivos, como los animales. Salirnos de nosotros y estudiar la empatía en animales no humanos puede enseñarnos a identificar sus bases biológicas y evolutivas. De este modo, entendemos en qué medida esta capacidad es compartida o exclusiva de la especie humana.

¿Hasta qué punto un chimpancé o un elefante son empáticos? Sospechamos que poseen empatía cuando los vemos en un zoológico o en un documental. Sin embargo, ¿qué hay de un lobo? ¿Y de los cuervos, por ejemplo? ¿O las ratas? ¿Mostrarán las ratas comportamientos empáticos?

Vamos a explorar cómo ha evolucionado la empatía en el mundo animal para favorecer comportamientos prosociales, cooperación y supervivencia grupal.

La empatía en los primates no humanos ha sido muy estudiada. Te vendrán a la mente los trabajos de Jane Goodall y los del citado Frans de Waal, un reconocido primatólogo que nos dejó hace muy poco. Por cierto, Frans era de aquellas personas de «su gente le quiere». En varios congresos internacionales sobre emociones a los que he asistido en los últimos años, me he encontrado con varios de sus colaboradores y estudiantes. Todos se emocionaban siempre, e incluso lloraban, al recordar su pérdida.

De Waal fue pionero en el estudio de la empatía animal. Uno de los fenómenos conocidos que estudió lo llamó «consuelo dirigido». Tras una pelea, individuos no involucrados en el conflicto se acercan a la víctima para abrazarla, acicalarla o emitir vocalizaciones suaves, acciones que reducen su estrés. Este comportamiento no es aleatorio, puesto que los que consuelan suelen ser amigos o parientes de la víctima, lo que sugiere una conexión emocional selectiva. Veremos en unos capítulos cómo esta característica selectiva implica un lado no tan amable de la empatía.

De Waal descubrió algo todavía mejor: los chimpancés también practican la reconciliación. Tras un conflicto, los agresores y las víctimas se buscan para restablecer el vínculo y lo hacen mediante actos como besos, caricias o compartir alimentos. Estas acciones permiten mantener la estabilidad en sus grupos sociales jerárquicos, pues si no cooperan entre sí arriesgan su supervivencia.

Más allá del consuelo y la reconciliación, los primates son capaces de mostrar cierto tipo de altruismo motivado por la empatía. En 2011, Yamamoto, Humle y Tanaka,[1] investigadores del Primate Research Institute de la Universidad de Kioto, publicaron los resultados de sus experimentos. El objetivo era conocer si los chimpancés son capaces de ofrecer espontáneamente ayuda instrumental, es decir, dirigida a satisfacer una necesidad específica del otro. De ser cierto, implicaría capacidad empática de reconocer las metas y las necesidades ajenas. Hasta ese momento, se consideraba que este tipo de ayuda era propia de la cognición social avanzada humana.

Colocaron a chimpancés emparejados en recintos adyacentes pero separados por una barrera. Uno de los chimpancés tenía acceso a una serie de herramientas (como palos, cañas o cuerdas) que estaban fuera del alcance del otro. El segundo chimpancé (el receptor) se enfrentaba a una situación problemática: necesitaba una herramienta específica para obtener comida inaccesible.

Dividieron a los chimpancés, como siempre se hace en un ensayo, en un grupo experimental y otro de control. En el grupo experimental un chimpancé observaba la situación problemática del compañero, que necesitaba una herramienta concreta que él tenía la posibilidad de proporcionarle. En el grupo control no había necesidad real, por lo que proporcionar herramientas era un tanto absurdo. Podrías pensar que quizá los chimpancés tenían a la vista un jugoso racimo de plátanos o algo parecido, por lo que sus acciones podrían estar condicionadas por la posible recompensa. En absoluto. Los investigadores no ofrecieron recompensas directas ni inmediatas para el chimpancé que podría ayudar para así poder evaluar el grado de espontaneidad y altruismo.

Los resultados fueron impactantes. Los chimpancés ofrecieron de forma activa herramientas adecuadas a sus compañeros en situaciones en las que estos las necesitaban para obtener comida. No solo eso, los chimpancés eran capaces de elegir la herramienta que mejor se ajustaba a las necesidades del compañero, mostrando que comprendían la situación desde la perspectiva del otro individuo. Además, cuando no existía una necesidad real, los chimpancés rara vez entregaron herramientas, lo que confirma que no las ofrecían al azar, sino como respuesta a la percepción de la necesidad ajena.

Reflexiona sobre este aspecto. Hermanos evolutivos nuestros, con los que compartimos un 98 % de ADN muestran ayuda instrumental a sus compañeros… a cambio de nada. No solo eso, prestan la ayuda adecuada, la necesaria, no cualquier tipo. Y cuando no es necesario no entregan nada. ¡Y sin obtener recompensa! Definitivamente quiero un vecino chimpancé.

Habrás deducido por ti mismo que esta habilidad tan notable en los chimpancés para entender la necesidad específica de otros individuos y actuar para satisfacerla es una forma de empatía cognitiva.

Si así actuaron los chimpancés, podemos esperar algo similar o mejor de los bonobos, bien conocidos por su sociabilidad pacífica.

Brian Hare, profesor de antropología evolutiva, es un especialista en el comportamiento prosocial de los bonobos, nuestros parientes más cercanos junto con los chimpancés. En una reserva en el Congo, colocaban a uno de ellos en una habitación con acceso a una cuerda, de la que, si tiraban, liberaba una pieza de fruta en una estancia adyacente. En esta se encontraba otro bonobo desconocido para el primero. El bonobo tenía la opción de tirar de la cuerda y permitir que el extraño obtuviera la fruta, sin recibir ninguna recompensa directa ni interacción social a cambio.[2]

Los resultados, al igual que los de Yamamoto, Humle y Tanaka, mostraron que los bonobos estaban dispuestos a ayudar a los extraños a obtener la fruta, incluso sin recibir beneficios inmediatos ni señales de solicitud de ayuda. Hare también estudió en otro experimento signos de «empatía primitiva» a través del contagio emocional. Los bonobos mostraban contagio de bostezos al ver vídeos de otros bonobos, tanto conocidos como desconocidos, realizar esta acción. Reconozco que al ver los vídeos de Hare ¡me sucedió lo mismo!

Después de hablar de los chimpancés y los bonobos no podemos olvidarnos de los gorilas. Pero no se trata de King Kong, sino de Koko, la gorila más importante de la historia, al menos desde una perspectiva humana. Koko es un caso emblemático. Criada y educada desde pequeña por la doctora Francine «Penny» Patterson, Koko destacó por su capacidad para aprender y utilizar el lenguaje de señas americano (ASL, por sus siglas en inglés).[3]

Durante más de cuatro décadas de estudio continuo, Koko aprendió más de mil signos diferentes y comprendió unas dos mil palabras del inglés. Este hecho ha sido crucial para cuestionar la frontera tradicionalmente establecida entre humanos y otros grandes simios respecto al lenguaje y sugiere que la capacidad comunicativa podría estar más extendida en el reino animal de lo que se creía.

En varios experimentos Koko mostraba capacidad de expresar emociones y pensamientos complejos. Ante la muerte de su gato mascota mostró signos de duelo, tristeza y comprensión de la pérdida. Este evento proporcionó de nuevo evidencia anecdótica significativa sobre la capacidad emocional profunda de los gorilas. La empatía y la comprensión emocional en primates no humanos podría ser más similar a la humana de lo que se había imaginado.

Es posible que las capacidades observadas en Koko no se puedan extrapolar al resto de la población de gorilas o primates, y que cierto sesgo antropomórfico en la interpretación de los resultados influyera en la doctora Patterson. Sin embargo, en otros estudios aparece la esperada empatía. En 2012, investigadores del Dian Fossey Gorilla Fund International observaron un comportamiento notable en el Parque Nacional de los Volcanes, en Ruanda.[4] Allí, un grupo de jóvenes gorilas de montaña desactivó las trampas colocadas por cazadores furtivos. ¡Sucedió poco después de que una trampa similar causara la muerte de un miembro de su grupo! Los gorilas no solo evitaron las trampas, sino que las desmantelaron, mostrando una comprensión del peligro que representaban para su comunidad.

En otro estudio realizado en Ruanda por Bresciani observaron que los gorilas jóvenes imitaban rápidamente las expresiones faciales de sus compañeros durante el juego, sobre todo cuando se producían interacciones equilibradas y entre individuos del mismo sexo.[5]

Quizá el caso más conocido, además del de Koko, fue el que sucedió en 1996 en el zoológico de Brookfield, en Illinois. Una gorila llamada Binti Jua se convirtió en el centro de atención mundial. Un niño de tres años cayó por accidente al recinto de los gorilas y quedó inconsciente. Binti Jua se acercó a él, lo examinó con cuidado, lo levantó y lo llevó hasta una puerta de acceso donde los cuidadores del zoológico pudieron recogerlo. En todo momento Binti Jua mantuvo a su propia cría en su espalda, demostrando protección tanto hacia su retoño como hacia el niño humano.

Para muchos fue una clara muestra de empatía y altruismo por parte de Binti Jua. Otros expertos sugirieron que su comportamiento podría haber sido resultado del entrenamiento recibido para cuidar a su propia cría. Para nuestro querido Frans de Waal era un ejemplo más de empatía en animales.

Conviene detenernos aquí para reflexionar unos instantes. Habrás escuchado una y otra vez, sobre todo en analistas (¡o tertulianos!) del comportamiento no verbal, la importancia de este para entender el comportamiento humano. Desde la detección de mentiras, los gestos que indican seducción o la interpretación de las emociones por el rostro o la postura, se nos presenta, una y otra vez, que el comportamiento no verbal, especialmente en cuanto a la expresión facial y los gestos, es crucial, vital, importantísimo. Debo decir, le pese a quien le pese, que estas aseveraciones no siempre están fundamentadas y, sin embargo, se viralizan una y otra vez. Uno de los argumentos que se aporta, aunque débil, es que lo verbal, el lenguaje, de alguna manera se relaciona con la interpretación que hacemos de las cosas, mientras que el cuerpo y la expresión de emociones, al no ser controlables, son más fidedignos. No solo eso, lo no verbal es «animal» y «verdadero».

Si eso fuera cierto, los humanos habríamos usado el lenguaje de señas en vez del verbal… y sin embargo no lo hicimos. Cuando hablábamos del cerebro social, decíamos que el lenguaje es el primer motor de la comunicación hipersocial. Nuestros rostros, ojos y posturas están adaptados a la comunicación. Eso no implica que esa comunicación pueda ser decodificada, como si fuera un traductor de idiomas directo.

No solo eso, considerar a los animales «no verbales» es tan ridículo como ver comportamiento no verbal en la arquitectura del Coliseo. ¡Los animales son tremendamente charlatanes! Otra cosa es que al no entenderlos subestimemos la complejidad de su comunicación.

Te comparto varios ejemplos al respecto:

- Los delfines utilizan silbidos característicos, «su firma sónica», para identificarse entre sí. Son aprendidos y únicos para cada individuo y permiten una comunicación personalizada dentro del grupo.
- Los perritos de las praderas emiten llamadas de alarma que contienen información específica sobre depredadores, incluidos tamaño, forma, velocidad y hasta el color de la ropa de los humanos intrusos. Sí, ese chillido tan peculiar que escuché una vez en Colorado al acercarme a los perritos de las praderas era algo

así como «Viene este y es humano». No es posible este tipo de avisos sin una estructura lingüística compleja.

- Los elefantes también se avisan de la presencia de los humanos a través de llamadas específicas. No te extrañará que nos asocien con peligro. Además, emiten infrasonidos y sienten todo tipo de emociones, incluso venganza. La que no parecen manifestar es el autodesprecio, en eso claramente nos superan.

- Algunos loros no solo imitan palabras humanas, sino que también han demostrado la capacidad de formar nuevas combinaciones de estas para describir objetos o situaciones desconocidas, indicando un entendimiento más profundo del lenguaje del que imaginamos.

- Los cuervos son fascinantes. Múltiples estudios demuestran su capacidad para fabricar herramientas para obtener alimento. Además, pueden comunicarles a otros cuervos la ubicación y la utilidad de estas herramientas.

- Los murciélagos son cotillas, como los humanos. Participan en interacciones sociales complejas, incluyendo la comunicación sobre otros individuos del grupo.

Hay multitud de ejemplos más que prueban que no conviene separar lo verbal de lo no verbal, ni en los *sapiens* ni en los animales.

El tiempo nos dará la razón a los investigadores, ya que no tardará mucho en construirse una IA que pueda descodificar como nunca la complejidad de los sonidos, lenguajes y comunicaciones animales. De hecho, ya existen los primeros pasos con delfines (±). El que no dirá mucho será el Coliseo, tal vez las piedras sean «no verbales».

Volviendo a la empatía animal en primates no humanos, nos queda revisar otro ángulo.

Las madres chimpancés muestran una sensibilidad excepcional hacia las necesidades de sus crías, ajustando su conducta según el llanto o las señales de incomodidad. Podríamos esperar esta lógica mamífera, pero es que se ha documentado lo que se conoce como aloparentalidad, es decir, el comportamiento de otros miembros del grupo (tías, hermanos) que colaboran en el cuidado de los más jóvenes. No es posible este tipo de comportamiento si no se sabe interpretar y responder a las emociones e intenciones ajenas. Eso se llama…, en efecto, empatía cognitiva. ¡Bingo!

Hay por supuesto escépticos que dudan de que todo esto sea una verdadera comprensión emocional o meros reflejos instintivos. Así lo afirma Michael Tomasello, un destacado psicólogo y antropólogo evolutivo reconocido por sus investigaciones sobre el desarrollo cognitivo y la evolución de la cooperación y el lenguaje en humanos y primates no humanos. Tomasello defiende que, aunque los primates no humanos muestran comportamientos que podrían interpretarse como empáticos, en realidad carecen de la capacidad de compartir intenciones y metas de manera colaborativa.[6] Sus estudios han comparado las habilidades de cooperación en tareas entre niños humanos y chimpancés. Los niños muestran una mayor disposición a colaborar y compartir información de manera desinteresada. La empatía humana probablemente implica una comprensión más profunda y una motivación más fuerte para la cooperación que la observada en primates no humanos. Nuestro cerebro hipersocial es más complejo que el de un chimpancé, bonobo o gorila; pero a pesar de ello nuestros parientes evolutivos más cercanos nos invitan a replantearnos qué nos hace humanos.

¿Qué hay de los elefantes?

Sus cerebros son masivos y sus sociedades matriarcales muy complejas. Es esperable que muestren comportamientos empáticos (¡de elefante, claro!).

Cynthia Moss, del Amboseli Elephant Research Project, reveló que las elefantas más viejas, con décadas de conocimiento ecológico y social, son cruciales para responder a amenazas como sequías o cazadores furtivos, demostrando una empatía colectiva que beneficia a toda la manada.[7] La matriarca no solo guía al grupo hacia recursos como agua y alimento, sino que también media en conflictos y prioriza el bienestar de crías y miembros vulnerables.

La aloparentalidad aparece de nuevo en estos animales. Algunas hembras jóvenes («tías») participan activamente en el cuidado de las crías, protegiéndolas de depredadores o enseñándoles a usar herramientas como ramas para espantar las moscas.

Los elefantes son también famosos por sus actos heroicos hacia miembros en peligro. Joyce Poole[8] documentó casos en Kenia donde los elefantes usaban sus colmillos y trompas para liberar a crías atrapadas en pozos de lodo, arriesgando su propia seguridad, o donde una manada rodeaba a una hembra herida por un cazador furtivo para ahuyentar a las hienas y se turnaban para vigilarla durante días.

Este altruismo, como en el caso de los delfines, no se limita a su especie. En 2012, en un santuario de Tailandia, una elefanta llamada Jokia ayudó a una hembra ciega a transitar por terrenos difíciles guiándola con su trompa y vocalizaciones suaves. ¿Hay algo más entrañable que Jokia? Este tipo de comportamiento implican una comprensión de las limitaciones físicas y emocionales de otros. De nuevo un sello distintivo de… empatía cognitiva.

Quizá sepas que los elefantes realizan rituales ante la muerte, lo que sugiere que tienen un concepto, por rudimentario que sea, de la mortalidad y la finitud. Cuando un individuo muere, la manada se congrega alrededor del cadáver, lo tocan con las trompas, emiten sonidos graves y, en ocasiones, lo cubren con tierra y hojas. En un estudio de Karen McComb, los elefantes mostraron mayor interés en cráneos y colmillos de su propia especie que en restos de otros animales.[9] Parece por tanto que reconocen a sus muertos.

En un caso conmovedor, una manada en el Parque Nacional de Samburu, en Kenia, visitó en repetidas ocasiones el cadáver de una matriarca fallecida, acariciando sus huesos con trompas y permaneciendo en silencio durante horas. Algunas crías, que nunca habían conocido a la matriarca en vida, imitaron el comportamiento de los adultos. Quizá estaban enseñando a las crías qué se debe hacer en un caso de duelo.

Al igual que con los cetáceos, el cerebro de los elefantes (que pesa cinco kilos) posee una densidad de neuronas comparable a la humana. El hipocampo (asociado a la memoria emocional) y la corteza insular (ya sabes, vinculada a la conciencia interoceptiva) están muy desarrollados. Dado que estas estructuras permiten procesar experiencias pasadas y proyectar estados emocionales en otros, podemos afirmar que tienen una base neuroanatómica para la empatía.

Aquí viene «el elefante rosa». Los elefantes muestran una producción elevada de oxitocina, la llamada hormona del amor, que en humanos está ligada al vínculo de apego y la compasión. Te dejo que mantengas durante unos capítulos más una visión romántica de la oxitocina, así que aprovecha y corre a abrazar a tu gente unos segundos para generarla antes de seguir leyendo.

¿Los elefantes muestran altruismo interespecífico? Sí. En reservas africanas, se ha observado a elefantes protegiendo a ñus o antílopes de depredadores, usando sus cuerpos como escudo. En India, un elefante de nombre Raju, rescatado tras décadas de maltrato, fue visto consolando a un perro callejero herido, compartiendo su comida y acariciándolo con la trompa.[10] Raju y Jokia, no puedo imaginar algo más bello.

Mi respetado Richard Dawkins argumenta que los rituales mortuorios de los elefantes podrían ser una respuesta adaptativa para detectar enfermedades. Aunque al ver el duelo, incluso en muertes naturales, y con clara angustia, pérdida de apetito o vocalizaciones con lamento, se respalda la hipótesis emocional. Experimentos de Joshua Plotnik mostraron que elefantes asiáticos ayudan a compañeros a alcanzar comida fuera. Visto todo esto, ¿tiene sentido la explotación turística o el cautiverio de elefantes, orcas, delfines, chimpancés, gorilas, bonobos y orangutanes? ¿Qué decir de su caza? Con independencia de una posible antropomorfización de su comportamiento, todo apunta a que cuantas más investigaciones se realizan, más difícil será evitar reconocerlos como seres sintientes.

Para defender esta visión conviene echar una mirada a la Declaración de Nueva York sobre la Consciencia Animal, firmada en 2024 por los neurocientíficos y los filósofos más reputados del planeta (±).

Literalmente manifiestan:

> ¿Qué animales tienen la capacidad de tener experiencias conscientes? Aunque aún persiste mucha incertidumbre, han surgido algunos puntos de amplio consenso.
>
> Primero, existe un sólido respaldo científico para atribuir experiencias conscientes a otros mamíferos y a las aves.
>
> Segundo, la evidencia empírica indica al menos una posibilidad realista de experiencia consciente en todos los vertebrados (incluidos reptiles, anfibios y peces) y en muchos invertebrados (incluidos, como mínimo, moluscos cefalópodos, crustáceos decápodos e insectos).
>
> Tercero, cuando existe una posibilidad realista de que un animal tenga experiencia consciente, es irresponsable ignorar esa posibilidad al tomar decisiones que lo afecten. Debemos considerar los riesgos para su bienestar y usar la evidencia para informar nuestras respuestas ante dichos riesgos.

Como ya hemos hablado, los elefantes pueden sentir todo tipo de emociones, salvo el autodesprecio. Parece que también pueden manifestar claramente venganza. Un caso documentado es el de Maya

Murmu, una mujer de setenta años, que ocurrió en Odisha (India) en junio de 2022.[11] Según los informes, un elefante la atacó y la mató mientras ella recogía agua en el bosque. Horas después regresó a su funeral y volvió a embestir y pisotear su cuerpo ya incinerado. Parece ser que Maya había lanzado con anterioridad piedras a la elefanta para que así pudieran robarle sus crías. Si hace falta más empatía en el mundo, este ejemplo nos lleva a pensar con quién.

¿Y si nos alejamos aún más?

Los delfines son conocidos por su capacidad para auxiliar a congéneres heridos o enfermos. Denise Herzing documentó cómo grupos de delfines sostienen a individuos debilitados cerca de la superficie para que puedan respirar, turnándose incluso durante días.[12] Este cuidado de soporte vital implica coordinación y sacrificio energético y parece que es algo más allá del instinto.

No solo se ayudan entre ellos, sino que han demostrado altruismo interespecífico. Seguro que has visto algunos vídeos al respecto. En ciertos casos los delfines han protegido a humanos de tiburones o han ayudado a ballenas varadas a regresar al mar. En 2004, un grupo de delfines en Nueva Zelanda rodeó a una nadadora amenazada por un tiburón blanco y consiguió alejar al depredador con movimientos agresivos.[13] Siempre es difícil de interpretar, porque no estamos en su mente, ni comprendemos (aún) a fondo su lenguaje, pero parece que esto pudiera revelar una capacidad para reconocer el sufrimiento ajeno, incluso de otras especies.

Las orcas y los cachalotes realizan rituales de duelo y conexión emocional. Robin Baird explica que cuando una cría muere, su madre puede cargar con el cadáver ¡durante semanas![14] ¿Cuál es la utilidad de este comportamiento? Resulta difícil imaginar uno que no apunte a un proceso de duelo similar al humano. Esto también se ha observado en ballenas jorobadas.

El etólogo Hal Whitehead ha documentado que los grupos de cachalotes modifican sus rutas migratorias para evitar zonas donde un miembro fue cazado, lo que demuestra una especie de memoria colectiva del trauma.[15] Parece que las ballenas no solo sienten dolor, sino que lo integran en su cultura grupal, aunque algunos podrían argumentar que se trata de un simple condicionamiento contextual. Sin embargo, si examinamos los cerebros de los cetáceos, encontramos estructuras cerebrales que están asociadas a la empatía en humanos, como la ínsula anterior y la corteza cingulada. Además, su neocórtex está muy plegado, lo que permite una compleja integración de información. Para estas cosas tan bellas sirve la neurociencia. Es de esperar que de la similitud de regiones en el cerebro emerjan funciones parecidas. Al igual que con Tomasello, autores como Justin Gregg nos alertan de una posible antropomorfización de emociones animales, en este caso relativas a los cetáceos.[16] Sin embargo, en experimentos con delfines en cautiverio estos prefieren comportamientos prosociales en relación con la comida sin beneficiarse ellos, un acto que no puede explicarse tan fácilmente por simple condicionamiento.[17]

Si esto te ha parecido interesante, podemos ir más lejos todavía y analizar el comportamiento de las aves. ¡Y las ratas! (±).

¿Qué hay de nuestras mascotas?

He dejado a Volga, aquella mastina-pastor alemán de cincuenta y cuatro kilos de mi familia, para el final. ¡Mereces que hable de ti al mundo, Volga! Volga me acompañaba fielmente a todos los sitios. Cuando trabajaba en el ordenador, se tumbaba a mi lado. Si la miraba, ahí estaba su mirada. Cuando abandonaba la casa para trabajar y pasaba el día fuera, Volga salía a la puerta del jardín y se quedaba ahí esperando horas y horas sin comer ¡hasta que volvía! Cuando enseñaba artes marciales me acompañaba en mis formaciones y programas. Sin embargo, cuando mi mujer se quedó embarazada, cambió radicalmente su comportamiento. Pasó a estar al lado de ella, o más bien delante. De alguna manera fue consciente del embarazo y de quién era prioritario. Cuando entraban en casa personas desconocidas para ella las asustaba marcando la distancia, nunca iba a más, pero su aspecto imponente, con un pelaje como el de un león, imponía. Lo curioso fue que al nacer el niño entendió las prioridades. Esperaba su turno pacientemente, pasó a estar al lado del niño y volvió a esperar hasta ocho y diez horas en la puerta del jardín hasta que yo llegara. Años después hubo que sacrificarla. Había vivido casi dieciocho años, todo un hito. Cuando ya tenía dentro la inyección letal, levantó los ojos, miró a mi mujer, luego a mí y ahí terminó. Unos segundos más tarde mostró una expresión facial primitiva, probablemente un reflejo de supervivencia del tronco cerebral. Aún puedo sentir sus patas.

Todo dueño de un perro tiene historias muy especiales que contar.

Sospecho que no nos extraña en absoluto saber que los perros han coevolucionado con los humanos durante milenios, desarrollando una habilidad única para leer nuestras emociones (hipótesis de la doble domesticación). Nuestros canes distinguen bien cuando expresamos alegría o tristeza, y responden con lamidos, contacto físico o búsqueda de ayuda. Es común que los perros se acurruquen junto a nosotros si estamos enfermos o deprimidos. Esta empatía entre humanos y perros opera a través del sistema de oxitocina, neuropéptido que facilita los comportamientos prosociales entre individuos.[18]

La oxitocina opera de dos formas en el cerebro. Algunas neuronas proyectan sus prolongaciones (axones) hacia la hipófisis, que es el director de orquesta de nuestras hormonas endocrinas, y así liberan a la sangre las sustancias que nos permiten adaptarnos al estrés, estimular el tiroides o, por ejemplo, las gónadas. Pero otras neuronas las proyectan dentro del cerebro para la liberación local.[19] En los humanos y en general en los mamíferos, la oxitocina está implicada en el apego, el comportamiento parental, la confianza, el contacto ocular y, por tanto, la empatía afectiva.

Pero esta relación va más allá. Es fascinante que se produzca una sincronización fisiológica durante las interacciones. Las miradas de los perros, pero no de los lobos, incrementaron las concentraciones urinarias de oxitocina en los propietarios.[20] Este fenómeno implica que dos especies han desarrollado mecanismos neurobiológicos similares para facilitar la comunicación y el vínculo social.

La hipótesis de la doble domesticación bidireccional propone que mientras los humanos «domesticaban» a los lobos, estos últimos a su vez hacían lo propio con los humanos, alterando comportamientos, estructuras sociales y posiblemente la biología de maneras que facilitaron la coexistencia y la cooperación interespecie. Parece que fueron los lobos quienes se acercaron primero a los asentamientos humanos por voluntad propia, donde los ejemplares menos tímidos obtenían más fácilmente los restos de alimentos dejados por humanos. Con el paso del tiempo, estos lobos sobrevivían más y cada generación era algo distinta, menos temerosa de los humanos. Al final escogimos a los más dóciles para convivir con ellos.

Vivir con un animal puede tener una influencia positiva en la salud humana mediada por la liberación de oxitocina.[21] Tener una mascota se relaciona con mayor índice de supervivencia después de infartos, menores niveles de cortisol y triglicéridos y presión arterial, mayor percepción de capacidad y autoeficacia, así como incremento y facilitación de interacciones sociales.[22]

Las posibilidades de las terapias asistidas son enormes. Ya se han demostrado beneficios para la depresión, la ansiedad, el estrés postraumático y la esquizofrenia.[23] Si los humanos pueden experimentar respuestas empáticas diferenciadas hacia ellos, sospechamos que la empatía no es un mecanismo exclusivamente intraespecífico.[24] No somos «la especie elegida», me temo.

Los gatos, aunque menos estudiados, también muestran empatía. Parece que ajustan su comportamiento según el estado anímico de sus dueños, puesto que se acercan más cuando estamos tristes y reducen su actividad si perciben estrés. A diferencia de los perros, su consuelo es más bien sutil, como ciertos ronroneos terapéuticos o roces suaves.[25]

Igual toda esta evidencia nos exige replantearnos nuestra relación con otros animales, como sugiere la Declaración de Nueva York sobre la Consciencia Animal. Vemos que la empatía no es un privilegio humano, aunque sin duda tenga características únicas en nosotros. Es más bien un legado evolutivo compartido con chimpancés que acarician, ballenas que lloran, elefantes que cuidan, cuervos que consuelan y ratas que priorizan la libertad de sus pares. Es seguro que la empatía animal tiene amplias diferencias con la humana, pero también que bebe de un tronco común. En un mundo interconectado, reconocer la sensibilidad animal es un avance científico y moral. La empatía, en todas sus formas, es el puente que nos une a los demás seres vivos en la trama de la vida. Espero que hayas aprendido mucho. Este capítulo va por Kanzi, Jokia, Raku y mi querida Volga.

EJERCICIO

Un mapa animal y humano

Vamos a explorar la vulnerabilidad compartida entre humanos y animales.

Procedimiento

1. Caso animal:
Piensa en un animal que te conmueva (por ejemplo: un perro abandonado bajo la lluvia) y describe: ¿qué siente físicamente (frío, hambre, dolor)? ¿Y qué emociones proyectas en él (miedo, soledad, confusión)?
2. Caso humano «desagradable»:
Ahora recuerda a una persona cuyas acciones rechaces, sin explorar los motivos. Imagina su infancia o adolescencia o aprendizajes vitales. ¿Cómo era su entorno (violencia, abandono, pobreza)?¿Qué emociones podría haber vivido (miedo, impotencia, desconexión)?

Escribe en un papel las similitudes y las diferencias.

No te juzgues si sientes una mayor empatía hacia un humano o viceversa. Solo explora cómo lo vives. No fuerces.

EJERCICIO

La biografía oculta

Ahora trabajaremos con el antropocentrismo clásico y exploraremos la conciencia, la intencionalidad y el dolor en animales no humanos.

Procedimiento

1. Caso de humano querido:
Piensa en alguien a quien quieres y anota qué valores encarna para ti (sacrificio, amor, resiliencia) y qué circunstancias duras sufrió (agotamiento, tristeza).
2. Caso de animal «funcional»:
Elige un animal que veas como un «recurso» (por ejemplo: una vaca

en una granja industrial). Trata de investigar y recrea su vida, aunque sea durante unos minutos. Piensa en sus vínculos madre-cría. Imagina si es un cachorro y se ve separado.

3. Escribe dos notas:
De la persona admirada hacia ti donde narra su existencia.
    Del ternero a la vaca o el ejemplo que hayas elegido.

Reflexión profunda

    ¿Qué diferencia el dolor de la persona que quieres del animal?
    ¿Cómo justificamos que un dolor merezca compasión y otro no?

8

¿«Empatía» en las plantas?

En un antiguo bosque de abetos de Douglas en la Columbia Británica, Canadá, la ecologista Suzanne Simard realizó un experimento revolucionario en 1997. Cubrió árboles jóvenes con bolsas de plástico e introdujo dióxido de carbono radioactivo en el aire que rodeaba a algunos de ellos. Horas después, detectó el carbono radioactivo en árboles cercanos que no habían sido expuestos directamente al gas.

Lo más sorprendente fue que el carbono no se había movido de forma aleatoria, sino que viajó desde árboles más grandes y expuestos al sol hacia otros más pequeños y sombreados, sobre todo aquellos que estaban relacionados genéticamente con los árboles «donantes». La transferencia ocurrió a través de una intrincada red subterránea de hongos micorrícicos que conectaban las raíces de los árboles.

En investigaciones posteriores, Simard descubrió que cuando un árbol está bajo el ataque de insectos o patógenos, envía señales químicas a través de esta red fúngica para alertar a los árboles vecinos. Los receptores, en respuesta, comienzan a producir compuestos defensivos antes de ser atacados ellos mismos.

En 2015 se documentó cómo un árbol moribundo transfiere hasta el 40 % de sus reservas de carbono a los árboles vecinos antes de morir, en lo que algunos científicos han descrito como un «último regalo» a la comunidad forestal.

Más recientemente, investigadores han descubierto que esta red también transporta nutrientes específicos hacia árboles jóvenes o enfermos. En experimentos donde se cortó el acceso de árboles a esta red, su tasa de supervivencia cayó comparada con los conectados a la red.

Este fenómeno, apodado «Wood Wide Web», ilustra formas de comunicación y cooperación entre plantas que representan sistemas sofisticados de interconexión y respuesta a otros organismos.

Vamos a abrirnos a la red de la vida. Quizá pienses que soy un «hierbas» por ello, pero, aunque sea como ejercicio imaginativo, podemos mirar también a otros seres vivos desde una perspectiva poco habitual. Resulta evidente que las plantas no poseen sistema nervioso ni emociones en el sentido tradicional, sin embargo, muestran respuestas complejas ante estímulos del entorno e interacciones químicas entre ellas. La capacidad de reaccionar al estado de otro organismo, aunque básica, podría estar más extendida en la naturaleza de lo que suponemos.

Tal es así que las científicas Simard y Gagliano[1] hablan de una «inteligencia vegetal» basada en redes y señales químicas. Las plantas se comunican mediante compuestos orgánicos volátiles, unas moléculas que transmiten información sobre amenazas. Un ejemplo icónico es el de las acacias. Cuando un herbívoro las muerde, liberan etileno, un gas que advierte a árboles cercanos para que aumenten la producción de taninos tóxicos en sus hojas hasta hacerlas indigestas. Este fenómeno, documentado en los años ochenta, muestra que las plantas no solo protegen su propia supervivencia, sino que benefician a vecinas, incluso cuando no guardan parentesco genético.

La planta del tabaco silvestre ajusta su estrategia si detecta que plantas vecinas están siendo atacadas priorizando la producción de flores para reproducirse antes de ser consumidas. Bajo el suelo, los hongos micorrícicos tejen una red simbiótica, una especie de «Wood Wide Web» que conecta las raíces de árboles y plantas. Simard descubrió que los árboles ancianos envían nutrientes a plantas jóvenes a través de esta red, en especial si son de su misma especie o familia. En bosques de abetos, los árboles madre priorizan a sus «descendientes», pero también apoyan a otras especies en momentos de estrés como sequías.

Este sistema no es altruista puro, ya que intercambian carbono por nutrientes, pero en determinadas crisis pueden priorizar el bienestar grupal. Por ejemplo, los álamos infectados por patógenos envían señales de alerta a través de la red, lo que permite que árboles sanos activen defensas antes de ser atacados.[2]

Algunas plantas muestran comportamientos que podrían calificarse de altruistas. La *Arabidopsis thaliana*, planta modelo en laboratorios, reduce su crecimiento cuando compite con hermanas genéticas de la misma madre para así ¡evitar sombrearlas! En cambio, si crece junto a plantas no emparentadas, compite de forma agresiva por los recursos. Este reconocimiento de parentesco es similar al observado en animales.[3]

También se ha observado cómo algunas plantas de *Arabidopsis* expuestas a grabaciones de las vibraciones producidas por orugas al masticar hojas activan defensas químicas. Además, reaccionan igual al sonido de otras plantas siendo devoradas, en lo que podríamos denominar una especie de «empatía acústica».[4]

En ambientes desérticos, la suculenta *Mesembryanthemum crystallinum* cambia su metabolismo para tolerar la salinidad, un proceso con un gran coste de energía. Al hacerlo, modifica el suelo circundante, facilitando la supervivencia de plantas vecinas menos resistentes.

Las plantas no solo cooperan con su propia especie. En la selva amazónica, las cecropias albergan hormigas en sus tallos huecos. A cambio de refugio y alimento, estas las defienden de herbívoros. Dicha relación mutualista, llamada mirmecofilia, es un pacto de cooperación que ha evolucionado durante millones de años.

La mimosa parece que puede aprender de experiencias traumáticas. Cuando se dejan caer repetidamente sin causarles daño, las mimosas ya no cierran sus hojas, lo que muestra una forma de memoria adaptativa. Aunque esto no implica conciencia, revela cierta flexibilidad para responder a estímulos ambientales.

Decenas de ejemplos en esta dirección nos prueban un tipo especial de comunicación vegetal. Quizá estas respuestas vegetales son simples mecanismos evolutivos automáticos, sin intencionalidad alguna, pero, aunque esta parece la hipótesis más probable, la comunidad científica se encuentra dividida al respecto.

Biólogos como Lincoln Taiz argumentan que atribuir empatía a las plantas es una antropomorfización peligrosa y que las respuestas vegetales son mecanismos evolutivos automáticos, sin intencionalidad ni emociones. Sin embargo, investigadores como Stefano Mancuso defienden que la inteligencia vegetal, aunque diferente a la animal, es real.

Esta idea ha pasado de ser considerada extravagante a convertirse en un tema de debate científico serio en las últimas décadas. Tradicionalmente se ha visto a las plantas como organismos pasivos y automatizados sin comportamiento cognitivo.

Para Mancuso la inteligencia vegetal es la capacidad funcional de las plantas para resolver problemas, adaptarse al ambiente, recordar información útil y comunicarse con otras plantas.[5] Debido a que no poseen un cerebro central, desarrollaron una inteligencia distribuida por todo su organismo. Según Mancuso, tener un único cerebro las haría vulnerables, pues cualquier daño podría ser fatal. En cambio, al repartir estas funciones críticas (como percepción, procesamiento y respuesta) por sus raíces y hojas, cada parte de la planta colabora en decisiones vitales para crecer o defenderse. Este modelo distribuido, sostienen Mancuso y Trewavas,[6] considera a las plantas como inteligentes sin que sea solo una metáfora.

Sin embargo, esta postura ha encontrado críticas. Ciertos investigadores plantean que términos como «neurobiología vegetal» o «inteligencia vegetal» pueden ser engañosos, puesto que no existe evidencia alguna de neuronas ni estructuras similares a un cerebro en plantas. Atribuir a una planta cognición carece de base científica y podría confundir tanto al público general como a los investigadores.[7] Según ellos, los mecanismos de señalización vegetal ya se entienden adecuadamente dentro de la fisiología vegetal clásica, y rebautizarlos con terminología neuronal no aporta beneficios reales, sino riesgos de malinterpretación. En esta misma línea, otro estudio[8] subraya que considerar «inteligentes» a las plantas trivializa las profundas diferencias estructurales entre los cerebros animales y las redes de señalización vegetal.

Sumado a todo esto, otro argumento crítico señala que definir respuestas vegetales como inteligentes podría reducirse a un juego semántico sin valor científico añadido. La capacidad de las plantas para responder a estímulos ambientales ha sido bien documentada durante siglos en botánica, y añadir términos psicológicos (como «memoria» o «decisión») podría ser innecesario e interpretativo. Este debate no cuestiona el comportamiento observable de las plantas, sino cómo se interpreta y describe.

Para nosotros, lo que es útil es resaltar que, aunque las plantas no piensan como los humanos, demuestran un tipo particular de ingenio biológico que merece ser investigado con rigor, sin prejuicios y, sobre todo, sin necesidad de proyectar en ellas nuestras propias características.

Las plantas, con sus redes subterráneas, alertas químicas y «sacrificios» por el bien grupal, nos enseñan que la cooperación es una ley universal de la vida. Aunque carecen de emociones, su «solidaridad biológica» en un planeta amenazado por la crisis climática no está de más para reconocer estas conexiones invisibles. Reconocer que somos parte de una red donde hasta el más pequeño helecho tiene un rol que desempeñar puede ser una llamada a la humildad.

De hecho, una ecología profunda otorga valor intrínseco a todos los seres vivos, no solo a los cercanos o a los sintientes o los que lo aparentan desde una mirada humana. En muchas culturas indígenas, algunas que además he visitado para trabajar con sus rituales y costumbres personalmente, las plantas son consideradas seres con espíritu y sabiduría. Esta visión empieza a respetarse desde la ciencia moderna, en especial en las investigaciones con plantas psicoactivas que, además de prometedores resultados para patologías como la depresión, sobre todo nos ofrecen una noción de la interconexión de todo lo vivo.

La empatía es en humanos un modo de interconexión con miembros de nuestra especie y más allá. En los mundos animal y vegetal la cooperación existe.

EJERCICIO

Cuida una planta

Esta actividad es tan sencilla como su nombre indica.

Escoge una planta, la que sea, que implique cierto cuidado.

No delegues esa labor.

Hazla tú.

Observa al menos un minuto al día cómo es, cómo crece, cómo expresa la energía vital.

No fuerces nada, no te exijas «empatía». Nada.

Deja que suceda.

Por cierto, aquí va una anécdota: en estos días ha florecido mi wachuma. Nada más y nada menos que después de dieciocho años.

9

Sustancias empáticas

Martin, veterano de la guerra de Afganistán, regresó a casa en 2010 con trastorno de estrés postraumático (TEPT). Durante tres años, intentó numerosos tratamientos psicológicos, antidepresivos y también grupos de apoyo. Nada funcionaba. Las pesadillas persistían, los recuerdos lo paralizaban en situaciones cotidianas, y su matrimonio estaba al borde del colapso.

En 2013 se inscribió en un ensayo clínico de fase dos aprobado por la Administración de Alimentos y Medicamentos de Estados Unidos (FDA, por sus siglas en inglés). El estudio investigaba el uso de MDMA (3,4-metilendioximetanfetamina) como coadyuvante en psicoterapia para TEPT resistente al tratamiento.

Durante su primera sesión asistida, experimentó algo que no había sentido en años: seguridad. Bajo la influencia de la sustancia y guiado por dos clínicos, pudo revisitar recuerdos traumáticos antes inaccesibles. Describió cómo podía observar sus experiencias sin ser abrumado por ellas.

«Era como si pudiera sentir compasión por mí mismo, por el joven soldado que era entonces —relató—. También pude sentir lo que mis compañeros estaban experimentando, incluso aquellos del otro bando. Vi nuestra humanidad compartida de una manera que nunca había sido posible antes».

Después de tres sesiones de terapia con MDMA espaciadas a lo largo de dos meses, sus síntomas de TEPT disminuyeron drásticamente. En un año, ya no cumplía los criterios diagnósticos de TEPT. Había recuperado su capacidad para conectar con su esposa e hijos, y reportaba una sensación de «volver a casa», pero no solo en su hogar, sino también en su propio cuerpo.

Los investigadores documentaron cambios en su actividad cerebral. Las regiones asociadas con el procesamiento del miedo mostraban menor hiperactividad, las vinculadas a la introspección y la empatía presentaban mayor conectividad.

Cada día ingerimos alimentos que garantizan nuestra supervivencia. Muchas personas además utilizan fármacos para dolencias físicas o mentales. ¿Podrían diversas sustancias químicas modular los niveles de empatía? Averiguarlo es el objetivo de este capítulo. Imagina que un fármaco que tomas incide en tus niveles de empatía sin que lo sepas o que descubrimos un compuesto que aumenta los niveles de empatía. ¿Lo recetamos? ¿A quién? ¿Por cuánto tiempo? ¿Es ético?

Existe un creciente cuerpo de investigación sobre sustancias donde se valora la influencia en la capacidad empática humana.

Ciertas sustancias podrían aumentar la empatía, reducirla, distorsionarla o ser completamente inertes. Recorramos juntos esas posibilidades.

EMPATÓGENOS

Los empatógenos son sustancias, normalmente psicoestimulantes, que producen efectos prosociales y de conexión emocional. El ejemplo prototípico es la MDMA (3,4-metilendioximetanfetamina), más conocida como éxtasis. Esta actúa sobre todo como un liberador masivo de serotonina, una hormona que regula el estado de ánimo, proporciona bienestar y calma, controla el sueño al influir en la melatonina, modula el apetito y la digestión, mejora las funciones cognitivas, influye en la memoria y el aprendizaje, afecta al comportamiento social y sexual, reduce la percepción del dolor, interviene en la presión arterial y favorece la neuroplasticidad. Como ves, es difícil reducirla a su definición como «neurotransmisor de la felicidad», ya que es mucho más compleja. Por cierto, el 95 % de la serotonina se libera en el intestino, favoreciendo la motilidad intestinal. Pero, ojo, esa serotonina intestinal no atraviesa la barrera hematoencefálica del cerebro, así que cuidado con ese mito que trata de justificar las tripas como clave de la felicidad serotoninérgica cerebral. La serotonina, que sí afecta al ánimo y la cognición, se produce en el propio cerebro, en concreto en el tronco cerebral, en los llamados núcleos del rafe, a partir del aminoácido triptófano. La MDMA también aumenta la dopamina y la noradrenalina sinápticas.[1]

El éxtasis promueve la elevación del estado de ánimo, la empatía y los sentimientos de cercanía interpersonal. La MDMA fue sintetizada en 1912 y explorada en contextos psicoterapéuticos durante las décadas de los setenta y los ochenta por sus efectos de «abrir» emocionalmente al paciente, antes de volverse una droga recreativa fiscalizada.[2]

José Carlos Bouso, actual director científico de la fundación ICEERS, fue pionero en España en la investigación terapéutica con MDMA. En los años noventa, inició un estudio innovador orientado a tratar el estrés postraumático con esta sustancia. Sin embargo, tras comenzar sus ensayos clínicos en un hospital psiquiátrico de Madrid, y debido a la controversia mediática y las presiones políticas, el estudio fue abruptamente suspendido en 2002.[3] Esto frenó la investigación con psicodélicos en España durante años, y obligó a Bouso a trasladarse al ámbito internacional para seguir desarrollando su labor. La suspensión generó un profundo debate sobre los prejuicios sociales y científicos en torno a sustancias que hoy se reconsideran por su enorme potencial terapéutico. Por paradojas del destino, Bouso es en la actualidad un referente mundial en la investigación sobre sustancias psicodélicas, especialmente en la promoción de su uso clínico seguro y eficaz.[4]

Un mito común sobre la MDMA es que «agujerea el cerebro». Esta concepción exagerada provenía de estudios de neurotoxicidad realizados en animales a dosis muy altas. La MDMA se considera ilegal en la mayoría de los países, si bien desde hace poco ha resurgido el interés clínico en su uso controlado.[5]

La MDMA se une al transportador de serotonina (SERT) y provoca que se liberen grandes cantidades de esta hormona en el cerebro. Este baño serotoninérgico produce euforia, reducción de la ansiedad social y aumento de la confianza y afiliación hacia otros. Además, libera oxitocina periférica, que favorece el vínculo social.[6]

En el ámbito neurobiológico activa el sistema límbico. Así, a nivel psicológico, el individuo experimenta una enorme calidez emocional, un aumento de la extroversión y del deseo de comunicarse, así como supresión del miedo (disminuye la reactividad de la amígdala). El efecto dura de tres a seis horas. Luego puede haber una «resaca» neuroquímica con disminución transitoria del estado de ánimo al agotarse las reservas de serotonina. Las dosis moderadas producen pocos efectos adversos agudos aparte de taquicardia e hipertermia leves. En entornos recreativos ha habido casos de hipertermia severa y deshidratación (en especial en ambientes calurosos como discotecas) y, con abuso crónico, posibles déficits cognitivos leves.[7]

La MDMA es conocida por potenciar la empatía afectiva notablemente. En laboratorio, una sola dosis incrementa la empatía emocional y la conducta prosocial. Por ejemplo, en el Multifaceted Empathy Test (MET), la MDMA aumentó en hombres las puntuaciones de empatía explícita e implícita, un efecto ligado a la citada intensa liberación de serotonina y oxitocina.[8]

La MDMA puede perjudicar la empatía cognitiva en ciertos aspectos. Bajo sus efectos, las personas tienen dificultad para reconocer expresiones faciales negativas, elevando el umbral de detección de emociones negativas. En otros estudios, no alteró medidas de la TOM, pero sí suprimió la sensibilidad al rechazo social.[9]

Curiosamente, investigaciones en consumidores habituales indican que no presentan déficits empáticos a largo plazo; de hecho, usuarios regulares mostraron mayor empatía afectiva en autoinformes y puntuaciones algo superiores en la cognitiva respecto a controles.[10]

En modelos animales, la MDMA también induce conductas proempáticas, como en roedores y pulpos, que no suelen ser muy sociales, promoviendo interacciones inusuales de afabilidad.[11] Actualmente, la MDMA está en ensayos clínicos avanzados para el tratamiento del trastorno por estrés postraumático (TEPT), mostrando resultados preliminares prometedores.[12]

Sí, existen sustancias que modifican de manera radical nuestros niveles de empatía.

Psicodélicos clásicos (LSD, psilocibina, etcétera)

Los psicodélicos clásicos son un grupo de sustancias psicoactivas cuya acción principal es ser agonistas de receptores serotoninérgicos $5\text{-}HT_2A$ en el cerebro, es decir, la sustancia activa los mismos receptores que usa la serotonina, provocando efectos cognitivos y emocionales.

Este grupo incluye moléculas como el LSD (dietilamida de ácido lisérgico), la psilocibina (presente en los hongos «mágicos»), la mescalina (en los cactus peyote y San Pedro) y la N,N-DMT (dimetiltriptamina, en la decocción de la ayahuasca). Se los llama clásicos para distinguirlos de otros tipos de alucinógenos (disociativos, delirantes).

Estos compuestos producen profundas alteraciones perceptivas, cognitivas y emocionales, y suelen ir acompañadas de experiencias místicas o de expansión de la conciencia.

Históricamente, han sido utilizados en rituales indígenas durante siglos (por ejemplo, los hongos psilocibes en Mesoamérica, el peyote en culturas nativas americanas o la ayahuasca en la Amazonía) para propósitos espirituales, de autoconocimiento, armonía social y curativos enfocados en la relación con la comunidad, la naturaleza y una cosmovisión particular.

En las décadas de los cincuenta y los sesenta se comenzaron a investigar clínicamente, pero luego se prohibieron a nivel mundial al asociarlos al movimiento contracultural. En la actualidad vivimos un renacimiento psicodélico, con cada vez más estudios controlados sobre el potencial de los psicodélicos para salud mental.

En el cerebro, los psicodélicos clásicos activan los $5\text{-}HT_2A$ en la neocorteza y otras áreas. Esta acción provoca una desintegración transitoria de la actividad de la red del modo por defecto (DMN, por sus siglas en inglés). Esta red neuronal está vinculada al pensamiento autorreferencial: yo y los otros, yo y el mundo. Al cambiar la actividad de la DMN se produce el fenómeno subjetivo de disolución del yo, donde los límites entre el entorno y uno mismo se vuelven difusos. Se amplifican las emociones, agradables o desagradables dependiendo del contexto; se intensifica la sensibilidad y la percepción de significados. Por ejemplo, la música o el contacto con la naturaleza pueden evocar oleadas de empatía y conexión, mientras que confrontar miedos internos puede producir ansiedad intensa o fuerza para mirarlos con perspectiva. A nivel psicológico, se facilita una visión descentrada en la que el individuo puede observar sus pensamientos y sentimientos desde cierta distancia y con menor rigidez. En ocasiones esto se traduce en un sentido de unidad más profundo con otros seres vivos, la vida, la propia existencia o el universo. Tales experiencias pico suelen describirse como de honda conexión humana y muy compasivas. Las experiencias también pueden ser retadoras con cierta angustia que requiere apoyo y guía. En cualquier caso, suelen llevar a una reevaluación personal al comprender mejor el sufrimiento propio y ajeno.

¿Qué hacen con la empatía? La evidencia experimental demuestra que potencian ciertos aspectos de la empatía, especialmente la afectiva ($\pm$).

A nivel global, los psicodélicos no parecen mejorar la TOM *per se* en lo inmediato, pero sí funcionan al reducir el egocentrismo psicológico e inducir un estado mental donde el individuo se siente más conectado con los demás.

No es extraño que en contextos grupales aparezcan sentimientos intensos de unión colectiva. Tras una experiencia psicodélica bien integrada, puede haber cambios duraderos en rasgos de personalidad como mayor apertura y empatía. Un estudio longitudinal encontró que personas que tuvieron experiencias místicas con psilocibina mostraron semanas después actitudes más prosociales y empatía aumentada hacia la naturaleza y los seres vivos, reflejando una ampliación del círculo de empatía.[13] Aun así, es importante matizar que la empatía potenciada por psicodélicos puede depender mucho del contexto.

Los psicodélicos clásicos tienden a aumentar la empatía emocional y la sensación de conexión, tanto con otros humanos como con el entorno, a través de su acción serotoninérgica cortical y la disolución de barreras psicológicas entre el yo y el otro.[14] No incrementan mágicamente la habilidad analítica de leer la mente ajena (empatía cognitiva), pero sí disminuyen la rigidez mental egocéntrica, permitiendo al individuo percibir una humanidad compartida.

¿Podrían usarse estas sustancias para tratar déficits de empatía o problemas de conexión social? ¿Sería ético?

Ya se ha propuesto explorar la psilocibina o el LSD, en psicoterapia, para ayudar a pacientes con fobia social y trastorno por estrés postraumático. Una mayor empatía en estos casos favorece la conexión con los demás o mayor perdón y empatía hacia sí mismos. Para pacientes con trastornos del espectro autista (donde hay dificultad con la afectiva) se reportan mejoras en la comprensión emocional tras terapias con psicodélicos.

¿Se han usado tradicionalmente en esta dirección? Puedo hablar por experiencia propia relativa a varias tradiciones indígenas, como los shuar de la Amazonía. Lo habitual no sería tomar las sustancias para fomentar la empatía, sino que más bien, en las comunidades los rituales forman parte de la conexión social y la cosmovisión del grupo. En ese sentido, los psicodélicos son tan solo una pequeñísima parte de la organización en torno a una tradición. De hecho, la figura del hombre medicina, aquel que posee profundos conocimientos medicinales y que suele estar asociado a prácticas chamánicas, es más importante que la propia planta y sus moléculas.

Los psicodélicos, a pesar de los posibles prejuicios, no causan adicción fisiológica. Ello no quiere decir que cualquier persona pueda tomarlos por su cuenta, sin supervisión ni conocimiento. Al menos desde un punto de vista tradicional sería considerado un absoluto disparate, aunque tal vez esta sea la tendencia moderna: autoconsumo de una sustancia originalmente vinculada a siglos y siglos dentro de una tradición. Su uso inadecuado puede conllevar riesgos psicológicos: episodios de pánico o despersonalización, o ser inertes en vez de transformadores.

A través de *insights* profundos pueden transformar actitudes a largo plazo.

Tras psicoterapia con psilocibina muchos pacientes reportan sentirse más conectados con sus seres queridos y más dispuestos a perdonar y a ayudar. El objetivo, sin embargo, no es la experiencia en sí, sino que al vivir una alta empatía se integre tras la experiencia esa perspectiva sin la sustancia.

Cannabis y cannabinoides

El conocido cannabis es una planta psicoactiva (*Cannabis sativa*), cuyo principal componente psicoactivo es el Δ^9-THC (tetrahidrocannabinol), acompañado de otros cannabinoides como el CBD (cannabidiol). A diferencia de los grupos anteriores, el cannabis tiene efectos moduladores más sutiles en la percepción y la emoción, actuando sobre el sistema endocannabinoide endógeno.

Te resultará curioso que sistemas cerebrales tomen nombres de plantas. Un conocido ejemplo son los receptores muscarínicos en relación con la seta *Amanita muscaria*. Esto se produce porque determinadas plantas activan receptores específicos cerebrales, como una llave capaz de abrir una cerradura. Con su icónico sombrero rojo y sus puntos blancos, la *Amanita muscaria* fue usada desde la Antigüedad en rituales chamánicos de Siberia y otras culturas euroasiáticas por sus efectos psicoactivos, que incluían visiones, éxtasis místico e incluso como estimulante en batallas.

Sin embargo, parte de sus efectos secundarios (sudoración, náuseas y alteraciones cardiacas) la convirtieron en un enigma para la ciencia.

En el siglo XIX, Rudolf Buchheim y Oswald Schmiedeberg[15] aislaron la muscarina, su compuesto activo, y observaron que imitaba los efectos del sistema nervioso parasimpático al reducir el ritmo cardiaco, aumentar la salivación y contraer las pupilas. La atropina, presente en la *Atropa belladonna*, como ya comentamos al inicio en relación con la pupila, bloqueaba estos efectos. Estos experimentos revelaron la existencia de «sitios de acción» específicos en tejidos. ¡Aún no se conocían los neurotransmisores ni el concepto de receptor! Décadas después, Paul Ehrlich acuñó el término «receptor» (teoría de la llave y la cerradura).[16] En 1914 Henry Dale[17] identificó la acetilcolina como el neurotransmisor natural que activaba esos mismos sitios. Muscarina y atropina actuaban sobre mecanismos opuestos (activación y bloqueo). Da que pensar por qué la biología y la evolución son así. Me recuerda a la hipótesis de Terence McKenna, conocida como «el mono dopado»,[18] en donde este postulaba que gran parte del desarrollo de la inteligencia humana se debía al consumo de sustancias psicoactivas. Sin negar el papel destacado de las sustancias, hemos visto que la explosión cognitiva del *sapiens* tiene que ver más bien con su carácter hipersocial.

Volvamos al cannabis. El caso es que el THC es un agonista parcial de los receptores cannabinoides CB_1 (abundantes en cerebro) y CB_2 (principalmente inmunológicos) ($\pm$).

Su uso se remonta a la Antigüedad con fines medicinales y recreativos. En contextos sociales es conocido por relajar e inducir sensaciones de bienestar o risa, aunque en otras personas provoca ansiedad o paranoia. Un mito muy difundido es el «síndrome amotivacional», la idea de que el uso crónico de la marihuana causa apatía y falta de empatía. Si bien el abuso intenso puede asociarse con una menor motivación, algunos estudios sistemáticos muestran resultados mixtos sobre cambios de personalidad a largo plazo. Actualmente, muchos países han legalizado el cannabis medicinal e incluso recreativo, lo que ha generado interés científico en sus efectos, no solo médicos, sino también psicosociales.

El sistema endocannabinoide, donde actúa el THC, regula procesos como el estado de ánimo, el estrés y la sociabilidad. La corteza prefrontal, la corteza cingulada anterior (ACC) y la amígdala tienen una alta densidad de receptores CB_1, por lo que el cannabis influye en la reactividad emocional y la interpretación de estímulos sociales. Además, en su versión más aguda, el THC produce euforia leve, relajación, aumento de la sensibilidad sensorial y alteración en la percepción del tiempo. Cognitivamente, puede mermar la memoria de trabajo y la atención sostenida durante su efecto, es decir, no es sencillo manejar información, sostenerla y atender bajo los efectos del cannabis. En cuanto a las emociones, a dosis bajas o moderadas reduce la ansiedad y produce un sesgo hacia percepciones positivas o humorísticas, pero a otras más altas puede desencadenar ansiedad social o paranoia (posiblemente por activación de la amígdala o por la dopamina mesolímbica).

El CBD, sin embargo, tiende a reducir la ansiedad y a modular el efecto del THC, motivo por el que variedades ricas en CBD se asocian a experiencias más tranquilas. Según se ha documentado, los usuarios frecuentes desarrollan cierta tolerancia y algunos experimentan síndrome de abstinencia leve al suspender su consumo, con irritabilidad e inquietud. A nivel cerebral, estudios de neuroimagen sugieren que el consumo regular afecta a la conectividad de la ACC, región clave en la respuesta empática.[19]

También se han observado cambios en la red de modo por defecto con uso prolongado que podrían relacionarse con la forma en que el individuo procesa la información social internamente.

Como ves, los efectos del cannabis sobre la empatía son complejos.

Una evidencia reciente sugiere que el consumo regular podría asociarse a ciertos incrementos en la empatía cognitiva, aunque el efecto agudo del THC puede ser el opuesto en dosis altas. Un estudio publicado en 2024 en la revista *Journal of Neuroscience Research* comparó ochenta y cinco usuarios regulares de cannabis con cincuenta y uno no consumidores habituales y halló que los consumidores tenían puntuaciones significativamente mayores en comprensión emocional, un subfactor referido a entender el estado afectivo ajeno.[20] En otras palabras, los usuarios regulares demostraron mayor capacidad para comprender las emociones de otras personas.

Este mismo estudio observó que los usuarios presentaban mayor conectividad funcional en reposo de la ACC con la corteza somatosensorial y una conectividad fortalecida dentro de la red empática del cerebro.[21]

La ACC es fundamental para integrar la información emocional. Si su conectividad aumenta podría reflejar una adaptación del cerebro de consumidores crónicos hacia una mayor sintonía con señales emocionales corporales, lo que respaldaría la mayor comprensión empática reportada. Estos hallazgos han llevado a plantear que el cannabis podría tener efectos positivos insospechados en la interacción social y la empatía en ciertos individuos.[22]

Sin embargo, es importante apreciar que se trata de correlaciones en consumidores habituales. ¿Qué fue antes, el huevo o la gallina? No está claro si el cannabis causó esa mayor empatía cognitiva o si personas de algún modo más empáticas tienden a consumirlo (en busca, quizá, de cierto alivio sobre su ansiedad social). Por otro lado, los efectos agudos del cannabis, en especial del THC aislado, pueden mermar la empatía cognitiva temporalmente.

Tomando en conjunto estos datos vemos que el cannabis (en especial con equilibrio THC/CBD) podría relacionarse con una mayor empatía cognitiva o al menos no con déficits, mientras que una dosis alta de THC aislado puede entorpecer la lectura de las emociones, interpretar expresiones faciales o seguir la lógica de su perspectiva.

Esto concuerda con la experiencia común de que una borrachera cannábica fuerte puede aislar al individuo en sus ensoñaciones o, si hay paranoia, volverlo excesivamente autocentrado en su temor, dificultando la percepción correcta de lo que otros sienten.

Por el contrario, dosis moderadas en entornos amigables a veces facilitan la empatía emocional en el sentido de aumentar la sensibilidad. Algunas personas refieren que bajo cannabis sienten la música o las películas con más empatía, lo que hace que lloren con la trama o sientan más afecto hacia sus amigos (tal vez por desinhibición emocional). No obstante, estas anécdotas varían mucho. Un aspecto interesante es que el cannabis suele aumentar la introspección, lo cual puede llevar a mayor autoconciencia emocional en el momento. Por otro lado, el consumo crónico elevado en edades tempranas sí se ha vinculado con ciertos déficits en cognición social, asociados a cambios en el neurodesarrollo. De todo esto podemos inferir que no es un juguete para adolescentes.

Los efectos en la empatía dependen de la dosis, la composición (de THC y CBD) y la cronología de uso. La evidencia reciente sugiere que, a pesar del estereotipo del consumidor apático, los usuarios moderados pueden conservar e incluso tener ligeras ventajas en empatía cognitiva,[23] y que componentes como el CBD podrían ser beneficiosos para la interacción social.[24]

Dado el perfil complejo del cannabis, aún no existe un uso establecido de esta planta para mejorar la empatía de manera intencional. No obstante, los hallazgos de mayor conectividad en redes de empatía en usuarios regulares han llevado a especular sobre posibles aplicaciones terapéuticas.

Por ahora, en clínica se usa cannabis medicinal (sobre todo con CBD) para el dolor crónico. Pacientes con dolor disminuido gracias al cannabis dicen poder relacionarse mejor con sus familiares, quizá porque al bajar su sufrimiento propio aumenta su disponibilidad empática.

Es preciso reiterar los riesgos. Como ya hemos dicho, en algunos individuos el cannabis genera reacciones contrarias (ansiedad, suspicacia) que pueden entorpecer las relaciones sociales y la empatía (un fumador paranoico puede malinterpretar las intenciones de otros). Crónicamente, si bien no debilita *per se* la empatía, un abuso de cannabis podría llevar a aislamiento social, ya sea por falta de motivación o por preferir interactuar bajo sus efectos, lo que a la larga limita la práctica real de habilidades empáticas.

El cannabis es una sustancia ampliamente usada de forma recreativa, así que es importante comprender su impacto en la empatía para derribar estigmas infundados y también para educar sobre un uso responsable que minimice efectos negativos en la cognición social.

En síntesis: no es un «empatógeno» fuerte, pero tampoco un «antiempatía» como se pensaba en la caricatura del fumador apático. La evidencia apunta a que usuarios regulares presentan igual o mejor comprensión de emociones ajenas que otros no usuarios, y que el THC agudo en exceso entorpece la empatía cognitiva mientras que el CBD puede incluso mejorarla.[25] De momento, cualquier acercamiento al uso de esta sustancia debe realizarse con cautela y rigor.

DEPRESORES DEL SISTEMA NERVIOSO CENTRAL (ALCOHOL, BENZODIACEPINAS)

Los depresores del sistema nervioso central abarcan sustancias que reducen la excitabilidad neuronal, produciendo efectos sedantes, ansiolíticos e hipnóticos. Los más relevantes socialmente son el alcohol y los ansiolíticos, también conocidos como benzodiacepinas (te sonará el «diazepam»).

El alcohol potencia la transmisión mediada por GABA (ácido gamma-aminobutírico), que es el principal sistema inhibitorio cerebral al reducir el glutamato, que es excitatorio. Además, libera dopamina en el circuito de recompensa. Su efecto inicial, paradójicamente, es desinhibidor. Bajo el alcohol nos atrevemos a decir lo que no solemos e incluso a socializar de una forma menos encorsetada. Al disminuir la actividad de las interneuronas inhibitorias en la corteza prefrontal, se reduce el control, es decir, se suelta el «freno» y, por tanto, bajan las inhibiciones sociales y la ansiedad. Por eso provoca esa sensación de euforia leve que permite que funcione como «lubricante social». Sin embargo, conocemos sus peligros. Conforme aumenta la concentración en sangre, el efecto depresor general gana la batalla. Se enlentecen tus reflejos, tu atención, tu razonamiento y tu cognición quedan embotadas y, para colmo, sientes somnolencia.

El alcohol es de las drogas más antiguas y por desgracia, dada su perniciosidad, una de las culturalmente más aceptadas. Se vincula a roles y rituales sociales (brindis, festejos, celebraciones) y se tiende a minimizar el sinfín de problemas que provoca (violencia, adicción, accidentes, agresión, degeneración biológica y psicológica). Personalmente, me sorprende cuando personas de más de cuarenta y cincuenta años rememoran sus borracheras de juventud como si fueran espacios sagrados, como si hubiese sido lo que debían hacer y como si más allá de un par de vomitonas y resacas los mecanismos de diversión y conexión fueran ideales. Aún más peligroso es aceptar sin más que nuestros hijos pasarán por ahí, que forma parte del camino a la madurez y que se colocarán fin de semana sí y otro también durante unos años hasta que asienten la cabeza. He visto a una conocida de diecinueve años morir por conducir con amigos bebidos y a un compañero de veintiuno despertar una psicosis tras una intoxicación etílica. Los peligros del alcohol son enormes. Sospecho que en realidad a determinada edad uno se da cuenta, aunque no sea de forma muy consciente, de que la existencia provoca sufrimiento inherente. Necesitamos, como suelo decir, «mover el dial de la radio». El problema es que por cultura no conocemos cómo manejarnos en diferentes estados de conciencia y para ello utilizamos las sustancias. Aun así, siento decirte que elegir el alcohol con este fin aporta poco.

Su aceptación se basa en minimizar riesgos y maximizar supuestos beneficios. Un mito común sobre el alcohol es que vuelve a la gente más empática y amigable, el llamado efecto *beer & bonding*. En realidad, sus resultados varían, basta que recuerdes a personas que sean grandes consumidores. Esta falsa empatía no es tal. En algunos provoca agresividad y miopía alcohólica en la que solo importan las propias emociones inmediatas.

En dosis bajas desinhibe la corteza prefrontal dorsolateral encargada del autocontrol. De este modo, permite esa expresión libre de pensamientos y emociones. Ese «te quierooo» a tu amigo de siempre desde un espacio un tanto sobrepasado. Observamos con el consumo del alcohol un aumento de la verborrea y esa sociabilidad tan superficial. Nos volvemos más habladores, confiados y menos temerosos del juicio ajeno (quizá sería ideal mejorar en este aspecto sin tener que recurrir a la sustancia). Muchos se sienten más cercanos a amigos y también a desconocidos, ya que les permite entablar conversaciones con mayor facilidad. Biológicamente, se atribuye esto a la liberación de dopamina en el núcleo accumbens y a la atenuación de la ansiedad mediante el GABA en la amígdala.

Al subir la dosis empiezan a deteriorarse la percepción y el juicio. Ya no procesamos señales sociales sutiles, se entorpece nuestra memoria de trabajo (por eso no se recuerdan partes de conversaciones al día siguiente) y se distorsiona gravemente la interpretación emocional. Bajo los efectos del alcohol no es extraño exagerar la propia emoción y ser menos receptivos a las de otros.

En la primera fase de desinhibición a bajas dosis da la impresión de mayor empatía, ya que la persona se muestra más efusiva y afable. No obstante, incluso a dosis bajas-moderadas, el alcohol merma la precisión para reconocer las emociones en los demás.[26] También debemos tener en cuenta que incluso las dosis bajas pueden facilitar el reconocimiento de emociones positivas, como ver caras felices y percibirlas aún más felices, pero las dosis altas deterioran el reconocimiento emocional. Es decir, la gente que ha consumido alcohol pasa por alto o malinterpreta señales de malestar en otros, y eso no es precisamente empatía. Este efecto se alinea con la observación clínica en la que personas ebrias se pueden comportar con falta de sensibilidad. No se enteran de si alguien está incómodo o herido por sus palabras. En estos estudios los alcohólicos mostraron respuestas de miedo aumentadas a todas las imágenes emocionales y un patrón diferente de respuesta en ira, asco y tristeza. Ese reconocimiento aumentado se relaciona con el número de desintoxicaciones previas.[27, 28]

No solo eso, sino que el alcohol afecta a la TOM. Cuando se trata de entender sarcasmos o intenciones en historias, que es una de las formas de evaluar la TOM, los participantes con alcohol en sangre experimentan mayor dificultad que los sobrios. A mayor intoxicación etílica, peor desempeño en empatía cognitiva y la TOM. Casi la mitad de los individuos presentan déficits en el seguimiento del estado mental de otras personas, vinculado con factores relacionados como la duración o el consumo promedio.[29]

Por otro lado, pese a que hay casos en los que el alcohol puede potenciar la empatía afectiva, si algo serio ocurre, verás que una persona ebria a menudo reacciona de forma aplanada o inapropiada, con conductas como reír en un funeral, hablar en un sitio donde amerita silencio o incluso no sintiendo culpa por dañar a alguien en una pelea. Todo ello se debe a la citada miopía alcohólica.

No nos extraña. La incidencia de comportamientos violentos con alcohol se atribuye a parte a esa disminución de la empatía. Bajo los efectos del alcohol se puede percibir una provocación, pero no registrar el dolor que causaría responder con agresividad, ni anticipar el sufrimiento de la víctima, de ahí la facilitación violenta. En resumen, sin duda genera una menor empatía cognitiva y afectiva.

A largo plazo aparecen claros déficits empáticos. Los individuos con trastorno por abuso de alcohol presentan déficits significativos en empatía comparados con controles sanos, con un tamaño del efecto de moderado a grande.[30] Estos efectos son particularmente pronunciados en la empatía cognitiva en comparación con la afectiva, y son más marcados en individuos de mayor edad.

En entornos clínicos, la baja empatía en pacientes con consumo de alcohol es relevante. Individuos con uso crónico tienden a tener dificultades en relaciones familiares, en parte por esa disminución empática. Así, resulta curioso que la rehabilitación de alcoholismo incluya reaprender a reconocer y atender las emociones de otros sin la nube del alcohol.

Hace muchos años, un conocido bioquímico y farmacólogo, Jonathan Ott,[31] impartió un seminario en Barcelona al que asistí. Nos comentó que para ahorrar tiempo podíamos clasificar cualquier tipo de sustancia mediante dos preguntas: «¿Te vuelve más listo?» y «¿Te hace daño?». Era esa época en la que los psicodélicos aún estaban muy mal vistos y perseguidos. Ott lo tenía claro: el alcohol te daña y te atonta, y para demostrarlo aportaba numerosos datos, no opiniones, y alertaba del autoengaño que sufrimos al consumir una sustancia que tiene tremenda aceptación social. Ott la llamaba «la droga que nos hace olvidar». Olvidar quiénes somos y, por tanto, quiénes son los demás.

Las benzodiacepinas (BZD) son fármacos habitualmente prescritos para la ansiedad y el insomnio. Actúan como agonistas del receptor BZD-A, de nuevo intensificando la inhibición neuronal generalizada. Reducen la actividad de la amígdala y provocan calma y relajación muscular. Si la dosis es alta, aparece sedación y amnesia anterógrada leve, es decir, fallos en la memoria a partir del momento de su ingesta.

Las benzodiacepinas reducen la ansiedad y la tensión, lo que en una situación social puede hacer a una persona tímida más capaz de hablar. A menudo son descritas como sustancias «quitapreocupaciones», pero al mismo tiempo disminuyen la actividad general de la corteza, lo que causa esa especie de embotamiento emocional y leve desinterés que percibes cuando hablas con alguien que lleva consumiendo ansiolíticos un largo tiempo. No es extraño hablar con alguna amiga que consume BZD y tener la sensación de planicie emocional, afectiva y cognitiva a lo largo de la conversación. Pasan dos horas y te da la sensación de que la persona no siente, no vibra, no resuena; en definitiva, no hay brillo.

Los usuarios se describen a menudo como «despreocupados», tanto que pueden llegar hasta a experimentar la apatía. Problemas que antes les importaban y preocupaban ahora dejan de provocarles respuesta emocional alguna. Podrías escuchar un problema de un amigo y cognitivamente entenderlo, pero no sentir mucha urgencia al respecto, debido a esa artificial tranquilidad que se siente. Las BZD anestesian las emociones; esto es, ni sientes ni padeces. Ello conlleva menos resonancia emocional con otros.

A dosis terapéuticas bajas, el impacto es menor. Quizá un ansioso social que tome BZD logra atender mejor a la conversación (porque su ansiedad bajó) y, de este modo, contrarresta algo el embotamiento, lo que resulta en un efecto neto neutro o en un ligero beneficio en la interacción.

Pero tras su uso continuado, muchos usuarios de BZD reportan sentirse planos, lo cual implica menos empatía espontánea. No hay tantos estudios específicos de BZD y empatía como con el alcohol. Por analogía con sus efectos y mecanismos, podríamos decir que disminuyen la intensidad tanto de las emociones propias como de las ajenas.

Huelga decir que la despreocupación sobre un problema no siempre aporta solución a este, de ahí que a pesar de mejorar la obsesión o rumiación o sufrimiento sobre un tema específico, la mejoría o curación pasa por afrontar, confrontar, conocer, tratar, comunicar, resolver y manejar el asunto. La extensiva tendencia a derivar circunstancias sociales, estructurales o relacionales al ámbito biológico del cerebro de un individuo es muy limitada.

A dosis más altas, las BZD causan somnolencia, torpeza cognitiva, problemas para conectar ideas, disminución de la creatividad y en algunos casos desinhibición paradójica, relacionada con la aparición de reacciones impulsivas sin filtro, algo similar a lo comentado con el alcohol.

Alcohol y BZD comparten el rasgo de desinhibir conductas, pero también de disminuir la intensidad emocional genuina.

No son recomendables para mejorar la empatía; aunque socialmente se utilice el alcohol para «romper el hielo» y sentirse más cercano, el límite es estrecho. Una copa relaja y abre, baja la timidez, pero algunas más distorsionan la realidad.

Por ello, no existe un uso terapéutico del alcohol para empatía y, respecto a las benzodiacepinas, su aplicación primaria es reducir la ansiedad patológica. En alguien con fobia social severa, una BZD tomada antes de una situación social como una reunión podría ayudarle a participar en una interacción que, de otra manera, la ansiedad le habría impedido. Por tanto, ambas sustancias son más bien una muleta para soportar una ansiedad, sobre la cual no sabemos o podemos profundizar ni atender a las causas de esta.

Los depresores del sistema nervioso central nos enseñan que disminuir la activación cerebral puede aplacar también la resonancia empática. Un poco de desinhibición (alcohol suave) podría momentáneamente facilitar la interacción, pero en general estas sustancias sedantes empeoran la empatía cognitiva y embotan la afectiva.

Psicoestimulantes (anfetaminas, cocaína y otros)

Los psicoestimulantes hacen lo contrario. Aumentan la actividad del sistema nervioso central, elevando temporalmente el estado de alerta, la energía y la concentración. Aquí estarían drogas como la anfetamina y sus derivados (metanfetamina, dextroanfetamina, etcétera), los psicoestimulantes de prescripción para TDAH (metilfenidato, modafinilo en cierto grado) y la cocaína.

Su mecanismo común es incrementar la disponibilidad de neurotransmisores excitatorios, principalmente dopamina y noradrenalina, en las sinapsis de la corteza y subcorteza cerebral. La anfetamina lo logra promoviendo la liberación de dopamina y noradrenalina de las neuronas (y en menor medida serotonina). La cocaína actúa bloqueando la recaptación de dopamina, noradrenalina y serotonina, en el espacio entre dos neuronas. De este modo, el neurotransmisor prolonga su acción sináptica en el tiempo.

El resultado es un estado de hiperactividad simpática en el que aumenta la frecuencia cardiaca, sube la presión sanguínea y se siente una mayor euforia, confianza en uno mismo y concentración en la tarea en curso. Para Ott, estas drogas no te atontan. En efecto, podrías mejorar el desempeño en una tarea, pero ante su segunda pregunta lo tenemos claro: dañan, luego no son recomendables.

Las anfetaminas se sintetizaron a finales del siglo XIX y se usaron en el siguiente para tratar la narcolepsia e incluso como estimulante para los soldados en la Segunda Guerra Mundial. La cocaína, derivada de la hoja de coca, sabemos que tiene un uso ancestral en Sudamérica como hoja mascada con fines energizantes leves y que además se utiliza para prevenir y manejarse con el mal de altura. Se aisló químicamente en el siglo XIX y se volvió una droga recreativa muy popular en el XX; tanto que se decía que la cocaína convertía a su consumidor en «el rey de la "fiesta"», en alguien lleno de carisma. Aunque aumenta la locuacidad y la asertividad, es muy común el comportamiento egocéntrico o agresivo por su consumo, algo contrario a la empatía.

Al inundar el cerebro de dopamina y noradrenalina que permanecen largo tiempo en la sinapsis, se activan los circuitos de recompensa (que son dopaminérgicos) y los circuitos de atención y arousal (que son noradrenérgicos). Por ello, se produce una sensación de enorme autoconfianza, motivación y foco, con pensamientos acelerados, optimismo elevado y disminución de la fatiga. Se incrementa también la competitividad y la libido. Cognitivamente, en el corto plazo se mejoran las tareas simples de atención o de rendimiento físico, pero afecta al juicio y la toma de decisiones empáticas. Bajo los efectos de la cocaína una persona tiende a mostrar ese habla rápida e impaciente, y además domina sin darse cuenta la conversación.

A dosis mayores o repetidas, aparece la hipervigilancia y la paranoia (por ese exceso de dopamina en áreas mesolímbicas y posiblemente serotonina reducida). El sujeto comienza a malinterpretar estímulos sociales y a percibirlos como hostiles. La metanfetamina, al ser más potente y duradera, te lleva con facilidad a un estado de psicosis tóxica con ideas paranoides intensas tras un uso crónico. En dosis terapéuticas (para TDAH) mejora la concentración y modula la impulsividad, lo que en el caso de un niño hiperactivo puede traducirse en mejor interacción social porque es capaz de escuchar y esperar su turno. Pero en dosis supraterapéuticas, esas mismas anfetaminas causarían euforia, verborrea y posible conducta obsesiva. ¿Cómo es que se recetan anfetaminas para el TDAH, te preguntarás? (±).

Cuando uno se centra en sí mismo, tiende, claro está, a disminuir la empatía, debido a que lo que importa es la recompensa personal. Individuos adictos a la cocaína presentan una reducción de la empatía afectiva, aunque la cognitiva básica permanece casi intacta.[32] En adición a esto, la menor edad de inicio de uso de la cocaína se asocia con un mayor deterioro empático. Resulta sin duda curioso que las personas que usan la cocaína regularmente luchan por sentir empatía por otros y son menos propensas a disfrutar las interacciones sociales, algo que sugiere que el tratamiento para adictos a la cocaína debería incluir el entrenamiento en habilidades sociales.[33]

Los opiáceos u opioides son fármacos derivados del opio o sintéticos que se unen a unos receptores del cerebro y la médula espinal llamados μ (mu). Incluyen la morfina, la heroína, la oxicodona, el conocido fentanilo o el tramadol, entre otros. Su activación produce analgesia potente y euforia, y su principal uso es calmar el dolor físico, con profundos efectos emocionales al inducir una sensación de calma, bienestar y alivio de la angustia.

Un mito sobre los opioides es que generan una suerte de «empatía feliz universal», pero en realidad tienden más a producir una satisfacción autocomplaciente que no incluye de por sí a los demás.

Basta recordar las guerras del opio (1839-1842 y 1856-1860), un capítulo sin duda traumático en la historia de China. Los ingleses utilizaron el opio como arma económica y social para dominar al país. Cultivaban en Bengala la amapola o adormidera del opio, una especie que contiene un látex rico en alcaloides psicoactivos, sobre todo morfina y codeína, que al procesarse se convierte en opio crudo. Los comerciantes británicos llenaron China de cuarenta mil cajas anuales de opio (unas dos mil cuatrocientas toneladas), lo que representó una adicción masiva con efectos devastadores. El opio generaba una dependencia feroz que anulaba el autocontrol y sumía a los adictos en un estado de letargo perpetuo, abandonando higiene, trabajo y responsabilidades. Se daban casos de padres que vendían a sus hijos, literatos que quemaban sus libros para comprar la siguiente dosis, familias que escondían alimentos y ahorros por temor a que el adicto los robara para financiar su vicio o incluso madres que abandonaban a lactantes para perseguir el opio, rompiendo el instinto más básico de protección maternal. Los soldados, convertidos en adictos, no podían empuñar las armas y los funcionarios aceptaban sobornos. El imperio Qing se desvaneció ante la corrupción generalizada y el opio destrozó la cohesión cultural, lejos de generar una empatía feliz.

¿Cómo funcionan estos opioides? Estos fármacos imitan las endorfinas endógenas, neurotransmisores del placer y la analgesia natural, y así cierran el «paso» del dolor tanto físico como emocional en regiones como la amígdala o el cingulado anterior, que ya conoces. La heroína, por ejemplo, se metaboliza en morfina y se fija a receptores µ, causando una liberación masiva de dopamina en el núcleo accumbens y una intensa sensación de colocón seguida de sedación.

Al activar los µ, bloquean la transmisión de señales de dolor en la médula espinal y el cerebro (tálamo y tronco) y modulan circuitos emocionales. Esto resulta no solo en analgesia física, sino también en una anestesia emocional frente a estímulos negativos. Recuerda que cuando vemos a alguien sufrir activamos la red de dolor ínsula anterior-cingulado anterior. Los opioides atenúan esa activación y reducen la resonancia al dolor, propio o ajeno. Una dosis de morfina o heroína produce sensación de seguridad, confort y placer interno y mientras dura el efecto «ningún problema importa». Se experimenta una especie de calma eufórica, ese «sitio de mi recreo» que cantaba Antonio Vega.

Con altas dosis de opioides, aparece la sedación, la ensoñación y la desconexión total del entorno. Los opioides también liberan dopamina, reforzando su potencial adictivo; la ausencia de la droga provoca el malestar intenso del síndrome de abstinencia, con episodios de dolor y ansiedad. Aunque en un principio se ingería la sustancia para sentirse mejor, ahora se hace para dejar de sentirse mal; hemos ido del refuerzo positivo al negativo.

Los opioides y analgésicos en general tienden a disminuir la empatía afectiva, especialmente la capacidad de sentir el dolor ajeno, al atenuar las respuestas dolorosas y emocionales.

En cuanto a los opioides potentes, hay menos estudios experimentales por razones éticas, pero la evidencia y la observación indican que bajo la influencia de opioides la gente es menos sensible al sufrimiento ajeno. Una persona consumidora de heroína puede ver un accidente y no sentirse tan conmovida o urgida a ayudar como lo estaría sin la droga. No tanto por crueldad, sino porque su propio estado interno de bienestar o apatía no permite que la señal externa permee sus emociones. Aunque bajo los opioides se puede comprender que otra persona sufre, la motivación para responder con compasión está mermada porque no siente esa urgencia emocional.

Algunas excepciones podrían aplicarse a pacientes con dolor crónico severo, que le impide el volver a relacionarse y mostrar empatía a familiares. Al aliviar el opioide el malestar, esto se vería contrarrestado. Un aspecto muy interesante es el rol de los opioides endógenos en la empatía natural. Al administrar antagonistas opioides (como la naloxona) a sujetos, aumenta su respuesta emocional al dolor ajeno, implicando que las endorfinas regulan la intensidad de esa empatía para el dolor (una especie de mecanismo homeostático). Esto refuerza la idea de que los opioides (endógenos o exógenos) modulan a la baja la empatía por dolor para evitar la sobrecarga emocional.

En contexto psiquiátrico se ha observado que algunos individuos con rasgos agresivos o sociopáticos utilizan opioides (legales o ilegales) para adormecer cualquier culpa o empatía que pudieran sentir y así llevar a cabo actos violentos sin trabas morales. Este es un uso aberrante, pero algunos delincuentes han referido consumir heroína u opiáceos antes de perpetrar crímenes violentos para no sentir nada durante el acto; un recordatorio de cómo la supresión de empatía vía sustancias puede tener implicaciones éticas graves.

Desde el punto de vista ético y social, la epidemia de opioides como el fentanilo (especialmente en Norteamérica) ha mostrado comunidades enteras afectadas no solo por muertes por sobredosis, sino por un clima general de desconexión emocional. Familias donde varios miembros son adictos se vuelven disfuncionales, con individuos que ya no son capaces de cuidarse entre sí. La restauración de la empatía es un objetivo en la rehabilitación. Los exadictos relatan que solo al salir del ciclo de consumo «volvieron a sentir amor por otros». En definitiva, la adicción a los opioides es enemiga de la empatía.

¿Y el paracetamol? Es muy sorprendente, un analgésico como el paracetamol no actúa sobre los receptores opioides, sino que interfiere en vías de la inflamación.

Resulta que el acetaminofén (paracetamol) reduce la empatía tanto por el dolor ajeno como por las experiencias positivas ajenas.[34] Algunos participantes que tomaron un gramo de paracetamol tuvieron menos respuesta empática al leer historias tristes o alegres sobre otras personas, en comparación con otros que estaban bajo un placebo.

Posteriormente, se confirmaron estos hallazgos para la empatía positiva, demostrando que el paracetamol reduce el placer personal y los sentimientos empáticos dirigidos hacia otros en respuesta a experiencias positivas. ¿Por qué? Probablemente por disminuir la activación de la ínsula y el cingulado anterior.

Asimismo, el ibuprofeno podría afectar a la empatía de forma diferente según género (se observó que en hombres podía disminuir la empatía por el dolor ajeno mientras que en mujeres no tanto, pero los datos no son definitivos).[35]

Aunque estos fármacos son seguros en las dosis recomendadas, la idea de que podrían influir en nuestra respuesta emocional plantea cuestiones. ¿Deberían los profesionales que requieren sensibilidad empática en el desempeño de su actividad moderar su uso de analgésicos antes de su trabajo?

Y qué hay de los antipsicóticos. Si estás interesado en ellos te dejo más información en el apartado final «Para saber más» (±).

En este capítulo hemos visto que la empatía humana es un fenómeno también neuroquímico, en la medida en que toda experiencia humana es también una experiencia cerebral. La empatía, por tanto, muestra cierta maleabilidad ante determinadas sustancias. Los psicoactivos, usados durante milenios por diversas culturas, demuestran capacidad para potenciar la empatía. El alcohol, la cocaína, los opioides, las benzodiacepinas o los neurolépticos actúan como reductores por embotamiento emocional, focalización egocéntrica o aplanamiento afectivo.

Dejo que pienses por ti mismo este curioso hecho: las drogas que más usamos nos hacen menos empáticos y, sin embargo, creemos que es lo que falta al mundo. Te hago dos preguntas: ¿por qué nuestra sociedad acepta drogas que disminuyen la empatía (alcohol o BZD)? ¿Buscamos su consumo como una necesidad oculta en un mundo que duele?

EJERCICIO

Tus drogas empáticas

Reflexiona unos instantes sobre cuánto, por qué y qué tipo de sustancias ingieres habitualmente.

¿Te hacen más empático? ¿Menos?

¿Crees que podrías usarlas para apagar la sensibilidad o el dolor de la vida?

A la gente qué conoces, ¿qué grado de empatía les proporcionan?

Escribe en un papel qué te sugiere todo esto y qué implica para ti.

10

La empatía es parroquial

En abril de 1994, Ruanda se sumergió en uno de los genocidios más brutales de la historia moderna. En apenas cien días, unas ochocientas mil personas, principalmente de la etnia tutsi, fueron asesinadas por extremistas de la etnia hutu.

Jean-Pierre Habimana, un granjero hutu de cuarenta y dos años que vivía en la provincia de Kibuye, había mantenido durante décadas una estrecha amistad con su vecino tutsi Emmanuel Ndayisaba. Sus familias compartían comidas, se ayudaban en las cosechas y sus hijos jugaban juntos. Jean-Pierre había sido padrino en la boda de Emmanuel y había sostenido en brazos a sus hijos recién nacidos.

Cuando comenzaron las masacres, las emisoras de radio controladas por extremistas hutus transmitían mensajes llamando a «cortar los árboles altos» (un eufemismo para «matar tutsis»). Los locutores describían a los tutsis como «cucarachas» y «serpientes», insistiendo en que representaban una amenaza existencial para todos los hutus.

El 12 de abril, un grupo de milicianos del grupo Interahamwe llegó al pueblo de Jean-Pierre. Le entregaron un machete y le ordenaron unirse a ellos para «limpiar» la zona de tutsis. Aunque al principio se resistió, cuando amenazaron con matarlo a él y a su familia por ser un «simpatizante de cucarachas», Jean-Pierre cedió.

Esa misma tarde, Jean-Pierre participó en el asesinato de veintiséis personas, incluyendo a Emmanuel y a tres de sus cinco hijos. Algunos testigos presenciales relataron posteriormente que mientras atacaba a su antiguo amigo, Jean-Pierre parecía estar en un estado de trance y repetía las frases escuchadas en la radio: «Debemos eliminar la amenaza» y «No son humanos».

En los juicios comunitarios que siguieron al genocidio, Jean-Pierre confesó sus crímenes. Cuando se le preguntó cómo pudo matar a alguien que había sido como un hermano, respondió: «En ese momento, no veía a Emmanuel. Solo veía a un tutsi, un enemigo que amenazaba a mi familia. Fue como si hubiera olvidado todos nuestros años de amistad».

Lo más perturbador fue que, durante el genocidio, muchos perpetradores como Jean-Pierre mostraban extrema crueldad hacia los tutsis mientras al mismo tiempo exhibían profunda preocupación y cuidado hacia otros hutus. Algunos asesinos regresaban a casa después de participar en masacres y se comportaban como padres y esposos cariñosos, sin aparentar disonancia cognitiva.

La empatía es frecuentemente aclamada como una de las piedras angulares de la conducta prosocial y la cooperación humana, y así lo refleja nuestra encuesta. Por intuición, la consideramos una fuerza positiva *per se*, una especie de bálsamo capaz de disolver conflictos y tender puentes entre individuos y grupos diversos. La exhortación a «ponerse en los zapatos del otro» resuena como una solución universal para el entendimiento mutuo y la armonía social. La encontramos en los altares de los libros de desarrollo personal e incluso en las formaciones académicas de psicología una y otra vez. También en las organizaciones, bailando con la inteligencia emocional que todo lo baña, para mejorar por arte de magia el clima laboral. La empatía es casi el bálsamo de Fierabrás, sin embargo, una mirada más profunda revela una imagen más compleja e inquietante. De hecho, reconozco que este capítulo puede producir cierto desasosiego y en ocasiones tristeza, porque lejos de ser un impulso indiscriminado hacia la conexión con todos los seres humanos, la evidencia científica sugiere de manera robusta que la empatía humana es, en su raíz, fundamentalmente «parroquial» o tribal. Ejemplos brutales de tribalismo son los de mi amigo Álvaro Ybarra, increíble fotógrafo[1] (±).

Conocemos ya muchísimos detalles que nos permiten, nos guste o no, desarrollar su principal limitación: la empatía es de tu barrio, pero poco más.

Sabemos cómo funciona el cerebro social y su importancia. El número de Dunbar no nos resulta extraño. Precisamente por eso podemos preguntarnos: ¿qué ocurre más allá de ciento cincuenta? Es decir, hemos favorecido la socialización extrema, sintiendo dolor si tú sufres, favoreciendo mecanismos de comunicación avanzada (lenguaje), construyendo emociones sociales que permiten el ajuste de la vida en grupo (como el orgullo, la culpa o la vergüenza) y creando estrategias inteligentes para solucionar problemas conjuntos de la vida social. Hemos potenciado esto tanto que nuestro neocórtex tiene el triple de grosor que el de un primate no tan social como nosotros. Pero más allá de nuestra parroquia, de nuestro barrio, de nuestro equipo, de nuestro partido, de nuestro grupo normativo, las cosas son bastante diferentes.

La empatía viene marcada y distingue entre el endogrupo («nosotros») y el exogrupo («ellos»). Esta naturaleza parroquial implica que nuestras respuestas empáticas lo son preferentemente hacia los miembros de nuestro propio grupo. No solo es así, sino que lo percibimos como natural y lógico.

Lo que cabría esperar es que fuera del endogrupo, más allá de nosotros, con los otros, los extraños, los diferentes, los lejanos, los desconocidos, nuestra actitud fuera, si no empática, al menos neutra. Pero no se da el caso. Aquellos que nos caen especialmente mal suelen ser casi siempre los que percibimos como diferentes. O quizá el mecanismo opere al revés: como me pareces diferente, tiendo a desconfiar de ti. Tú del Madrid, yo del Barça; tú de derechas, yo de izquierdas; tú italiano y yo francés; tú rico y yo pobre; tú del sur y yo del norte; tú extrovertido y yo tímido hasta la médula; tú clásico y yo explorador, y así hasta el infinito.

Hay incontables clasificaciones duales donde si eres de algo o de alguien ya no eres del contrario. Hay tantos exogrupos posibles que lo raro sería sentir empatía. Tenemos suficientes diferencias con las personas como para fácilmente poder colocarlas «fuera». Con esto quiero decir que no hace falta que te esfuerces mucho para encontrar al otro diferente a ti en algo. Muchas veces sucede que uno es muy simpático, afable, educado, noble, sencillo, con las cosas claras como tú, y resulta que luego es del Barça, o del sur, o francés, o republicano, o monárquico, o ateo, o budista, o alto, o bajo y, de repente, nos asalta una especie de inmadurez que hace que nos cueste digerir al otro por ¡una de sus etiquetas! Lo peor es que nuestra respuesta, lejos de ser neutra, puede incluso invertirse y dar lugar a fenómenos como la contraempatía o *Schadenfreude*, el placer derivado del sufrimiento ajeno. Si el contexto llega a ser de competición o de conflicto percibido relativo a la moral, estas fronteras se encienden aún más y el tribalismo emerge con fuerza. ¡Y lo triste es que de nuevo lo vemos como algo normal![2]

Esta tendencia no es un fallo tuyo o mío, por poco útil que resulte a la larga, sino más bien una característica fundamental y profundamente arraigada en nuestra arquitectura psicobiológica. Se ha moldeado a lo largo de millones de años en un pasado ancestral donde no solo existía el ciento cincuenta, es decir, la cohesión intragrupal. También aparecieron los diferentes, en forma de competencia intergrupal, contra los que nos jugábamos la supervivencia y el éxito reproductivo.

También conviene aceptar que por más bondadoso, generoso o sincero que uno se muestre, existen otros, con distintos valores, costumbres y relatos para los que serás un tullido, un inmoral o un ser indigno. No se puede conseguir caerle bien a todo el mundo. Eso, por supuesto, no nos tiene que animar a justificar cualquier acto sabiendo que sus consecuencias no son las que esperamos. Pero, guste o no, nuestra moral y empatía son parroquiales.

Para comprenderlo recuperemos el estudio de Singer. Al observar a alguien sentir dolor se activan las regiones cerebrales implicadas en la dimensión del dolor propio, mediante la ínsula anterior (IA) y la corteza cingulada anterior (CCA).[3] Tras su estudio parecería casi que la empatía es un reflejo automático, imparcial y ciertamente bello del estado ajeno donde tu dolor es mi dolor, sin embargo, no es así. Las respuestas empáticas, incluso a nivel neural en la IA y la CCA son susceptibles de ser amplificadas o suprimidas por la relación interpersonal, la pertenencia al endo o exogrupo, las creencias previas o la percepción de justicia o su falta.

Dos años después del estudio original de Tania Singer y su equipo en 2006, encontraron que los participantes masculinos no mostraron respuesta empática alguna a nivel neural (en IA o CCA) ante el dolor infligido a un individuo que previamente les había tratado mal en un juego económico percibido como injusto. Además de ello, activaron el núcleo accumbens, asociado a la expectativa de recompensa, y esa activación correlacionaba positivamente con el deseo expreso de venganza. Es decir, que no solo uno no resonaba con el miembro del exogrupo, además queríamos verle sufrir.

Necesitamos, por tanto, dar un salto en la comprensión de este constructo. Cuando hablamos de empatía no solo debemos tener en cuenta la primera dimensión (innata/adquirida), la segunda (cognitiva/afectiva), sino también la tercera: mecanismos de regulación endo y exogrupales. Dentro o fuera.

¿Cuál es el origen de esta característica parroquial?

Desde un punto de vista evolucionista, nuestras capacidades psicológicas son adaptaciones biológicas y culturales moldeadas a lo largo de los siglos por la selección natural para así resolver problemas que han sido recurrentes en los entornos ancestrales. En el caso de la empatía, su sesgo hacia el «nosotros» parece una consecuencia directa de la dinámica social ya comentada. La vida estaba organizada en grupos pequeños, muy cohesionados a nivel interno, pero que irremediablemente competían, a menudo de forma violenta, con otros grupos para obtener alimento, territorio, parejas y estatus.[4]

En principio, cooperar a gran escala entre individuos que no están emparentados genéticamente es una característica distintiva e incluso enigmática de nuestra especie, que favorece esa vida social. Si pensamos en la teoría de la selección natural clásica, en el nivel individual se tendería a favorecer a los individuos gorrones y egoístas, ya que explotan la cooperación grupal para obtener beneficios sin aportar en costes y riesgos asociados. En efecto, en muchas ocasiones, incluso dentro del propio grupo hay excepciones de aprovechados. Pero esa visión ultraindividual no explicaría por qué nos hemos unido en grupos.

¿Cómo conciliar la selección natural con el cerebro social?

Una propuesta al respecto es la de David Sloan y Elliott Sober, denominada la «teoría de la selección multinivel».[5] Esta visión sugiere que la selección natural también puede operar de forma potente a nivel de grupo. De este modo, los grupos humanos que, por genética o cultura, desarrollaron mecanismos que promovían una mayor cohesión interna, con altruismo recíproco, confianza y cooperación efectiva entre sus miembros habrían superado y desplazado a otros menos cooperativos y más conflictivos internamente.

En este tipo de escenario competitivo intergrupal, la empatía hacia los miembros del propio grupo actuaría como un pegamento social crucial que promueve conductas de ayuda mutua, cuidado parental y aloparental, reparto de alimentos, consuelo e incluso sacrificio personal.

Para Sloan y Sober, la empatía parroquial no sería un fallo, sino una característica adaptativa fundamental. Sentir y expresar más empatía por los miembros del endogrupo fomentaría la confianza, la reciprocidad directa e indirecta, y la solidaridad necesaria para la acción colectiva coordinada y la defensa eficaz contra amenazas externas (otros grupos hostiles, depredadores, desastres naturales). Menos empatía, indiferencia o incluso hostilidad hacia los otros miembros de exogrupos facilitaría esa competencia intergrupal que permite a los individuos superar esa inhibición natural para dañar a otros, aunque fueran percibidos como rivales. Esta «hipótesis de la competencia intergrupal» sugiere que la misma presión selectiva que favoreció el altruismo y la cooperación intragrupal también pudo haber favorecido, como contrapartida necesaria, la xenofobia y la hostilidad intergrupal.

Un autor muy interesante a este respecto es Oliver Scott Curry.[6] Su teoría de la moralidad como cooperación refuerza esta visión funcionalista y evolutiva. Para Scott Curry, la moralidad humana es un conjunto de soluciones biológicas y culturales a los problemas recurrentes de cooperación que enfrentaron nuestros ancestros en la vida social. Así, identifica siete dominios morales universales basados en diferentes tipos de cooperación:

- Obligación familiar (basada en selección de parentesco).
- Lealtad grupal (cooperación en grupo).
- Reciprocidad (intercambio social).
- Valentía (resolución de conflictos).
- Respeto/deferencia (navegación de jerarquías).
- Justicia/equidad (división de recursos).
- Derechos de propiedad.

La empatía, como podemos deducir, jugaría un papel motivacional clave en varios de estos dominios (cuidado familiar, lealtad grupal, reciprocidad social, justicia/equidad), aunque hay que reseñar que este marco de relaciones cooperativas tan relevantes ha estado circunscrito en gran medida al endogrupo.

Sorprende pensar que la moral tiene dominios universales. Con frecuencia la asociamos a la religión o a las características especiales o únicas de nuestra cultura (por tanto, una versión parroquial de esta). La universalidad de estas normas morales básicas no es un canto al vacío, sino fruto de sesenta sociedades estudiadas por Curry.[7] Lo interesante de su visión es que la priorización, el alcance y la aplicación concreta de estas normas a menudo siguen estando fuertemente influenciadas por la pertenencia grupal y el contexto relacional, es decir, que puede que mi cultura o grupo seleccione como más importante algunos de estos universales morales y otros grupos otros diferentes.

Como bien explica Pablo Malo en su libro *Los límites de la mora-*

lidad, esta es un instrumento no solo para el bien empático, sino también para ejercer el mal creyendo que actuamos desde el bien. Suscribo al cien por cien su defensa de que la moral en exceso, inundando la vida pública hasta límites insospechados, no ayuda, sino que ahoga. La empatía endogrupal y la competición exogrupal se relacionan, por tanto, con nuestros estándares morales.

Uno de los pilares conceptuales para comprender cómo se perpetúa la distinción entre el endogrupo y el exogrupo y cómo se canaliza nuestra empatía de forma selectiva proviene de la teoría de la identidad social (TIS), desarrollada por Henri Tajfel, uno de los referentes que enseñamos en psicología social, y John Turner.[8]

Tajfel nació en Polonia en una familia judía. Sobrevivió al holocausto durante la Segunda Guerra Mundial, pero perdió a casi toda su familia en los campos de exterminio nazis. Esta experiencia marcó profundamente su vida y de ahí surgió un hondo interés por entender los mecanismos del prejuicio, la discriminación y la formación de identidades grupales. Después de la guerra, estudió Química en Francia (creyendo que las ciencias naturales eran más «seguras» en un mundo destruido), y luego se trasladó a Inglaterra, donde se doctoró en Psicología (enfocado en la rama social) en Oxford. Tajfel buscaba entender cómo las personas se dividen en grupos y cómo esto genera conflictos, incluso sin una razón objetiva. En la posguerra, muchas investigaciones buscaban explicaciones psicológicas y sociales para comprender el surgimiento del fascismo y el antisemitismo. Tajfel quería demostrar que el conflicto grupal no es natural, sino producto de procesos concretos.

La TIS postula que una parte significativa de nuestro autoconcepto, es decir, de quienes sentimos que somos, es nuestra «identidad social», que deriva de la pertenencia a grupos sociales. No nos definimos tan solo por nuestras características individuales (identidad personal), sino también por las categorías grupales a las que pertenecemos (mi nacionalidad, mi etnia, mi equipo, mi partido político, mi profesión, mi vestimenta, mi forma de pensar…).

Esta identificación grupal nos impulsa una y otra vez a mantener una imagen positiva y distintiva de nuestro grupo en comparación con otros (exogrupos). Esta motivación impulsa ese favoritismo endogrupal: la tendencia ubicua a evaluar, percibir y tratar a los miembros del grupo de manera más favorable que a los miembros externos. Esa pertenencia implica que con frecuencia habitemos un «nosotros», incluso de forma artificial. Basta pensar en los forofos de un equipo de fútbol al nombrarse en primera persona del plural cuando objetivamente no obtienen un beneficio individual de esa pertenencia más allá del sentimiento. «Hemos ganado», dicen, cuando en realidad ellos no son jugadores que saltan al campo ni reciben parte de su sueldo por alegrarse de sus triunfos. Pero el sentir «hemos ganado» los hace partícipes de algo en lo que tan solo han sido observadores. Es decir, una emoción de orgullo vicario ante el triunfo de los tuyos, pero no tuyo.

Los experimentos de Tajfel sobre el «grupo mínimo» fueron un tanto desalentadores. El favoritismo intragrupal, esta versión parroquial que ve penalti en el área contraria pero nunca en la propia, se activa incluso en condiciones mínimas y arbitrarias de agrupación, como demostró Tajfel.

De este modo, bastaba que te dijeran que eras del pintor Klee o de Kandinski para sin historia alguna de conflicto, competencia por recursos o diferencias ideológicas se generara discriminación. De este hallazgo surge la TIS, que defiende que los humanos construyen parte de su autoconcepto a través de la pertenencia grupal, y cuando diferencian positivamente su grupo de otros refuerzan su identidad, aunque no haya argumentos de peso para ello (±).

Su experimento reveló una verdad muy incómoda pero que conviene conocer a fondo: el prejuicio no requiere causas «reales». Es suficiente con que alguien se perciba parte de un grupo, aunque sea arbitrario y efímero, para activar un «nosotros» contra «ellos». Su trabajo nos ayuda enormemente a entender el carácter parroquial de la empatía, su vínculo con la moralidad y su aspecto limitado y sesgado en beneficio propio, de ese nosotros. O sea, del «hemos ganado».

Si la discriminación y el prejuicio aparecían con gustos de pintores abstractos, imagina lo que se desata cuando añadimos creencias, emociones, sentimientos, historias, narrativas e ideas a nuestra extensa pertenencia a grupos. Hay infinidad de ejemplos de esto: rivalidades deportivas, fanatismos tecnológicos, todo tipo de polarización política, nacionalismos, extremismos, populismos, movimientos conspiracionistas, anticientíficos o similares. Sospechas bien al imaginar que las noticias falsas, el formato de las redes sociales o la exposición continua a la información favorecen el carácter parroquial de la empatía, es decir, separan más que unen, lo que no deja de resultar paradójico.

Por tanto, la semilla de la discriminación yace en la psicología humana, no en las circunstancias. No estamos preparados para el análisis racional directo, sino para la generalización prejuiciosa hacia los diferentes. No buscamos la verdad *per se*, sino justificar «las tripas». Incluso en la época actual la verdad ha dejado de ser interesante y lo que importa es elegir bien la mentira que más nos satisface. Pocas personas pueden superar esta tendencia innata. Incluso en círculos que buscan el conocimiento, el desarrollo personal o la espiritualidad, la necesidad de marcar, señalar, expulsar, criticar, demonizar y anular al otro prevalece. Casi nadie se atreve a ir más allá de sus etiquetas, ya que estas dan sentido a su identidad.

Dejo que pienses si lo que le falta al mundo es empatía… cuando esta en realidad es parroquial y ni siquiera requiere conflictos previos para generar discriminación.

¿Cómo se produce este favoritismo siendo el *sapiens* una especie inteligente? Como vimos, no es tanto que seamos racionales o emocionales, sino sociales. La hipersocialización impulsa la aparición de numerosos sesgos cognitivos y afectivos.

El sesgo de atribución endogrupal es muy curioso y aparece cuando tendemos a atribuir los éxitos y comportamientos positivos del endogrupo a nuestras disposiciones internas estables. Solemos argumentar lo que nos beneficia con términos como «qué listo soy», «soy muy responsable», «siempre busco la excelencia» o «nunca me rindo», sin embargo, cuando fracasamos o tenemos comportamientos negativos los atribuimos a lo contrario y echamos la culpa a factores externos, situacionales o inestables. «Tuve mala suerte», «fue un mal día para mí», «no dormí bien» o «no me habían avisado».

¿Qué hacemos con los diferentes? ¡Justo al revés! Si el exogrupo tiene éxito, lo achacamos a factores externos. No puede ser que constituya una característica nuclear de ellos, debe ser azarosa. «Qué suerte han tenido», «así cualquiera», «les tocó la opción más fácil» o «han tenido apoyo por todos los lados».

Si el exogrupo fracasa, se equivoca o manifiesta un comportamiento negativo, lo tenemos claro. Se debe a cómo son, es decir, a sus disposiciones internas estables. «Esta gente es vaga», «tienen mucho morro», «solo quieren chupar del bote», «son peligrosos», «buscan aprovecharse» o «los de esa profesión son así».

Recuerda que la mayoría de las personas en las democracias actuales creen que el exogrupo quiere «romper su país» y ellos son los únicos que quieren cuidarlo. Empatía visible, en el día a día. Sin embargo, no se suele ver desde esta perspectiva psicológica.

Un problema añadido en la distinción parroquial de endo y exogrupo es la generalización. A los de mi grupo los llego a conocer, basta pensar en nuestra familia o amigos. Cada uno de ellos representa un trocito de mi propia historia. De este modo, al conocer de primera mano cómo son tengo muchos más elementos para construir un juicio aparentemente razonable. Pero sobre los otros sucede lo contrario.

Esta visión se acompaña de la percepción de homogeneidad exogrupal, es decir, la tendencia a ver a los miembros del exogrupo más similares entre sí («ellos son todos iguales») de lo que percibimos la diversidad y variabilidad entre los miembros de nuestro propio grupo («nosotros somos individuos diversos»).

En realidad, no los conozco, y al no conocerlos, son ante todo externos, diferentes, contrarios. Y como son tal y como me los he imaginado por generalización, no me hace falta conocerlos. Un círculo vicioso en toda regla. Es como ese amigo que te dice que todo jugador de fútbol de origen africano y de catorce años tiene en realidad dieciocho o diecinueve porque en su lugar de origen manipularon el pasaporte y la fecha de nacimiento. Como ya conoce la verdad y la generaliza, no le hace falta comprobar que en Senegal la gente no vive en cabañas, no son caníbales ni tocan el tambor. De este modo se simplifica el procesamiento de información sobre el complejo mundo social, pero se hace a costa de la precisión, la individualización y la potencial deshumanización del exogrupo.

En lo afectivo, como ya se ha discutido, la distinción endo y exogrupo modula directamente las respuestas empáticas. Sentimos con mayor facilidad resonancia y preocupación empática por el sufrimiento de los miembros de nuestro grupo, mientras que hacia el exogrupo estas son muy frágiles. En realidad, la empatía requiere más esfuerzo cognitivo y es altamente susceptible de ser inhibida o hasta suprimida por factores como la competencia percibida, la historia de conflicto, la percepción de amenaza o la falta de similitud o familiaridad.

Ante esta división tan tribal, con raíces tan profundas, surge el fenómeno de la contraempatía, a veces en forma de *Schadenfreude*, una palabra alemana que traducimos como «el placer derivado de la desgracia ajena». Es mucho más probable que surja la contraempatía hacia miembros de exogrupos rivales, amenazantes, envidiados o moralmente merecedores de su infortunio. Mina Cikara, una prestigiosa investigadora de Harvard en psicología social y en el estudio de conflictos intergrupales, demostró que al observar el fracaso de un equipo rival (por ejemplo, en deportes) se activa el estriado ventral (área clave del circuito de recompensa cerebral). Esta activación predice la probabilidad de agredir de manera verbal a los aficionados rivales. Si llamas «HP» a los del equipo contrario, seguro que tienes los circuitos de recompensa sesgadamente activados.[9] No solo eso, sino que dice más de ti que de ellos.

Todos estos mecanismos cognitivos y afectivos constituyen el caldo de cultivo ideal para la formación, el mantenimiento y la justificación de estereotipos y prejuicios ¡que a veces nos parecen naturales!

Los estereotipos son creencias generalizadas, a menudo sobresimplificadas, inexactas y resistentes al cambio, sobre características y comportamientos que se suponen típicos de los miembros de un grupo social dado. Pero el prejuicio va más allá. Se refiere a una actitud marcadamente negativa, aunque puede ser ambivalente o incluso paternalista, basada con frecuencia en dichos estereotipos. El estereotipo puede ser neutro («los alemanes son madrugadores»), pero el prejuicio va más allá porque ya lo llena de emoción («los alemanes son rígidos»). Sobra decir que hay alemanes que no madrugan tanto y que los hay muy abiertos de mente, pero para ello tendría que conocer a ese individuo alemán y utilizar parte de mis recursos. Eso implica esfuerzo, tiempo, posibilidad de error, obligación de cambiar de opinión, reconocimiento del error, aprendizaje y es algo que, en general, preferimos no hacer. La verdad es cara neuronalmente y somos ahorradores cognitivos.

La distinción entre el endo y el exogrupo facilita por tanto las categorías sociales y los estereotipos automáticos, que funcionan como heurísticos, o sea, atajos para navegar y predecir el complejo mundo social mediante esa economía de esfuerzo, tan raquítica, sesgada, prejuiciosa, limitada y limitante que es capaz de darnos la razón a expensas de la justicia, la precisión y el respeto a la individualidad. No suena nada bien, todo hay que decirlo. El prejuicio, alimentado por la falta de empatía, los sesgos negativos y las emociones intergrupales hostiles (como el miedo, el asco o el desprecio) hacia los otros, motiva la discriminación (comportamientos injustos o perjudiciales hacia miembros de un grupo por su pertenencia a él) y, en casos extremos, la agresión y la violencia intergrupal. Del estereotipo al prejuicio y de ahí a la discriminación y el odio no hay tanta distancia. Se empieza por la demonización con la palabra y se llega a extremos insospechados.

Esta distinción psicológica tan primaria nos conduce a una doble moral. Los principios y las normas que consideramos universales y objetivamente obligatorias, como puedan ser la justicia, la equidad o la prohibición de dañar, se pueden aplicar de manera flexible dependiendo de si el actor o el receptor de la acción pertenece a uno u otro grupo.

Acciones que serían condenadas con vehemencia si las realizan otros son ahora excusadas, justificadas, minimizadas o incluso celebradas si las realiza uno de los nuestros, y viceversa. Un ejemplo clásico es la violencia verbal (el insulto, las interrupciones, los gritos, la falta de respeto, la cancelación del otro). Donde sería más que inteligente, y ético, escuchar, no insultar, no interrumpir y no acusar, se saca pecho. La arrogancia aparece ante lo que quizá tan solo sea una muestra de grosería, falta de principios y verdulería intelectual. Basta escuchar sesiones de los plenos en ayuntamientos, comunidades o estados para asistir a una especie de circo y espectáculo de obscenidad, conveniencia e hipocresía. Lo peor no son ya los actores, sino la extraña capacidad que permite aplaudir si uno de los tuyos dice «HP» al contrario, pero a la vez sentirlo como un agravio imperdonable si este lo vocifera a uno de los propios. ¿Cómo es posible esa incoherencia tan grande? En la empatía parroquial de nuestro cerebro social hallamos algunas respuestas.

Para colmo, no nos quedamos ahí. En ocasiones vanagloriamos a ese vociferante porque dice lo que piensa… En realidad, igual sería más inteligente valorar al que piensa lo que dice.

Y, por desgracia, vamos a peor. En 2008, los estadounidenses eran ocho veces más proclives que en 1960 a considerar que los miembros del partido contrario eran menos inteligentes. No solo eso, los estimaban el doble de egoístas que en los sesenta.[10] En 2021 un estudio de Stanford mostraba que los mensajes que ridiculizan a los políticos del partido contrario —ya sabes, mediante «memes», «zascas» o directamente desprecio— tienen más probabilidad de viralizarse que aquellos que hablan bien del propio grupo o partido.[11] En las redes sociales, odiar y mentir tiene un asfalto más pavimentado. Conocerás a personas que comparten diecisiete *stories* cada día de los horrores de los diferentes, pero nunca de los propios. Tenlo en cuenta si crees que es un sistema abierto donde cualquier mensaje de calidad puede lograr reconocimiento social.

Pudiera parecer que las personas, los partidos y los grupos discuten racionalmente posturas y soluciones a problemas sociales. Lejos queda la antigua Grecia si acaso. Lo que opera es la repulsión moral, no la calidad de los argumentos ni la toma de decisión basada en hechos.

Esta flexibilidad moral tan peculiar y disonante, aunque a menudo sea de forma inconsciente y se racionalice *a posteriori*, cumple una función psicológica precisa. Nos interesa proteger la imagen positiva y la cohesión del endogrupo, y de este modo justificar acciones que nos benefician y deslegitimar o demonizar al resto. Como argumenta Jonathan Haidt[12] en su teoría de los fundamentos morales, la doble moral es una herramienta psicológica sumamente eficaz en esta competencia intergrupal perpetua.

En conjunto, estos mecanismos psicológicos interconectados de identidad social, favoritismo endogrupal, sesgos cognitivos y afectivos, estereotipos, prejuicios y doble moral operan de manera sinérgica. De este modo, construyen la frontera psicológica rígida entre «nosotros» y «ellos». Este «muro de Berlín» interno, a su vez, canaliza nuestra respuesta empática de manera parroquial y vecinal hacia el endogrupo, limitando la capacidad de conectar con los otros y sentando las bases psicológicas para muchas de las dinámicas conflictivas, discriminatorias y polarizadas que observamos trágicamente en las sociedades humanas. La actualidad es un buen espejo, en tanto en cuanto que la información de consumo rápida, viral y dinámica de las redes sociales incide en un procesamiento casi reflejo de esta, lejos de la reflexividad y las pausas necesarias para el análisis y la toma de perspectiva.

Nuestra «mente tribal» sigue moldeando de manera significativa las interacciones sociales a todos los niveles, tanto que existe una persistencia endémica de conflictos intergrupales. Por motivos ya sean étnicos, religiosos, nacionalistas, ideológicos o políticos, innumerables conflictos a lo largo de la historia y en la actualidad se ven exacerbados e impulsados por esta potente dinámica psicológica entre el endo y el exogrupo. Recuerda que hay tantas posibles clasificaciones duales (Madrid-Barça, izquierda-derecha, etcétera) que el conflicto, en vez de ser excepción, se convierte en habitual.

Los grupos, sean políticos, deportivos o de otro tipo, cada vez actúan más como tribus (himnos, logos, colores, vestimentas, símbolos, banderas, gestos, posturas, eslóganes, cánticos, lenguajes y frases propias y, por supuesto, enemigos radicales símbolos del mal puro). «De no ser por los otros, el mundo sería perfecto», así funciona la ilógica tribal.[13]

Lo que importa aquí no es sobre qué y cómo pensamos, sino con quién estamos. Las identidades sociales lo invaden todo y ser de un grupo suele expresar más ideología que librepensamiento, visceralidad más que racionalidad. Vestimos un uniforme, repetimos un himno, pero desconocemos casi todo de cómo funcionan la mayoría de las cosas. La gente ya no sufre por las contradicciones de las propias ideas y posturas. Se han acumulado sin más, sin filtro. Constituyen un «soy» en el que me reflejo, siempre en contraposición a los que no son como nosotros.

Todo esto me recuerda a una anécdota personal. Hace siete años, mi vecina Ana (nombre ficticio) me invitó a su casa a media mañana porque estaba con otra vecina e iban a desayunar (te aseguro que no es la del ascensor). Conocedoras de mis gustos culinarios, acepté sin dudarlo. A lo largo de la conversación y sin venir a cuento Ana declaró ser votante del partido naranja. Se fue calentando sola con creciente visceralidad, vituperios y oprobios varios hacia los diferentes, los azules, los rojos y los morados, para acabar defendiendo «racionalmente» su postura. En unas semanas había elecciones, no recuerdo si autonómicas o generales, y al final me dijo: «José, me he leído todos los programas, de cabo a rabo, y el que mejor expresa mis valores e ideas es el naranja». Sobra decir que debió de sospechar que todos los allí presentes estábamos naranjas perdidos. Al subir a casa encendí la radio y comentaron por casualidad que el partido naranja aún no había publicado su programa, luego la vecina no lo podía haber leído.

Primero pertenecemos visceralmente, porque sí, porque otros lo hacen, porque me lo han dicho, porque mis padres ya eran así, porque es lo que toca, lo que se lleva o lo que encaja en mi círculo social… y luego ya si eso pensamos para darnos la razón, incluso mentimos con descaro sobre la lectura de un programa que aún no existe. Si hizo eso conmigo, que me tomo estas cosas de los colores políticos con enorme distancia y perspectiva, ¡qué no diría ante los suyos o los contrarios! Sobra decir que da igual que fuera naranja, blanca, negra o amarilla su elección para lo que quiero ilustrar.

Esta percepción de una amenaza homogénea, inherentemente malvada o de moralidad inferior alimenta ciclos viciosos de hostilidad. La intensa polarización política y afectiva, como en el ejemplo narrado, y que se observa en muchas democracias contemporáneas, debemos entenderla también a través de esta lente psicológica tribal. Al hilo de ello me resulta además muy curioso que en sociedades democráticas que se basan en la participación conjunta, cada partido, cada sección, y cada líder dentro de una organización aspire a gobernar o a dirigir en solitario.

La evidencia científica demuestra que los seres humanos priorizamos a quién emite un mensaje por encima de lo que dice, un sesgo cognitivo con profundas implicaciones en política y psicología social. He tenido la suerte de aprender sobre cognición social, influencia y persuasión con Javier Horcajo, profesor titular de la Universidad Autónoma de Madrid. Javier describe a la perfección multitud de ejemplos en donde no te queda otra que pararte a tomar perspectiva ante la avalancha de información que nos inunda. Uno de ellos es un estudio donde los participantes evaluaban políticas idénticas de manera opuesta según fueran atribuidas a demócratas o republicanos.[14] Las etiquetas partidistas, ¡aquel naranja!, funcionan como interruptores mentales que anulan el análisis objetivo del contenido. La lealtad tribal no tiene límites. Los individuos aprueban propuestas que contradicen sus valores personales si su partido las avala, es decir, que la afinidad con la fuente puede incluso sobreponerse a nuestras convicciones éticas individuales.[15] Es como si los sujetos no supieran qué ideas tenían en su cabeza hasta que les dicen quién debe pensar qué. ¿No crees que es tremendamente peligroso?

Javier me enseñó un modelo psicológico interesante para entender estos fenómenos: el de probabilidad de elaboración (ELM, por sus siglas en inglés). Este explica que cuando la información es compleja o tenemos una baja motivación para pensar sobre la contenida en el mensaje, recurrimos a atajos cognitivos o heurísticos. Uno de ellos puede ser la aparente credibilidad del emisor. Este mecanismo opera en piloto automático y nos lleva a aceptar mensajes de fuentes percibidas como expertas o afines sin examinar críticamente los argumentos. O sea, que vemos anuncios de sujetos exitosos y, si no paramos a reflexionar, nos cuelan superhéroes con pies de barro. Lo vemos cada día en el consumo de información mediática. En este sentido un estudio mostraba que los estadounidenses seleccionan noticias basándose en la identidad ideológica del medio (Fox News o NPR), aunque el contenido de la otra cadena sea relevante para sus intereses.[16] La preferencia por fuentes afines se impuso sistemáticamente sobre la información veraz, alimentando las llamadas cámaras de eco. Tus gustos o intereses no pueden aparecer en otro periódico distinto al que lees (±).

Las consecuencias son palpables. La identidad partidista y grupal secuestra el debate de las ideas. La viralización de desinformación proviene de fuentes con las que, como receptor, te identificas. Comprender que para la mayoría de personas la fuente va antes que el contenido es esencial para decidir cómo nos queremos comunicar o solucionar conflictos.

Esta empatía tan selectiva que prioriza antes si eres de los míos, que intensifica el sufrimiento del propio grupo («nuestras» víctimas), que tiene a mano la deshumanización, la indiferencia empática o incluso el rechazo hacia el exogrupo de malvados e inhumanos adversarios, dificulta un posible diálogo y reconciliación.[17] No es buenismo lo que muestro al criticar ese sacar pecho, la mentira selectiva o esa verdulería verbal y mental tan común. Es que si lo permitimos, si solo vemos la corrupción contraria y nunca la propia, si normalizamos los «cabrones» porque valoramos al que dice lo que piensa y nos acostumbramos a todo ello, nos alejamos de cualquier posible mejora.

Así lo marca la evidencia. Todo este movimiento corroe poco a poco la confianza cívica y paraliza la capacidad de encontrar soluciones pragmáticas a problemas compartidos. Lo que aparece suele ser más extremo, más polarizante, haciendo bueno el triste refrán de «mejor lo malo conocido que lo bueno por conocer». No solo eso, erosiona el bien común, como explica de forma magistral Michael Sandel en su obra *La tiranía del mérito*, publicado por DeBolsillo en 2023. Al final resulta que los otros son necesarios. La sociedad, como vimos en pandemia, durante la tragedia del volcán de La Palma, en la nevada Filomena o en las inundaciones por la dana de Valencia, también existe y hace falta. No es necesario llegar a una catástrofe para darnos cuenta de que el tribalismo es limitante. ¿O acaso los que ayudaron eran solo de un determinado equipo de fútbol, de un único partido político, nacionalidad, género, edad o profesión? Todos sabemos que no. Los otros, en muchos planos que nos permanecen desconocidos, son también nosotros. Y de repente tú estás también en otros. No es un muro, sino una frontera gaseosa.

Sandel va más allá. Esta discriminación sistémica favorece una desigualdad social que nos perjudica a todos, incluso a los devotos del individualismo feroz. El favoritismo endogrupal automático y los prejuicios se traducen en un trato diferencial injusto en múltiples ámbitos cruciales de la vida social, como el acceso al empleo, la vivienda, la educación de calidad, la atención sanitaria, la seguridad o el sistema penal. Las desigualdades, según Sandel, explicadas de forma clarividente en el acceso al sistema universitario elitista americano, no son meramente el resultado de diferencias individuales en mérito o esfuerzo. No va de vagos unos y con agallas otros. No es que unos fueron productivos y otros se dedicaron a comer pizzas; más bien estas diferencias están incrustadas en un ecosistema social, cultural e institucional que perpetúa las divisiones y las jerarquías grupales. Ojo, Sandel explica cómo progresistas y liberales han colaborado de igual modo a ello. No toma parte por izquierdas o derechas, sino que implica la falta de responsabilidad y visión de ambas visiones en esa tiranía del mérito.

Si, por tanto, limitamos la empatía hacia los que percibimos como diferentes, se dificulta tarde o temprano lo necesario para abordar de manera efectiva las inequidades sistémicas y estructurales. Un día nos puede tocar. Quizá seamos nosotros los que suframos un desahucio, un ERTE, o algo similar. Quizá la inundación llegue a nuestra ciudad y no solo a una región particular. Quizá un familiar no sea capaz de reponerse del suicidio de un ser querido y estemos en el exogrupo de olvidados de salud mental del país. Quizá alguien cercano sufra ELA y tengamos que penar por el Congreso para que nos apoyen y pertenezcamos de nuevo a un exogrupo de gente ficticia. Quizá un día necesitemos un tratamiento médico que en realidad cuesta más de doscientos mil euros y nos acordemos de Sandel sin pensar que somos representantes de Stalin por ello. Quizá un día no podamos pagar una policía privada en nuestro barrio, antaño lugar seguro para pasear, ir a la compra y disfrutar de la magnífica catedral. Quizá la soledad no deseada se coló por una rendija a pesar de haber cerrado todas las puertas de la incertidumbre y resulta que no tenemos a mano soluciones ni a nadie que le interese aportarlas. Quizá algún traidor nos hizo perder la confianza en la vida y necesitamos apoyo, justo cuando las fuerzas flaquean. En definitiva, quizá un día tú, por alguna de tus identidades, pertenezcas a un exogrupo al que otros dicen que hay que rechazar, olvidar o anular. Cuidado. La frontera es más gaseosa de lo que parece. Vale, hemos discutido tontamente por ser de Klee o de Kandinski, porque Tajfel nos metió en ese grupo, pero es una simple neblina. Ver el cielo tras la niebla debería ser suficiente. No es eliminar las diferencias, sino enmarcarlas en un paisaje en donde los elementos son muy cambiantes y ciertamente algo etéricos, por sólidos que parezcan.

Existen por tanto limitaciones inherentes a la empatía como solución universal a los problemas sociales y morales complejos. Si bien puede ser una fuerza poderosa para la conexión interpersonal, su naturaleza parroquial y sesgada la convierte como hemos visto en una herramienta poco fiable, e incluso potencialmente contraproducente para resolver conflictos intergrupales profundos o para guiar la toma de decisiones justas a gran escala.

Al reconocer de forma honesta, y a través de la ciencia, sus limitaciones siento que no aplico un ejercicio de cinismo, sino que doy un paso crucial y moralmente necesario. No quiero defender la clásica empatía Disney, tan lejana de la realidad social que resulta ridícula e infantil.

Apelar solo a cultivar la resonancia emocional puede ser ineficaz, engañoso o incluso contraproducente cuando el otro pertenece a un exogrupo distante o percibido como amenazante.

Pero ¿entonces qué?, te preguntarás. Aún queda libro, así que vayamos paso a paso. Buscaremos soluciones, propuestas y acciones para ver a Klee-Kandinski como un signo del amor a la pintura y no como el emblema sagrado de mi tribu.

De momento, hemos atisbado que la empatía muestra una impresionante dualidad dentro-fuera, pero en el siguiente capítulo profundizaremos en los tipos de discriminación posibles.

EJERCICIO

Cuestionando sesgos, estereotipos y prejuicios

El objetivo de esta práctica es identificar y contrarrestar sesgos, estereotipos y prejuicios que distorsionan nuestra empatía.

Procedimiento

1. Familiarízate con estas tendencias:
   —Similitud: mayor empatía hacia quienes percibimos similares.
   —Proximidad: mayor empatía hacia lo cercano en contraposición a lo distante.
   —Víctima identificable: mayor empatía hacia individuos que hacia grupos.
   —Merecimiento: mayor empatía hacia quienes percibimos «inocentes».
   —Reciprocidad: mayor empatía hacia quienes creemos que empatizarán con nosotros.
2. Para cada uno identifica:
   —Un ejemplo personal reciente.
   —El coste moral/social.
   —Una estrategia específica para contrarrestarlo.
3. Crea «interrupciones de estereotipo» personalizadas:
   —Frases que te recuerden la existencia del sesgo o estereotipo.
   —Preguntas que desafíen tu percepción automática.
4. Implementa estas interrupciones durante una semana.

Reflexión profunda

¿Qué sesgos empáticos has normalizado o incluso valorado positivamente?

¿Qué subyace bajo ellos?

¿Qué estereotipos más frecuentes tienes?

¿Podrías nombrar tus tres prejuicios más habituales?

¿Cambia tu percepción del mundo?

11

Nosotros somos los buenos

En el valle de Swat, Pakistán, una región donde los talibanes habían prohibido la educación femenina, una niña de once años comenzó a escribir un blog anónimo para la BBC en 2009. Usando el seudónimo Gul Makai («flor de maíz»), Malala Yousafzai documentaba su vida bajo el régimen talibán y su lucha por el derecho a la educación.

Mientras los talibanes cerraban y bombardeaban escuelas femeninas, Malala continuaba asistiendo a clases, con sus libros ocultos bajo su ropa. A medida que su blog ganaba atención internacional, comenzó a hablar en público, revelando su identidad real y convirtiéndose en una voz prominente por los derechos educativos de las niñas.

El 9 de octubre de 2012, mientras regresaba a casa en un autobús escolar, un hombre armado abordó el vehículo, preguntó por Malala y le disparó en la cabeza a quemarropa. Milagrosamente sobrevivió, aunque con graves heridas que requirieron múltiples cirugías y rehabilitación en Reino Unido.

Lejos de silenciarla, el ataque fortaleció su determinación. En su primer discurso público después del atentado, declaró: «Me dispararon en el lado izquierdo de la frente. Pensaron que las balas nos silenciarían, pero fracasaron. De ese silencio surgieron miles de voces… Los terroristas pensaron que cambiarían mis objetivos y detendrían mis ambiciones, pero nada cambió en mi vida excepto esto: la debilidad, el miedo y la desesperanza murieron. Nacieron la fuerza, el poder y el coraje».

Lo más notable fue cómo Malala transformó su identidad personal en una plataforma para el cambio colectivo. Cuando le preguntaron sobre venganza contra sus atacantes, respondió: «Ni siquiera odio al talibán que me disparó. Incluso si hubiera una pistola en mi mano y él estuviese frente a mí, no le dispararía… Esta es la compasión que he aprendido de Mahoma, Jesús y Buda».

En 2014, a los diecisiete años, se convirtió en la persona más joven en recibir el Premio Nobel de la Paz. Utilizó el dinero del premio para construir escuelas en Pakistán y fundó el Fondo Malala, que trabaja para garantizar que las niñas de todo el mundo pueda acceder a doce años de educación gratuita, segura y de calidad.

Hoy, Malala continúa su activismo global mientras completa sus estudios universitarios. Su identidad como musulmana, pakistaní, pastún, mujer y superviviente de violencia no son etiquetas separadas, sino facetas integradas de una identidad que utiliza para construir puentes entre comunidades y promover una empatía transcultural.

Está claro que tú y yo pertenecemos a los buenos, así que no me metas en alguno de tus exogrupos. Y lo somos porque tenemos razón, porque resulta evidente, está claro y es de cajón, porque, como dijo Obama, «estamos en el lado correcto de la historia». Estas certezas en realidad están lejos de ser ciertas, pero las sentimos «desde las tripas». Y eso que llamamos las tripas (el sistema nervioso y el cerebro a través del cuerpo) producen un fenómeno que en neurociencia conocemos como realismo afectivo. Funciona bajo una lógica biológica muy primaria: como yo lo siento, es cierto. Por eso, atender al cuerpo es en ocasiones un arma de doble filo. Ojo, no digo que sea mejor desatenderlo, sino que hacerlo no es lo que parece. De hecho, es fuente de confusión en muchas disciplinas psicocorporales. Nos resulta extraño concebir que una sensación intensa pueda estar equivocada precisamente por su fuerza. Sin embargo, en ocasiones creías estar cansado, pero luego jugaste sin problema el partido, o tras sospechar que habías dormido mal y temer un día horroroso, este resultó ser agradable. O aquel nerviosismo clarísimo, que sobraba, ante la entrevista con una persona que sentías hostil, porque te condicionó mucho hasta que percibiste que era bastante amable. En realidad, sentir el cuerpo es importante porque nos ancla al presente, nos permite mejorar la toma de decisiones al estar en contacto con aquello que sentimos, pero es un error traducir que todo lo que sentimos es cierto. Las primeras impresiones y los prejuicios a veces se sienten como punzadas en el pecho, tensión en el vientre o malestar y ahogo. Eso no significa que sean ciertas, pues las emociones se construyen y lo hacen a partir de nuestra memoria, a través de la cual interpretamos el contexto. Al centrarme en el realismo afectivo quiero explicar que la afinidad empática por los propios y el rechazo a los otros puede provocar sensaciones que sentimos en el cuerpo, pero que tal vez constituyan más una expresión de prejuicios que análisis racional y objetivo.

Como hemos visto, la empatía presenta una tercera dimensión dentro-fuera muy particular. Añade los miles de clasificaciones duales posibles (rico-pobre, alto-bajo, hombre-mujer) que están planteadas como juegos de suma cero, donde si uno gana el otro pierde o si eres de un conjunto automáticamente no eres del otro. Con todo ello, sin duda tú y yo tenemos posibilidad de ser discriminados en algo, de pertenecer a algún exogrupo de equivocados y ser maltratados por el resto.

No bromeo. Como neurocientífico podría defender que la ciencia en mi país no recibe el trato, la inversión y la repercusión que merece y, por tanto, podría sentirme discriminado y reclamar mejoras con todo el derecho. Puedo protestar que conozco a familiares de personas suicidadas a las que jamás se las ha atendido como deben por su condición. Puedo quejarme como amante de la música, el arte y las humanidades, porque estas desaparecen radicalmente de los currículos educativos y se discrimina a amigos muy cercanos. Puedo colocarme en numerosos roles, nichos, grupos e identidades por las que siento agravio, falta de respeto, inequidad e injusticia. Es evidente que tus roles o identidades, esos por los que te puedes sentir poco escuchado, respetado o valorado, quizá no coinciden con los míos. ¿Qué hacemos ante ello? ¿Atender solo algunas de las discriminaciones?

Quiero poner en la mesa que la dimensión moral endo-exo, dentro-fuera, de la empatía es imposible que nos deje solo en el lado correcto de la historia con «los buenos». Estamos en los dos lados sí o sí. Todos. La diversidad social es tan grande y tan compleja que es ridículo enfatizar una característica (sea el género, la ciudad, el estatus socioeconómico, la profesión) y olvidar el resto. Soy padre, hijo, compañero, amigo, tío, sobrino, meditador, mentor, neurocientífico, jugador de pádel ocasional, profesor de artes marciales, investigador, español, europeo…

Si no somos conscientes de esta amplitud, sucede, como magistralmente argumenta Pablo Malo,[1] que solo somos conscientes de algunas discriminaciones, las que ganan la batalla retórica y de alguna manera se ponen de moda.

La discriminación destaca por el tratamiento diferencial injustificado hacia individuos o grupos basado en características personales o de pertenencia grupal. Es un desafío persistente para la construcción de sociedades equitativas y justas y genera ineficiencias en los mercados laborales, perpetúa desigualdades socioeconómicas, afecta la salud mental y física de las víctimas y socava la cohesión social.

Veamos datos científicos sobre ello. Incluyo, para tomar perspectiva, discriminaciones no solo clásicas, sino otras menos conocidas o visibles. De este modo, resalto la multiplicidad de identidades del ellos versus nosotros.

DISCRIMINACIÓN POR ALTURA

Es uno de los ejemplos más documentados de cómo características físicas en apariencia irrelevantes para el desempeño laboral pueden influir en los resultados económicos y sociales de los individuos. Existe una especie de «prima por altura» en los mercados laborales de múltiples países y culturas. ¿Cómo puede ser? Un estudio pionero documentó diferencias salariales del 9 % entre individuos ubicados en el 25 % más bajo versus el 25 % más alto de la distribución de altura en países occidentales.[2] Esta investigación inicial ha sido replicada en estudios posteriores. En 2004 analizaron datos longitudinales de trabajadores estadounidenses para cuantificar con precisión el impacto económico de la altura.[3] Los resultados fueron que 2,5 centímetros más se asocian con un incremento promedio de 789 dólares en el salario anual. En Europa un estudio de 2016 encontró que los hombres experimentan una penalización salarial de unas 1.500 libras anuales por cada 7,5 centímetros menos de altura.[4] Si tu hijo es alto, además de contar con una mayor probabilidad de jugar en la NBA, tiene la oportunidad de ganar más dinero. ¿Conoces alguna manifestación de bajitos en contra de estos datos? ¿Es justo? ¿A qué endogrupo pertenecemos?

DISCRIMINACIÓN POR ATRACTIVO FÍSICO

La conocemos de sobra, es más, la valoramos y premiamos conscientemente en muchísimas ocasiones. El estereotipo de atractivo físico postula que «lo que es bello es bueno».[5]

Una de las investigaciones más rigurosas al respecto se realizó en Argentina en 2013. Se enviaron más de 2.500 currículos falsos a ofertas de empleo reales.[6] Los resultados fueron contundentes: los candidatos atractivos recibieron un 36 % más de llamadas para entrevistas que sus contrapartes menos atractivas. Lo curioso radicó en que la oferta de empleo no era precisamente para ser modelo.

El economista Daniel Hamermesh ha estimado el valor económico del atractivo físico. Sus análisis indican que las personas consideradas atractivas ganan en promedio 237.000 dólares más durante toda su vida laboral en comparación con personas de igual capacitación pero menor atractivo físico.[7] ¿Nos sacamos un grado y un doctorado o nos aplicamos bótox y un par de implantes? ¿Qué sería más inteligente? ¿Organizamos una manifestación en contra de las personas bellas por nacimiento? ¿Damos becas y ayudas estatales para que la gente sea más bella y así gane más dinero?

DISCRIMINACIÓN POR CALVICIE

La calvicie masculina representa uno de los cambios corporales más comunes en los hombres a lo largo de su vida y afecta aproximadamente a la mitad de ellos antes de los cincuenta años y a la mayoría antes de los setenta. La alopecia androgenética puede comenzar en la adolescencia, pero ocurre sobre todo en la mediana edad.[8]

Una investigación sobre el estigma de la calvicie examinó las experiencias de estigmatización estructural y social de 357 hombres calvos, donde el 49 % provenía de América, África y Asia.[9] Los hallazgos revelaron que casi la mitad habían internalizado el estigma de la calvicie, considerándola una desventaja que les reportaba una angustia psicológica significativa. Los participantes describieron experiencias como temer por el futuro y caracterizaron la calvicie como estigmatizada, como «una imagen humillante». El 57 % de los participantes reportaron intentos activos de combatir su calvicie a través de tratamientos médicos, cosméticos o quirúrgicos.

Otro estudio documentó los procesos que operan en la discriminación por calvicie y demostró que los individuos calvos se categorizan de forma automática como menos atractivos y competentes, activando estereotipos negativos que influyen en las decisiones de contratación y evaluación profesional.[10] Así, aparecían tres tipos de estigma: estructural (presiones culturales, políticas y sociales que posicionan negativamente a los hombres calvos), social (relaciones hostiles y actitudes discriminatorias en interacciones interpersonales) e internalizado (reducción de la autoestima debido a la calvicie).

La evidencia experimental sobre discriminación laboral por calvicie es más limitada que para otras formas de discriminación física, pero los estudios sugieren patrones consistentes de desventaja profesional. Los hombres calvos se enfrentan a estereotipos que los asocian con menor atractivo, competencia reducida y características profesionales menos deseables. Esta discriminación con frecuencia se une al edadismo, ya que la pérdida de cabello se asocia con el envejecimiento, creando una doble discriminación, particularmente pronunciada en industrias que valoran la apariencia juvenil o en roles que requieren interacción directa con clientes.

En contextos asiáticos, donde la calvicie es menos prevalente, el estigma puede ser más pronunciado, debido a la mayor visibilidad y excepcionalidad de la condición.

En Reino Unido en 2022, un tribunal de empleo determinó que llamar «calvo» a un hombre constituye acoso sexual relacionado con el género, estableciendo un precedente legal. El tribunal argumentó que esos comentarios crean un ambiente laboral hostil y pueden constituir una forma de acoso sexual, ya que la calvicie afecta en su mayoría a los hombres.

Las consecuencias psicosociales de la discriminación por calvicie están documentadas. Aunque la investigación es limitada, la evidencia y los estudios sugieren que industrias como ventas, medios de comunicación y servicios al cliente pueden presentar mayores barreras para hombres calvos. La discriminación puede manifestarse tanto en procesos de contratación inicial como en oportunidades de promoción y desarrollo profesional.

Si los hombres calvos sufren discriminación, ¿debe el Estado financiar tratamientos dentro de la Seguridad Social? ¿Podemos organizar manifestaciones contra el estigma de la calvicie? En cualquier caso, lo que se prevee es que este problema acabe pronto (±).

Discriminación por edad

El edadismo ha emergido como una preocupación creciente en el contexto laboral contemporáneo. Imagina que te echan del trabajo con cuarenta y siete años, seguro que tu primer pensamiento es que a esa edad es mucho más difícil que te contraten. Los numerosos desafíos que enfrentan estas personas han llevado a algunos a referirse a este grupo como «los nuevos desempleables».[11]

En 2023 se examinó la evidencia de discriminación por edad y se encontró un efecto promedio de discriminación por edad, desde 0,38 hasta 0,89.[12] El tamaño del efecto es una medida estadística de cuán grande son las diferencias significativas entre dos condiciones o grupos. Un tamaño de 0,38 o superior es muy considerable. Otro estudio español reveló una discriminación en la misma dirección.[13]

En otra investigación de 2021[14] se reveló que entre el 17 % y 29 % de los trabajadores de cincuenta y cinco años o más se sintieron tratados injustamente debido a su edad en conexión con solicitudes de empleo, operaciones comerciales rutinarias, cambios organizacionales y oportunidades de promoción. Más alarmante aún es una encuesta de 2021 de la Asociación Americana de Personas Jubiladas (AARP, por sus siglas en inglés),[15] que encontró que el 78 % de personas entre los cuarenta y los sesenta y cinco años habían visto o experimentado discriminación por edad en su lugar de trabajo. Esta cifra sugiere que el problema está empeorando en lugar de mejorar.

Los datos más recientes indican que seis de cada diez trabajadores de cincuenta años o más han visto o experimentado formas sutiles de discriminación por edad en el trabajo. Casi dos tercios de adultos de cincuenta años o más en la fuerza laboral (64 %) piensan que los trabajadores mayores enfrentan discriminación por edad. Builder[16] resume que encuestó a ochocientos gerentes de contratación en Estados Unidos y descubrió que el 38 % de ellos admitían revisar solicitudes con sesgo de edad, lo que proporcionaba evidencia directa de que los prejuicios por edad influyen en las decisiones de contratación.

Las mujeres mayores hacen frente a una doble discriminación, que combina prejuicios por edad y género y que crea barreras para su participación laboral continua.[17] Más de la mitad de las aproximadamente cincuenta y dos mil denuncias anuales de discriminación por edad las presentan mujeres, y más de quince mil denuncias se basan tanto en edad como en discriminación de género. Este patrón refleja lo que los académicos han denominado «edadismo de género», ya que se observa que las mujeres mayores experimentan discriminación más severa que los hombres mayores a causa de estándares de belleza y juventud más estrictos aplicados a estas en muchos contextos profesionales.

Debido al edadismo los trabajadores mayores suelen albergar la percepción de que son menos capaces de aprender nuevas habilidades, menos adaptables al cambio, que resultan más costosos y que son menos productivos que los más jóvenes. Estos estereotipos persisten a pesar de que la evidencia demuestra que los trabajadores mayores exhiben mayor lealtad a la organización, menor rotación y niveles comparables o superiores de productividad.

Estos estereotipos se activan durante procesos de evaluación. ¿Hay una reunión el próximo domingo en la plaza del pueblo de personas de cuarenta años o más reivindicando acabar con el edadismo?

Altura, atractivo, peso, calvicie o edad. ¿Perteneces a algún grupo que se beneficia o perjudica por alguna de estas características? ¿Añadimos peso corporal, raza, género u orientación sexual? ¿Echamos un ojo a un estudio de 2004 en que el título ya lo indica todo «Are Emily and Greg more employable than Lakisha and Jamal?».[18]

Los bajos cobran menos.

Los guapos ganan más.

Los mayores no encuentran trabajo por ser mayores.

Los calvos sufren discriminación también.

Los obesos…

Las mujeres…

Los homosexuales…

Los autónomos…

Los emprendedores en tu país…

Los empresarios…

Los trabajadores…

Los deportistas que ganan medallas pero no subvenciones…

Las personas menos inteligentes…

¿Y los mendigos? ¿Existen? Igual son gente ficticia, como decía Manolo García, en «Prefiero el trapecio». Quizá merezca la pena leer la entrevista que David Riudor, un amigo que dirige el pódcast Golden Circle, le hizo a Carmen, una mendiga. O revisar otra que realicé dentro de un ciclo en la universidad a Carmen Tamayo, creadora del proyecto Mujereando, que a través del teatro ayuda a mujeres que atraviesan situaciones de sinhogarismo (±).

Pueden existir miles de discriminaciones que no he citado y con facilidad pertenecemos a una o varias de ellas. Las barreras endo-exogrupo están hechas de plastilina, pero quizá las más peligrosas no son siempre las más mediáticas, sino las que pasan totalmente desapercibidas.

Tendemos a creer que uno es como es y tiene lo que tiene porque de alguna manera se lo ha buscado. Hasta una mente privilegiada como la de Daniel Dennett manifestaba que la suerte se equilibra con el tiempo, aludiendo a que al final prevalece nuestro intento. Nota: es gracioso que coloquemos la voluntad, el foco, el intento, la perseverancia, el insistir o el no abandonar fuera de la influencia genética, ambiental, cultural o social. Esta ceguera nos lleva en ocasiones a extremos, donde hasta al enfermo se le señala por el mero hecho de serlo.

En realidad nadie decide sus genes ni su código postal. Soy consciente de las limitaciones de haber nacido en un barrio de Madrid respecto a hacerlo en uno de Davis en California y de las bondades de haberlo hecho en medio de Yemen en el marco de una guerra cruenta.

Nuestro progreso y prosperidad están influenciados por oportunidades que no siempre tuvimos y de las que no nos damos cuenta. Ser educados con alguien que acabamos de conocer, establecer redes de amistad, mantener la confianza tras una crisis, entender que el error es parte del aprendizaje o apreciar la importancia del entorno no son enseñanzas que estén en el punto de partida para todos.

No puedo saber en realidad quién sufre más discriminación en la sociedad. Es más, no es un asunto cuantitativo. Que haya 4.000 personas suicidadas al año, tres cuartas partes hombres, y en cambio 1.145 fallecidos por accidente de tráfico o 97 mujeres asesinadas por violencia de género (según datos de 2022) no convierte 97 o 1.145 en un número «menor». Sencillamente hablamos de seres humanos, de sistemas que deben mejorarse, visibilizarse y solucionarse.

Nuestra empatía nos lleva a vibrar y resonar con los iguales. En el rodaje de *El planeta de los simios* (1968), los intérpretes disfrazados de simios comenzaron a agruparse a la hora de la comida en mesas separadas de los que no llevaban maquillaje. Los actores caracterizados como orangutanes, chimpancés y gorilas se sentaban juntos. Como puedes deducir, esto sucede sin darnos cuenta, por mimetismo como en este ejemplo cinematográfico, por sesgos, costumbres, creencias e ideas preconcebidas. Bajo nuestra empatía se refleja la profecía auto-cumplida hacia el exogrupo: «Ya sabía yo que este personaje era un golfo».

Pero entonces ¿qué podemos hacer para evitarlo? Quizá saber que discriminamos y somos discriminados, que pertenecemos a endo y a exogrupos, que el contexto social y situacional en el que se produce la interacción empática juega un papel crucial en la modulación de nuestra respuesta, que podemos ser víctimas y verdugos, que es imposible ser empático con todo por recursos, tiempo y atención, y no tanto por insensibilidad.

Quizá toca ser más consciente de estos seis factores:

Vínculo: tendemos a manifestar respuestas empáticas hacia personas con las que tenemos vínculos afectivos cercanos, los nuestros. Pero nos puede llevar a tribalismos viscerales llegado el caso.

Justicia: la persona merece o no nuestra empatía, en función de la justicia de su situación o su responsabilidad en ella. Empatizamos más fácilmente con aquellos que percibimos como víctimas inocentes de circunstancias injustas, y menos con quienes consideramos responsables de su propio sufrimiento. Es más probable que sintamos una fuerte empatía hacia alguien que sufre debido a un cáncer de pulmón por intoxicación que hacia alguien que lo tiene por fumar durante treinta años.

Esta percepción de justicia, sobre la que se basa todo nuestro sistema judicial y social, parte de la asunción del libre albedrío por las personas. Creemos que, salvo enfermedad mental o fuerza mayor, podríamos haber elegido otra opción, por lo que al escoger la errónea, la persona que ejecuta esa decisión es merecedora de castigo, pérdida de derechos o algo similar.

«Haber estudiado más», «no haber bebido», «haberte esforzado más», «podías no comer patatas fritas, pero lo hiciste», «entrenaste solo tres horas al día cuando los campeones entrenan seis», «abandonaste tras cuarenta y cinco fracasos cuando Bezos lo intentó cuarenta y siete».

Te animo a que veas que el libre albedrío en realidad está influenciado a niveles insospechados por miles de procesos que no elegimos: cultura, sociedad, código postal y genético. Si lo haces, te proporcionará una empatía radicalmente más inteligente.

Similitud percibida: puede ser en términos de características demográficas, valores, experiencias o incluso preferencias. Empatizamos más fácilmente con los que percibimos similares a nosotros. Lo vimos en la neuroimagen de Singer, hay más activación en redes de empatía si el sufrimiento es de personas similares a nosotros. Sí, empatizamos más con un ucraniano, al que percibimos más cercano, que con una víctima del genocidio de Ruanda. No obstante, esta limitación puede superarse.

Genética: los estudios con gemelos han estimado que un tercio aproximado de la variabilidad en la empatía puede atribuirse a factores genéticos. Sí, hay gente más empática de base y otros que de cuna no vienen tan preparados para ello.

Se han identificado genes candidatos que podrían estar implicados en la capacidad empática, relacionados con la oxitocina y la vasopresina, neuropéptidos que desempeñan un papel importante en el comportamiento social y el vínculo afectivo.

Memoria: nuestras experiencias vitales moldean la empatía, con frecuencia reduciéndola. Acumulamos cicatrices producidas no por falta sino por exceso de ayuda al otro. Recuerdo un momento duro de mi vida en que mi padre, en un alarde de sinceridad paterna extrema, literalmente me dijo: «Te pasa lo que a mí, que eres gilipollas». Lo dijo, por extraño que resulte, de forma muy cariñosa y cercana, para animarme a dejar de ser un bobo empático. El problema es que en muchas ocasiones sentimos que dejar de ser bobos implica ya no ser generosos. Y eso contradice como bien sabes una tendencia social y natural del cerebro.

Personalidad: la empatía está relacionada positivamente con la amabilidad, la apertura a la experiencia y la extraversión, y de forma negativa con el narcisismo y la psicopatía, como veremos. La «empatía disposicional» varía de manera considerable entre individuos. Hay personas a las que les resulta natural el comportamiento prosocial, el altruismo, el voluntariado y la donación a causas benéficas.

Quizá todo esto sea suficiente para no sucumbir a la dimensión interior-exterior de la empatía. Normalmente, nuestro grupo no tiene como objetivo la verdad o la coherencia interna, sino el poder del tribalismo.

Lo más sensato ante los otros, ante lo nuevo, lo desconocido o lo diferente es acercarse a ello con curiosidad, con escepticismo, pero con apertura. Actúa como un científico al considerarlo como una hipótesis, no como un atentado contra tu himno y bandera.

Reflexiona sobre si de verdad conoces esa propuesta ajena, esa visión del otro, ese tema que los diferentes proponen. ¿Sabes cómo funcionan los impuestos? Un amigo se quejaba de que se los gastaba el Gobierno central en vez de dedicarlos a educación en su barrio, pero desconocía que el 50 % se los lleva su comunidad autónoma, ¡y que controla la educación! ¿Somos expertos en geopolítica internacional? Ese cuñado que lo sabe todo sobre el Mossad y el MI6. ¿Son todos los funcionarios seres faltos de vocación y vagos perennes? No me lo parecen mis amigos sanitarios que trabajan en varios hospitales. ¿Son seres sin valores los empresarios por el hecho de serlo? Conozco a muchísimos que son generosos, trabajadores y honestos.

Tal vez al mundo le sobra nuestro tertuliano interno, pero a uno mismo también. Se vive mejor «sin saber tanto», en la medida en que ese saber visceral que nos cocina en nuestro propio estrés neuroquímico está basado en sesgos, atribuciones y discriminaciones varias. Ser tajantes y rígidos careciendo de datos reales no es arrojo, sino pobreza de discernimiento.

Pero ¿por qué estamos tan seguros de eso que no conocemos? Quizá se deba a dos factores que operan en conjunto. La necesidad de cierre ante la incertidumbre nos lleva a tener una respuesta, aunque sea falsa, antes que permanecer en la duda metódica, agotadora. Lo suyo más que repetir lemas, sería cuestionarlos. En vez de copiar convicciones certeras, confrontarlas. No quiero decir en absoluto que toda clasificación endo y exogrupo sea equivocada, pues muchas de esas identificaciones nos mueven, nos incitan unión y alegría con los propios. Pero conviene cuidar la fusión con ellas por el doble carácter de la tercera dimensión. Además de poder estar en los dos lados según la categoría que te toque, se puede considerar una tercera vía: la no posición. Así me lo enseñó Emanuele Valenti, profesor de bioética en la Universidad de Warwick. Emanuele nos mostraba en sus clases numerosos casos históricos donde aparecían conflictos bioéticos. Nos animaba a no posicionarnos de antemano y a analizar cada caso e incluso y defender la no posición.

En definitiva, se puede ser de uno o de otro grupo, pero también no ser de ninguno, y también de los dos. No se trata de rechazar la dimensión tribal de la empatía, sino de verla en su contexto, voluble, impreciso y categórico.

Las etiquetas de identidad social pueden funcionar no solo como limitantes de la empatía, sino, tal como Malala nos enseñó, como poderosas plataformas para expandirla.

EJERCICIO

Transformar la empatía idealizada

Vamos a comprobar si nosotros somos los buenos y tenemos patrones de empatía romántica o idealizada.

Procedimiento

1. Identifica tres situaciones donde hayas practicado «empatía idealizada»:
   —Romantización de culturas o grupos marginados.
   —Idealización de personas en situaciones de vulnerabilidad.
   —Características únicas de tu grupo tipo «nosotros, los de X, es que somos Y, Z, T de especiales».
2. Para cada situación, analiza:
   —¿Qué aspectos de la realidad compleja estabas ignorando?
3. Reescribe cada situación desde una perspectiva de «empatía realista»:
   —Reconoce la complejidad y las contradicciones.
   —Honra la agencia y los recursos de las personas/grupos.
   —Admite los límites de tu comprensión.

Reflexión profunda

¿De qué manera la empatía idealizada te condiciona?

¿Qué incomodidades evitas al mantener una visión simplificada del otro?

¿Cómo cambia todo cuando permites que el otro sea complejo, contradictorio y plenamente humano?

$$12$$

Las etiquetas del yo y los círculos de Dunbar

En el año 1093, en la isla de Lindisfarne, al noreste de Inglaterra, el monasterio benedictino de St. Cuthbert funcionaba como un microcosmos social estructurado a la perfección. Según los registros conservados por el hermano Aelfric, bibliotecario del monasterio, la comunidad estaba compuesta por ciento cincuenta personas: treinta y ocho monjes, cuarenta y dos novicios, veintisiete sirvientes, dieciocho artesanos, quince trabajadores agrícolas y diez guardias.

Esta cifra no era casualidad. El abad Oswald, quien había estudiado los escritos de Aristóteles sobre organización social, creía firmemente que existía un «número natural» para las comunidades humanas, más allá del cual la cohesión social comenzaba a deteriorarse.

Los registros de Aelfric documentan cómo funcionaba la vida cotidiana. Cada monje conocía a todos los demás miembros de la comunidad y recordaba no solo sus nombres, sino también sus historias personales, fortalezas, debilidades y relaciones. El abad podía recitar de memoria las circunstancias familiares de cada sirviente y artesano.

Sin embargo, cuando el monasterio prosperó y su reputación creció, se enfrentaron a una crisis. En 1107, tras una donación de tierras, el número de residentes aumentó a casi doscientas treinta personas. Los registros de Aelfric muestran que comenzaron a surgir problemas: formación de facciones, conflictos internos y lo más revelador: una disminución en la capacidad de los monjes para mantener relaciones personales significativas con todos los miembros.

El abad Oswald implementó un sistema innovador. Dividió la comunidad en «familias» de aproximadamente cincuenta personas, cada una con su propio subprior. Dentro de estas unidades, todos mantenían relaciones personales directas. Entre las diferentes «familias», estableció un sistema de representantes que servían como puentes de comunicación.

Los registros muestran que esta reorganización fue exitosa. La cohesión social se restauró, y el monasterio prosperó durante siglos hasta la disolución de los monasterios en 1536 bajo el gobierno de Enrique VIII.

Cuando los arqueólogos excavaron el sitio en la década de los cincuenta, descubrieron que la arquitectura del monasterio reflejaba exactamente esta organización social: un gran claustro central donde la comunidad podía reunirse para ocasiones importantes, rodeado por otros tres más pequeños donde las «familias» vivían su vida cotidiana.

El número de Dunbar establece que los seres humanos pueden mantener unas ciento cincuenta relaciones sociales estables debido a limitaciones cognitivas relacionadas con el tamaño del neocórtex.[1] Nos hemos preguntado qué hay más allá de esta cifra de los nuestros y nos encontramos con la dimensión dentro-fuera de la empatía, los otros. Por fortuna, las fronteras grupales y la alta diversidad de los grupos hacen que todos tengamos más afinidades, no solo ser de Klee o de Kandinski, sino, a veces, de no pertenecer a ninguno o a los dos.

Vivimos, no obstante, en una era caracterizada por la hiperconectividad digital y la globalización de las relaciones sociales. Si en realidad tenemos límites cognitivos de nuestras capacidades sociales como Dunbar propone, es crucial entenderlo para abordar la fatiga de las redes sociales, la polarización política y esta terrible y paradójica epidemia de soledad en nuestras sociedades aparentemente hiperconectadas.[2]

Pero un hecho que me ha llamado muchísimo la atención sobre el número de Dunbar a lo largo de mi vida es una especie de contradicción aparente en algunas personas cuando muestran una gran empatía y disposición a ayudar a individuos lejanos y desconocidos, mientras que para las relaciones cercanas y significativas de su entorno inmediato se muestran esquivos. Durante casi siete años de mi vida que fueron para mí eternos sufrí un dolor crónico insoportable en el que no obtenía alivio alguno con fármacos, dietas, suplementos, terapias y tratamientos. Me quedé bastante solo, en parte porque me era imposible relacionarme, salir o seguir un ritmo de vida normal. Además, bastante tenían los otros con seguir sus quehaceres cotidianos. Pero también es cierto que personas que hasta entonces se suponían muy cercanas, y que eran los primeros en apadrinar a un niño, realizar donaciones a

ONG o defender los derechos de las minorías, no estaban cerca; más bien parecieron huir. Pudiera ser por características de este que escribe, pero lo cierto es que este fenómeno les sucede en muchas ocasiones a otras personas. Lo llamo la empatía lejana.

De alguna manera contradice el número de Dunbar y lo que hemos visto del endo y exogrupo. Vamos a analizarlo.

Los empáticos lejanos pueden movilizarse masivamente para ayudar a víctimas de desastres naturales en países remotos, realizar donaciones generosas a causas humanitarias o expresar profunda preocupación por injusticias sociales distantes, y a la vez mostrar indiferencia hacia las necesidades de sus vecinos, colegas o incluso familiares.[3]

¿Quizá es que el número de Dunbar tiene fallos metodológicos importantes?

Dunbar recopiló datos de 38 géneros de primates y examinó la relación entre el volumen relativo del neocórtex y el tamaño promedio de los grupos sociales.[4] Utilizando esa correlación extrapoló los datos al tamaño promedio del cerebro humano y calculó una predicción de unos 148 individuos. Para comunicarlo de forma práctica lo redondeó a 150. En su extrapolación, estableció un intervalo de confianza que oscilaba entre 100 y 230 individuos, lo que indica una posible variabilidad muy grande.[5]

El neocórtex, la región cerebral asociada al procesamiento del lenguaje, la planificación y la cognición social, impone limitaciones fundamentales en la capacidad de un organismo para rastrear y mantener relaciones sociales complejas.[6] Como bien sabemos, cada relación requiere recursos para poder recordar la historia de interacciones con tus amigos y conocidos, predecir sus comportamientos futuros y navegar las dinámicas sociales complejas que nos caracterizan.

Como vimos, la hipótesis del cerebro social propone que la evolución de cerebros más grandes en los primates fue impulsada principalmente por las demandas cognitivas de la vida social, más que por desafíos ecológicos como la búsqueda de alimento o la evitación de depredadores.[7] Dunbar calculó que para mantener un grupo de ciento cincuenta individuos cohesionado, casi el 42 % del tiempo disponible tendría que dedicarse al acicalamiento social, lo cual sería insostenible desde el punto de vista energético y de supervivencia. Esta observación lo llevó a proponer que el lenguaje humano evolucionó como una forma «económica» de acicalamiento social, permitiendo a los humanos mantener vínculos de manera más eficiente que a través del acicalamiento físico directo.[8] No parece descabellado, dado el tiempo que muchos humanos dedican al chismorreo. Cada vez que saludas a un vecino, es probable que tras unos segundos comente con otro qué sucede en tu garaje cuando llevas meses con la instalación hecha para un vehículo eléctrico y sin embargo no hay ningún coche. La respuesta es muy sencilla: estaba esperando un posible viaje al extranjero que retrasaría la compra. O una segunda, esperaba la salida de un modelo al mercado. Uno nunca imaginaría que es muy importante el vacío que muestra tu plaza de garaje, pero gracias a Dunbar lo comprendo muy bien. La mayoría dedica mucho tiempo, a través del lenguaje, a actualizar la vida social de la comunidad en la que vivimos.

Dunbar examinó la literatura antropológica y etnográfica en busca de evidencia sobre los tamaños naturales de grupos humanos. Su análisis reveló una estructura jerárquica notable en las sociedades humanas, particularmente en las de cazadores-recolectores, que representan la forma de organización social más cercana a las condiciones ancestrales humanas.[9]

En esa estructura se observan múltiples niveles de organización social: primero familias nucleares (3-5 individuos), luego bandas extendidas (30-50 individuos) y después grupos de linaje cultural (100-200 individuos) y tribus (500-2.500 individuos).

Resulta interesante el nivel intermedio de esta jerarquía, correspondiente a los grupos de linaje cultural, que se aproxima bastante a la predicción de ciento cincuenta individuos de Dunbar.

También analizó gran variedad de contextos históricos y culturales, incluidas aldeas neolíticas, asentamientos huteritas (una comunidad religiosa que tradicionalmente se divide cuando alcanza unos ciento cincuenta miembros), unidades militares básicas desde la antigüedad romana hasta los tiempos modernos, y el tamaño óptimo de departamentos académicos en universidades.[10] Como puedes deducir, nos encontramos ante un académico excepcional con décadas de investigación y rigor a sus espaldas.

El número de Dunbar encontró aplicaciones en contextos modernos. Personalmente me ha servido para tener en cuenta posibles dinámicas, alianzas, rupturas en comunidades y grupos dentro de organizaciones. Algunas empresas estructuraron sus instalaciones de fabricación con equipos de trabajo por debajo de ciento cincuenta empleados para facilitar la comunicación directa y la cohesión organizacional.[11] En la organización empresarial, doy fe, las empresas reportan mejoras en comunicación y cohesión cuando se estructuran alrededor del número de Dunbar.[12]

Siguiendo este patrón, la Skatteverket (la autoridad fiscal sueca) reestructuró sus oficinas para mantenerse dentro del umbral de las ciento cincuenta personas para optimizar la eficiencia y la colaboración.

Los desarrolladores digitales también han utilizado este concepto para establecer límites en el número de conexiones activas que los usuarios pueden mantener.[13]

En aplicaciones en el desarrollo de algoritmos de detección de *bots* y *software* de seguridad para redes de comunicación también aparece esta cifra, dado que si se exceden significativamente los límites de Dunbar podría indicar actividad de *bots* maliciosos.[14]

Por supuesto, no todos los miembros de estos ciento cincuenta están al mismo nivel. Las relaciones sociales humanas se organizan en una estructura jerárquica de capas concéntricas, cada una con características y funciones distintas.[15] El círculo íntimo incluye a unos 5 individuos (familia nuclear o amigos más cercanos), después hay una capa de otros 15 (familia extendida y amigos íntimos), otra de 50 (grupo social significativo), la del 150 (red social estable), y luego una de unos 500 (conocidos significativos) y de 1.500 (individuos reconocibles).[16] Trabajaremos esto en los ejercicios, pero te adelanto que da mucho juego y autoconocimiento.

Esta estructura refleja diferencias cualitativas en la intensidad de nuestras relaciones en cada capa. Dedicamos más tiempo y esfuerzo a un hijo que al cuñado de un amigo lejano con el que coincidimos en el autobús por las mañanas.[17]

Es decir, el patrón es muy robusto. Se reflejan claramente las limitaciones cognitivas fundamentales en la capacidad humana para procesar y mantener relaciones sociales de diferentes niveles de complejidad e intimidad.

Dunbar recibió críticas metodológicas, pero como buen científico ha ido respondiendo con más datos y argumentos (±). La contundencia de sus hallazgos es notable. La estructura jerárquica de capas con valores específicos (1,5, 5, 15, 50, 150, 500, 1.500, 5.000) aparece no solo en el mundo cara a cara, sino también en medios digitales de comunicación social como llamadas telefónicas, mensajes de texto, Facebook y X (anteriormente Twitter).[18, 19] Incluso en entornos de juegos multijugador en línea, donde las limitaciones físicas y geográficas están ausentes, emergen los mismos patrones de organización social.[20]

Esta consistencia cross-cultural y cross-tecnológica es difícil de explicar sin invocar las limitaciones cognitivas subyacentes que más allá de factores culturales específicos nos llevan a seleccionar cuántos pueden ser los nuestros y conocidos.[21]

Puede que pienses que no todos formamos parte de ese ciento cincuenta y que existen diferencias individuales dentro de esta limitación de a cuántos puedo atender. Hasta cierto punto sí y Dunbar lo tiene en cuenta. Existe variación debido a factores como género, edad, personalidad y circunstancias sociales.[22] Los extrovertidos tienden a tener redes más amplias pero con relaciones menos intensas, mientras que los introvertidos nos concentramos en grupos más pequeños de contactos muy cercanos. Una lanza a favor de los introvertidos: nos gusta socializar en grupos pequeños, no tiene nada que ver con la timidez, un mito común. Las mujeres en general tienen un poco más de contactos en las capas más cercanas de sus redes sociales.[23]

Este modelo, tras treinta años de investigación, se muestra consolidado en el ámbito científico actual.[24]

¿Cómo entender la empatía lejana? Porque lo cierto es que nos puede provocar dolor y sorpresa que ese que se moviliza en favor de buenas causas permanezca inmóvil o ausente ante tu necesidad.

Comprendamos primero el «efecto de víctima identificable». Este es una tendencia de las personas a ofrecer mayor ayuda cuando se observa a una persona específica e identificable en dificultades, en comparación con un grupo grande y vagamente definido con la misma necesidad.[25]

Primero, se identifica una víctima específica, y de este modo se genera un proceso de individualización. Al individualizar lo que está muy lejano lo tratamos como si fuera una relación interpersonal.[26] De hecho, puedes advertirlo en muchísimos anuncios que tratan de sensibilizarnos hacia las víctimas de guerras, catástrofes naturales o actos terroristas. Se presenta a una víctima con nombre, fotografía y otros detalles personales para que de este modo construyamos una narrativa personal y empática. En lugar de procesar información sobre un grupo grande y abstracto, nos enfocamos en una sola persona, como si fuera alguien dentro de tu círculo de Dunbar.[27]

Ya sabemos que los sistemas neurales de empatía están evolutivamente construidos para responder al estrés en individuos específicos[28] y que la observación de sufrimiento en otros activa regiones del cerebro social. Los mecanismos neurales subyacentes a la empatía lejana pueden ser los mismos que sustentan las relaciones dentro del círculo de Dunbar. Pero aquí está la clave. Las relaciones dentro del círculo de Dunbar requieren esfuerzo y de alguna manera compromiso, lo que implica coherencia, estabilidad e implicación.[29]

Por el contrario, la empatía lejana incluye episodios emocionales intensos pero muy limitados en el tiempo. La lejana no requiere el mantenimiento a largo plazo de las relaciones sociales estables.[30]

Además, las relaciones dentro del círculo involucran empatía cognitiva compleja, mientras que la empatía lejana puede depender más de la afectiva.[31]

Dicho de otro modo, aparece por tanto la paradoja de la proximidad social. Ciertos individuos muestran mayor disposición a ayudar a extraños distantes que a personas en su entorno inmediato.[32] Es una empatía que tal vez favorezca el autoengaño. «Soy bueno porque resueno con el sufrimiento de otros, además ayudo, pero en realidad no cambia nada mi agenda, mi día a día, mis metas, mis sueños, mis horarios, mis *hobbies*, mis proyectos y mis dinámicas porque esa empatía lejana no tiene el poder de modificarlos. ¿Es una falsa empatía? En realidad no, porque utiliza mecanismos empáticos, pero los controla de alguna manera para que no nos sobrepasen o modifiquen nuestras acciones.

La teoría de la distancia psicológica nos ayuda a entender esta relación entre el número de Dunbar y la empatía lejana.[33] Los eventos distantes tienden a ser procesados de manera más abstracta e idealizada, mientras que los cercanos son más concretos y realistas.[34] Las víctimas lejanas son idealizadas, sin las complejidades y las ambigüedades de tus relaciones sociales reales.[35] Con los lejanos desaparecen las historias de conflicto, las expectativas mutuas complejas o la necesidad de tener en cuenta qué implica mi empatía si te ayudo directamente en tu vida y en la mía. La distancia psicológica la vinculamos también a la moral desde un punto de vista idealista. Cuando las personas consideran eventos distantes, se enfocan en valores abstractos y principios morales. Cuando analizamos mediante la lógica nos toca ver el sentido práctico del asunto y sus consecuencias específicas.[36] Y eso cuesta, neuronal y psicológicamente.

La comunicación digital ha amplificado la empatía lejana. Aparecen nuevas oportunidades para respuestas empáticas hacia víctimas distantes y a la vez se evaporan las relaciones sociales locales.[37] Es maravilloso encontrar formas de cooperación global y solidaridad internacional, esenciales para abordar desafíos globales como el cambio climático, la pobreza y las crisis humanitarias.[38] Pero, por otro lado, puede contribuir a la «fatiga empática» al exponernos constantemente a necesidades. No solo eso, también, como hemos visto, sustituye lo cercano con alta implicación y responsabilidad por lo lejano idealizado.[39]

Toca observar en nuestros círculos si cuando hay empatía lejana en algunas personas es una extensión del endogrupo o una evitación del compromiso que también aparece en la empatía educada (±). Es maravilloso que podamos aplicar una solidaridad internacional y cooperación global.[40] Pero será un desastre contribuir a la erosión de los vínculos cercanos.[41]

Que nuestra empatía dentro-fuera no nos pille con la casa sin barrer. Quizá la respuesta esté en el monasterio benedictino de St. Cuthbert. Cuando tuvieron que ampliar el número para ser empáticos con un mayor número de personas, nuevas o desconocidas, no lo hicieron a costa de los que ya estaban.

EJERCICIO

Tus círculos de Dunbar

En una hoja grande explorarás tus propios círculos y sus implicaciones.

Procedimiento

1. Escribe el nombre de aquellos que forman tu círculo íntimo (aproximadamente de 1-5 personas).
2. Repite esto para tu círculo de conocidos y cercanos (hasta 15 personas).
3. Ahora define tu tercer círculo de individuos con los que tienes alguna relación y a los que conoces (hasta 50 personas).
4. Anota, aunque no la conozcas personalmente, a gente que podría estar en el círculo más externo (hasta 150).
5. Mira los círculos.
   —¿Qué te sugieren?
   —¿Hay en ellos muchas personas o pocas?
   —¿Muchos son lejanos y pocos cercanos?
   —¿Son estables, reales y fiables esos círculos?

Reflexión profunda

Escribe una nota que comience así: «En mi vida las personas ocupan un lugar en…».

13

La contraempatía

El 21 de diciembre de 1989, en la plaza del palacio de Bucarest, el dictador rumano Nicolae Ceaușescu organizó un mitin masivo para reforzar su poder tras las recientes revoluciones en otros países del bloque soviético. Durante veinticuatro años, había gobernado Rumania con puño de hierro, creando un culto a su personalidad mientras sumía al país en pobreza extrema y represión.

Ante cien mil personas cuidadosamente seleccionadas y vigiladas por la temida policía secreta Securitate, Ceaușescu comenzó su discurso habitual alabando los «logros del socialismo rumano». Las primeras filas, compuestas por miembros del partido y funcionarios, aplaudían de forma mecánica como siempre lo habían hecho.

De repente, desde el fondo de la plaza, surgieron abucheos aislados. En cuestión de segundos, estos se transformaron en gritos de «¡Timișoara!», en referencia a la ciudad donde días antes las fuerzas de seguridad habían masacrado a manifestantes. La expresión de Ceaușescu, transmitida en vivo por la televisión estatal, pasó de la confianza al desconcierto y luego al miedo puro.

Lo extraordinario fue lo que sucedió después. Como describió un testigo: «Fue como si una corriente eléctrica recorriera la multitud». Personas que minutos antes fingían adoración al dictador comenzaron a gritar consignas contra él, los funcionarios que habían dedicado sus carreras al régimen se unieron a los cánticos. La multitud, que durante décadas había vivido bajo un miedo paralizante, experimentó una transformación colectiva instantánea.

Las cámaras captaron el momento exacto en que Ceaușescu intentó calmar a la multitud levantando las manos, solo para ver que la respuesta a su gesto eran más abucheos. Un guardia lo empujó hacia atrás mientras la transmisión se interrumpía abruptamente.

Al día siguiente, cuando Ceaușescu y su esposa Elena intentaban escapar en helicóptero, el piloto, que había sido leal al régimen durante años, fingió problemas mecánicos y aterrizó para entregarlos a los revolucionarios. Tras un juicio sumario, ambos fueron ejecutados por un pelotón de fusilamiento el día de Navidad.

Lo más revelador fueron los testimonios posteriores de personas que habían estado en la plaza. Un antiguo funcionario confesó: «Durante años sentí miedo y fingí admiración. En ese momento, al ver que otros se atrevían a expresar lo que yo sentía, experimenté una alegría feroz que nunca había sentido antes».

Hay empatía. Esa donde mi dolor es tu dolor y donde te siento y te comprendo.

Pero también existe lo contrario: la contraempatía.

Hay reacciones que son incongruentes y opuestas a los estados emocionales percibidos en los demás.[1] Sentir placer ante el infortunio ajeno (*Schadenfreude*), experimentar envidia ante el éxito de otro o mostrar indiferencia e incluso hostilidad ante el sufrimiento ajeno son algunos ejemplos de contraempatía.

La contraempatía se encuentra en la base de muchos conflictos intergrupales, puesto que alimenta la deshumanización y dificulta la resolución pacífica de un conflicto. Se define como una respuesta emocional cuya valencia es opuesta o incongruente con el estado emocional percibido o inferido en otra persona.[2, 3]

La contraempatía implica una disonancia: alegría ante la tristeza ajena o malestar ante la alegría ajena. Va mucho más allá de la ausencia de empatía o de una esperada neutralidad ante alguien que no conozco bien. Más bien se opone radicalmente a la emoción observada. Ya hemos explorado el endo y el exogrupo, pero el concepto de contraempatía nos ayuda a entender su gradación.

La ciencia distingue entre contraempatía «fuerte» y «débil».[4] La fuerte implica una inversión emocional completa y requiere prejuicios intensos hacia el objetivo. Como vimos, se relaciona con la activación neural de áreas asociadas a la recompensa al observar el sufrimiento del otro.[5]

La débil es más bien una simple atenuación en la respuesta empática, en vez de hostilidad activa, y prioriza los propios intereses sobre los ajenos en contextos de distribución injusta de recursos.[6]

Ya conocemos el carácter parroquial. Las respuestas emocionales no son automáticas ni indiscriminadas y, por ello, la empatía no puede ser la solución simple al mundo, ya que está mediada por el contexto, las relaciones preexistentes y la identidad grupal.[7]

Lanzetta y Englis en 1989 llamaron a sus resultados «respuestas emocionales vicarias antagonistas» al demostrar que las reacciones empáticas pueden invertirse en contextos competitivos. Cuando los participantes observaban a rivales recibir estímulos adversos (como descargas eléctricas), exhibían respuestas fisiológicas de placer (sudoración, sonrisas) ante su sufrimiento. En otro trabajo los participantes imitaban de forma automática la sonrisa o el ceño fruncido de otro si lo evaluaban como un posible colaborador. Si la relación era de rivalidad, sonreían al ver sufrir al otro y fruncían el ceño cuando este recibía una recompensa. En definitiva, no tratamos igual a los admiradores de Klee que a los de Kandinski.

Todo esto nos sirve para ampliar esa crítica al *mirroring* cuando hablamos de empatía primitiva mediante contagio pupilar e imitación de gestos. Reaccionamos en contra del vendedor falso, generando la emoción contraria en cuanto vemos que estamos ante un verdadero estafador. Bostezamos por contagio, pero más si los que bostezan son amigos cercanos. Lloramos si el otro llora, pero no tanto si se trata de un bebé que tiene calor o le cuesta quedarse dormido.

En política partidista, los electores muestran placer ante la derrota de los adversarios de su partido;[8] en deportes, los aficionados a veces experimentan alegría ante las lesiones de los rivales,[9] e incluso en *marketing*, los consumidores desean activamente el fracaso de las marcas competidoras.[10] La dinámica competitiva modula las respuestas emocionales. La imitación facial es inhibida en contextos de rivalidad, pudiendo invertirse cuando existe hostilidad.[11]

Podemos diferenciar varias emociones contraempáticas que emergen de comparaciones sociales.

La envidia es una molestia intensa por la posesión ajena de un bien deseado que conlleva rumiación obsesiva y sentimientos de injusticia.[12] Activa la ínsula anterior (que causa dolor físico y emocional) y la corteza prefrontal (que evalúa el estatus social).[13] Implica una tensión activa entre el deseo y la frustración y puede motivar conductas de superación o sabotaje.

La envidia que experimentamos al sentir malestar ante la buena fortuna o las posesiones de otro expresa una manifestación clara de contraempatía.[14] Para sentir envidia hay que partir de un supuesto que rara vez es cierto: el otro tiene lo que a mí me corresponde. En realidad, lo que el otro tiene podría ser por mérito propio o incluso azar, pero rara vez es porque estaba destinado a ser para nosotros. Envidiar es una respuesta contraempática, corrosiva, inútil y muy ubicua. Se la puede encontrar en cualquier sitio precisamente porque pocas personas son capaces de reconocerla y porque no estamos acostumbrados a la buena costumbre de alegrarnos por los triunfos de los demás.

Sin embargo, es necesario adquirir esta habilidad, porque la envidia genera un sufrimiento multisistémico bien documentado. Entre algunos de sus efectos destacan los siguientes: dispara el riesgo de depresión[15] y ansiedad,[16] induce el estrés fisiológico crónico,[17] altera el sueño reduciendo hasta un 42 % la fase REM,[18] promueve el aislamiento social al activar nuestros conocidos circuitos de dolor social,[19] y además reduce el apoyo interpersonal[20] y distorsiona la cognición al devaluar de forma enrevesada el éxito ajeno.[21] Es tan autodestructiva que permite sabotear a otros aunque eso implique perder beneficios propios.[22] Teniendo en cuenta todo esto, no es extraño que acorte la esperanza de vida[23] o que nos paralice con tanta comparación social disfuncional.[24] Si lo examinamos desde la lógica, resulta evidente que no merece la pena, pero abre bien los ojos y verás dolor por el triunfo del otro, día tras día.

La *Schadenfreude*, en cambio, implica como ya hemos visto, experimentar placer o satisfacción ante el infortunio ajeno, pero sin que necesariamente exista un deseo previo de poseer lo que el otro tiene. Surge en contextos de rivalidad grupal (alegrarse cuando fracasa un equipo deportivo oponente) o cuando se percibe que el sufrimiento del otro «restaura la justicia» (un corrupto que es arrestado). También se asocia con la activación del núcleo accumbens (recompensa cerebral), en especial cuando la víctima pertenece a un grupo externo.[25] Esta activación sugiere que, en determinados contextos, el cerebro procesa el malestar ajeno como un evento positivo y gratificante.[26] A diferencia de la envidia, no requiere sentimientos de inferioridad personal.

Por el contrario, el llamado *Glückschmerz* (del alemán *glück*, «suerte o felicidad» y *schmerz*, «dolor») implica malestar, resentimiento o tristeza ante el éxito o la felicidad del otro, incluso sin mediar una comparación directa con las propias carencias. Es una respuesta contraempática;

el *Glückschmerz* produce dolor, suele desencadenarse en relaciones asimétricas (un amigo que logra un objetivo que tú no alcanzaste) y se vincula a una autoestima frágil.[27] A diferencia de la envidia, no incluye el deseo de obtener lo que el otro posee, sino una reacción emocional negativa pura ante su alegría.

La rivalidad entre Mozart y Salieri nos sirve para comprender estas emociones. Mozart, con su genio irreverente y su capacidad para componer obras maestras sin esfuerzo aparente, representaba todo lo que Salieri había conseguido a través de años de disciplina metódica. Mientras Salieri componía siguiendo reglas estrictas, Mozart las reinventaba. Donde Salieri pulía cada nota durante semanas, Mozart parecía improvisar sinfonías completas en su cabeza. En 1786, cuando Mozart estrenó *Las bodas de Fígaro*, Salieri asistió al estreno. Tras bambalinas, lo felicitó con palabras medidas mientras sus manos temblaban ligeramente. En su diario privado, encontrado décadas después de su muerte, Salieri escribió: «Hoy he presenciado algo que me ha llenado simultáneamente de admiración y desesperación. La música de Mozart posee una belleza que yo jamás alcanzaré, por muchos años que dedique a mi arte. Siento vergüenza al admitir que parte de mí desearía que fracasara, solo para no sentirme tan insignificante».

En 1791, cuando Mozart enfermó de gravedad, circularon rumores de que Salieri lo había envenenado. Aunque estas acusaciones carecían de fundamento, Salieri quedó marcado por la sospecha. Este caso histórico, aunque mitificado, ilustra a la perfección la dualidad de la *Schadenfreude/Gluckschmerz*. Salieri experimentaba *Schadenfreude* (alegría por el infortunio ajeno) cuando Mozart fracasaba, y *Gluckschmerz* (dolor por el éxito ajeno) cuando triunfaba. Estas emociones contraempáticas surgen sobre todo en contextos de comparación social y rivalidad, donde el éxito o el fracaso del otro se percibe como relacionado con nuestro valor, revelando cómo la empatía puede distorsionarse cuando está filtrada por la inseguridad y la competencia.

Queda claro que estas tres emociones sociales prevalecen cuando estamos en entornos competitivos contra miembros de grupos externos o rivales (exogrupo).[28] Uno de los detalles en los que me fijo mucho en las organizaciones, cuando se trata de trabajar con la gestión o el diseño de los equipos, son las características no solo individuales, sino también las identidades sociales y colectivas. Hace unos años un CEO me explicaba dolorido cómo se había producido la traición de parte de su equipo. La lógica era evidente. Le comenté que había seleccionado a gente que conocía de siempre, a la que él mismo había sacado de donde estaban y de igual edad, género e identidad social. Sin saberlo, había construido un equipo que favorecía la envidia, no solo la cooperación.

La contraempatía no es una aberración en sí, sino una faceta intrínseca de la maquinaria socioemocional humana. No surge en el vacío, sino como respuesta a dinámicas específicas. Las situaciones de suma cero, donde el éxito de uno implica el fracaso del otro, son su caldo de cultivo natural.

La contraempatía podría cumplir ciertos roles psicológicos, aunque estos no sean adaptativos a largo plazo. Sentir placer ante el fracaso de un rival puede ayudar a mantener la autoestima o a regular la envidia, y podría servir como un mecanismo de defensa para protegerse ante el sufrimiento de aquellos a quienes percibimos como distantes o amenazantes. Las expresiones de contraempatía podrían asimilarse a señales sociales que nos ayudan a reforzar la cohesión de nuestro grupo marcando claramente las fronteras. En el entorno ancestral, caracterizado por la competencia por los recursos y territorios, resulta probable que la capacidad de «desconectar» la empatía o incluso invertirla haya sido ventajosa. De hecho, si siento placer o indiferencia ante el sufrimiento de un enemigo, me puede facilitar la agresión necesaria para la defensa o la expansión territorial. Un estudio con ratones,[29] donde los machos mostraban menor sensibilidad al dolor propio al observar a un macho rival desconocido sufrir, podría interpretarse como un eco de este tipo de modulación adaptativa en contextos de rivalidad.

Pero la contraempatía no opera de forma indiscriminada ni se basa en contagio ni imitación. Como decía De Waal, «si la angustia siempre generara angustia y la ira siempre generara ira sumisa, los impostores y los más iracundos dominarían un escenario evolutivamente insostenible».[30] La empatía y la contraempatía no son interruptores binarios, sino respuestas ajustables en función de la relación (pariente-extraño, aliado-rival), el contexto (cooperación versus competición) y la evaluación de la situación, donde la polarización social crea un terreno fértil para que florezca. La tercera dimensión en todos sus matices.

¿Es la contraempatía una muestra de baja moralidad?

Podríamos intuir que así es; ya que no suena bello eso de disfrutar del sufrimiento de otros. No me gusta ver peinetas al alza para mofarse de los contrarios cuando gana un equipo o un partido, ni escuchar improperios, mofas o insultos a nuestros políticos, incluso si apuntan a sus equivocaciones. Me temo que todo esto no ayuda, sino que agrava la situación. Pero es que la empatía tampoco es una señal de moral pura, ya que está sesgada hacia el beneficio del grupo propio y está lejos de la justicia o la equidad universal. Así pues, conviene que aterricemos este hecho con todo el conjunto de datos que llevamos revisados hasta ahora.

La empatía desenfocada puede obstaculizar la toma de decisiones morales, racionales y justas. La contraempatía es el otro lado de esa parcialidad inherente. Si la identidad grupal es muy saliente porque tu equipo lo es todo para ti, si el contexto es de conflicto o competencia porque te juegas la final, si te implicas a nivel identitario de esta manera, la contra-empatía hacia el exogrupo puede llegar a percibirse como moralmente justificable. La deshumanización del otro facilita esta inversión moral y, en vez de generarnos vergüenza, nos produce satisfacción. Donde se esperaba humanidad, aparece chulería. Donde lo apropiado es el respeto, emerge la prepotencia.

Un ejemplo clarificador lo aporta un estudio sobre las posturas ante el aborto en Polonia. Para defensores y opositores, el aborto es un asunto moral. Vimos que Scott Curry proponía universales morales. ¿Cómo puede ser entonces? Sencillo: un grupo se centra en algunos de esos y otros en los contrarios.

Los opositores al aborto (movimientos provida) fundamentaron su postura en los principios de pureza/santidad (para ellos el aborto era una profanación de la vida sagrada) y lealtad (vinculada a tradiciones católicas y a la identidad nacional polaca). Según ellos, la prohibición del aborto protegía un orden moral basado en la inviolabilidad de la vida humana desde la concepción, alineado con enseñanzas religiosas y normas culturales arraigadas.[31]

Los defensores del derecho al aborto (movimientos proelección) enfatizaban el cuidado (evitar el sufrimiento de mujeres en embarazos no deseados o de alto riesgo) y la justicia/autonomía (esto es, el derecho a decidir sobre el propio cuerpo). Argumentaban que la criminalización del aborto genera daños concretos: muertes por procedimientos clandestinos y vulneración de los derechos humanos básicos. Ambos grupos se sentían en el lado moralmente correcto.

Algo parecido sucede con las opciones políticas.

Un ejemplo visible es el de Estados Unidos. La división moral predice la intención de voto. Por un lado, los republicanos priorizan la lealtad (la preservación de la identidad nacional y las tradiciones), la autoridad (el respeto a las normas jerárquicas y el orden legal) y la pureza (la defensa de símbolos religiosos o principios culturales sagrados). Sus consignas así lo reflejan: «protege nuestras fronteras» (lealtad) o «respeto a la ley migratoria» (autoridad). Por el contrario, los demócratas enfatizan el cuidado (la protección de los grupos vulnerables) y la justicia/equidad (la reducción de desigualdades). Los mensajes eran: «los *dreamers* merecen oportunidades» (cuidado) o «reforma migratoria justa» (justicia). Presta atención: estadísticamente quienes valoran lealtad, la autoridad y la pureza tienen 7,2 veces más probabilidad de votar al partido republicano y quienes priorizan el cuidado y la justicia tienen 5,8 veces más probabilidad de votar al demócrata. La orientación política ya opera como una expresión de identidad moral.[32]

Y ahora veamos qué ocurre en los cerebros de los votantes. Los electores republicanos muestran activación de la amígdala (involucrada en la detección de amenazas) ante discursos sobre «invasión migratoria», mientras que los demócratas activan la corteza prefrontal dorsolateral (vinculada al razonamiento equitativo) ante mensajes de derechos humanos.[33] Esta asimetría no es solo ideológica, sino que surge de sistemas donde los republicanos perciben políticas progresistas como un ataque a la pureza o al orden («el matrimonio gay socava la familia tradicional»), mientras que los demócratas las ven como actos de justicia («prohibir el aborto viola la autonomía corporal»). Así, el voto ya es un acto de autoafirmación ética, pero la verdadera pregunta aquí es: ¿resulta posible el diálogo con estas mimbres morales?

Sigamos. Si las diferencias de opinión o los conflictos de intereses entre grupos se muestran como una lucha cósmica entre el bien (encarnado por el endogrupo) y el mal (representado por el exogrupo), la posibilidad de diálogo se evapora y parece que la resistencia a que este se lleve a cabo es lo que impera.[34]

La contraempatía, por tanto, puede surgir en este espacio no como una ausencia de moralidad, ¡sino como una moralidad selectiva y polarizada! «Lo correcto» está ligado a la pertenencia grupal y al rechazo de los valores o la humanidad del grupo contrario.

Por ello, la empatía no es la expresión de la moral bondadosa y la contraempatía la de la bajeza moral. Solo nos parece así desde la perspectiva solitaria y aislada de nuestras propias referencias, esas que le enseñaba a mi vecina Ana el único periódico que leía, que resultaba ser muy afín a su partido naranja. Tanto que no podía imaginar una información contraria. El algoritmo, que escuchaba sus intimidades, le proporcionaba la confirmación de sus peores hipótesis. Quizá hay que atreverse a leer e informarse de lo que dicen ambos bandos. Incluso para posicionarse con los dos y, a veces, con ninguno, lo que puede ser un primer paso para una vida algo más ecuánime.

En definitiva, nuestra capacidad para conectar (o desconectar) emocionalmente con los demás depende de quién es el otro.[35]

La contraempatía y la empatía nos recuerdan que son caras de una misma moneda que forman un conjunto de procesos multinivel con, de momento, tres dimensiones:

- Primitiva-adquirida.
- Cognitiva-afectiva.
- Endo/exogrupal.

La existencia de la contraempatía nos obliga a reflexionar sobre nuestra naturaleza humana. Junto a nuestra capacidad para la conexión y el altruismo habita el potencial para la indiferencia, la envidia y la hostilidad selectiva.

EJERCICIO

Las tontunas de Kandinski

A través de esta práctica vamos a explorar a los otros.

Procedimiento

1. Elige tres personas o grupos sobre los que sientes contraempatía y escribe sus nombres en un papel.
2. Describe entre cinco y diez características de ellos. Para ello, no te frenes en la descripción ni seas falsamente amable. Escribe lo que piensas sin reparo.
3. Piensa en ellos como si fueran personas o grupos «Kandinski», es decir, en qué medida ellos han elegido esa característica o en parte les fue dada, asignada o copiada.
4. Ahora piensa en ti como un «Klee».
5. Con total sinceridad observa si tu comportamiento, ideas o características se parecen bastante a los de los «Kandinski».
   Si no encuentras nada similar hazte estas preguntas:
   —¿Quieren a sus hijos?
   —¿Quieren a sus padres?
   —¿Tratan de disfrutar con sus amigos?
6. Busca una característica común con alguno de ellos. Por ejemplo: «yo también soy bajo», «también soy autónomo», «también tuve un familiar con esclerosis».

El objetivo no es difuminar a las diferencias, sino reconocer cierta humanidad compartida.

Reflexión profunda

¿En qué medida somos libres de elegir nuestras características?

14

Los trastornos empáticos

En 1978, Ted Bundy se sentó frente al detective Robert Keppel para una serie de entrevistas que desconcertarían a los investigadores durante décadas. Bundy, quien había confesado el asesinato de al menos treinta mujeres jóvenes entre 1974 y 1978, no mostraba el perfil típico del asesino impulsivo. Era atractivo, carismático, inteligente y había estudiado psicología y derecho.

Durante estas entrevistas, Bundy demostró una capacidad extraordinaria para analizar sus propios crímenes desde la perspectiva de los investigadores. Explicó con detalle cómo seleccionaba a sus víctimas, cómo se ganaba su confianza y los errores que la policía había cometido durante la investigación. Incluso asesoró a Keppel sobre la psicología del asesino en serie que estaban buscando en ese momento (el «Asesino de Green River») al proporcionar *insights* que resultaron sorprendentemente precisos.

Lo más perturbador fue la habilidad de Bundy para describir con exactitud cómo se habían sentido sus víctimas. «Podía ver el miedo creciendo en sus ojos —explicó con detalle clínico—. Sabía exactamente qué estaban pensando, cómo intentarían razonar conmigo, qué estrategias usarían para intentar escapar». Esta capacidad para leer y predecir las reacciones emocionales de otros le había permitido manipular a sus víctimas con precisión quirúrgica.

Sin embargo, cuando Keppel le preguntó si alguna vez había sentido remordimiento o empatía hacia el sufrimiento de sus víctimas, Bundy pareció genuinamente confundido. «¿Por qué debería? —respondió—. Era como si fueran objetos, no personas reales». En otra ocasión, comparó sus asesinatos con «cambiar un neumático», una tarea que requería habilidad técnica pero ninguna inversión emocional.

Esta desconexión entre su comprensión intelectual de las emociones ajenas y su incapacidad para resonar con ellas se extendía a todas sus relaciones. Carole Ann Boone, quien se casó con Bundy durante su juicio y quien creía firmemente en su inocencia, describió a posteriori cómo él podía «leerla como un libro», anticipando sus reacciones y diciendo justo lo que ella necesitaba escuchar, mientras mantenía una frialdad emocional que solo reconoció en retrospectiva.

Antes de su ejecución en 1989, Bundy participó en una última entrevista con el psicólogo James Dobson. Con la perspectiva de una muerte inminente, no tenía nada que ganar fingiendo. Sin embargo, incluso entonces, demostró una comprensión sofisticada de las dinámicas sociales y las expectativas morales, hablando con elocuencia sobre el impacto de la pornografía violenta en su desarrollo, mientras sus ojos permanecían fríos y calculadores, en una evaluación constante del efecto de sus palabras en su interlocutor.

La segunda dimensión empática se bifurca en dos componentes principales: la cognitiva, que implica la capacidad para inferir perspectivas ajenas y que está vinculada a la TOM,[1] y la afectiva, que consiste en la respuesta emocional compartida, mediada por mecanismos de contagio emocional.[2] Como vimos en los primeros capítulos, suelen ir a la par. Si somos más o menos empáticos, con frecuencia carecemos o mostramos un alto nivel de ambos componentes.

En los ejercicios anteriores te animé a explorar ligeras disonancias y desequilibrios de esa dimensión. En este capítulo nos iremos a los extremos, donde predomina un aspecto sobre otro. ¿Qué sucede cuando se desborda la empatía cognitiva y apenas existe la afectiva? ¿Qué ocurre cuando pasa lo contrario? ¿Qué pasa cuando se elevan las dos y de repente no podemos más? ¿Cómo podemos mirar al narcisista, al antisocial, desde la empatía? ¿Por qué conviene revisar cuánto entregamos y a quién?

La personalidad antisocial y la psicopatía

El famoso manual *DSM-5* agrupa la psicopatía bajo el paraguas del trastorno antisocial de la personalidad (TAP), aunque la evidencia señala distinciones críticas entre ambos constructos.[3]

En el trastorno antisocial priman conductas como la agresión, la delincuencia y el desprecio por las normas sociales. En la psicopatía, se enfatizan rasgos afectivos como la falta de remordimiento, e interpersonales como la manipulación y el encanto superficial.[4] Un 30 %

aproximado de los individuos diagnosticados con TAP cumplen criterios para confirmarse psicopatía.[5]

El psicópata, a diferencia del mito popular que afirma que carece de empatía, presenta una empatía cognitiva bastante preservada, lo que le permite leer las emociones ajenas para manipular.[6] Sin embargo, la afectiva está disminuida o ausente, por lo que no experimentan angustia ante el sufrimiento ajeno. Es esta característica la que le convierte en peligroso. Entiende que sufres…, pero no le afecta ni pestañea por ello.

Las correlaciones con regiones cerebrales en los psicópatas están bien documentadas, aunque no las podemos reducir a mecanismos causales. Existe cierta tendencia genética precisa, de un ambiente específico, habitualmente difícil y desestructurado, para que emerja la psicopatía. La amígdala, especializada en la detección de amenazas, ese centinela que monitoriza el ambiente e implicado en el procesamiento emocional, muestra una actividad reducida en psicópatas. Su menor volumen está relacionado con la incapacidad para aprender de castigos o temer consecuencias.[7] La corteza prefrontal ventromedial (vmPFC), crítica para la toma de decisiones morales, presenta disfunciones significativas; de este modo, lesiones en esta región producen patrones similares a la psicopatía, como la motivación instrumental para dañar a otros.[8] La comunicación reducida entre la amígdala y la vmPFC explica la característica frialdad emocional y la planificación depredadora observada en estos individuos.[9]

Se distinguen dos tipos de psicopatía, la primaria y la secundaria. Por un lado, la primera se caracteriza por rasgos interpersonales y afectivos como la grandiosidad, la mentira patológica y la falta de empatía. Esta presenta una base neurogenética más marcada (heredabilidad del 50 %) y menor reactividad al estrés.[10] Por otro, la secundaria se centra en un estilo de vida un tanto desviado, con impulsividad, agresión reactiva y búsqueda permanente de sensaciones. Está más vinculada a experiencias traumáticas como el abuso infantil y la desregulación emocional.[11]

Al ver imágenes de dolor, la ínsula anterior (experiencia empática) del psicópata no experimenta cambio alguno y la corteza prefrontal dorsolateral (asociada a la planificación) se hiperactiva.[12]

Aunque los psicópatas sean una de las representaciones del mal puro, no resultan, por suerte, habituales. El tipo más habitual es el llamado «psicópata integrado», ese golfo de cuello blanco que arruina vidas, trabajos, parejas, familias y empresas allá por donde pisa.

El integrado manifiesta los rasgos nucleares de la psicopatía, como la ausencia de empatía afectiva, con la manipulación, la grandiosidad y la búsqueda de riesgo. Anhelan el éxito social y económico sin recurrir a violencia física alguna. Representan un 4-8 % de la población general frente al 1 % de psicópatas encarcelados.[13] Sustituyen la agresión física por la explotación sistémica y por ello son conocidos en las estafas financieras o el acoso laboral sutil. Como son fríos, toman decisiones hiperracionales que maximizan con facilidad beneficios para sí mismos.[14] Su cerebro muestra una integridad preservada en la corteza prefrontal dorsolateral que les permite cierto control ejecutivo junto con una disfunción en la conexión amígdala-corteza orbitofrontal que explica su frialdad afectiva. Carecen de ese volumen reducido amigdalino severo de los psicópatas criminales.[15] Además, su hiperactivación del estriado ventral (vinculado a la sensación de recompensa) orienta su conducta hacia metas de poder o riqueza más que hacia la agresión física.[16]

Atención. Estos individuos prosperan en roles de poder y utilizan tácticas de todo tipo, las que sean con tal de lograr sus objetivos. Pueden intentar seducirte con estrategias, proyectos futuros e ideas inspiradoras, triangular a tus amigos para debilitar tus lazos, desequilibrar tus relaciones o reescribir narrativas para culpar a otros.[17] Y por supuesto te mienten patológicamente una y otra vez.

¿Dónde están? Siendo como son es sencillo deducirlo, donde hay posible dinero, poder, mejora de estatus y jerarquías. Por eso abundan en la política o en las empresas. He conocido a personas que han sido engañadas por auténticos estafadores que, como psicópatas integrados, las encandilaron. He oído casos escalofriantes. Individuos que habían pedido préstamos para aprender técnicas de inversión que luego eran esquemas Ponzi piramidales. Inversores que habían sido estafados por brókeres financieros varias veces. Parejas que habían comprado un *bot* de inversión automático, que tras obtener ganancias y, por tanto, confianza, decidieron invertir más, para que después desapareciera el *bot*, el bróker y la formación. Había vidas rotas. ¿Por qué les tocó a ellos y no a ti y a mí?, me preguntaban. Te comparto la respuesta que les di. Si esos psicópatas representan del 4 al 8 % de la población general es muy probable que, en ese entorno de dinero, finanzas y *lifestyle* ese porcentaje sea del 40 %. Te encontrarás pocos psicópatas integrados en sectores donde, aun haciendo las cosas bien, los beneficios sean mundanos.

¿Con quién se relacionan? Con la buena gente, con los inocentes y los bondadosos que jamás imaginarían que aquel individuo amable y encantador que les invitó a su casa en realidad quería manipularlos. Durante años he asesorado a empresas de *marketing* sobre influencia y persuasión científica y he tenido la oportunidad de ver algunas prácticas del sector. Desde la pandemia, con el bum de la formación online aparecieron muchas nuevas profesiones con las que por fin podrías abandonar a tu jefe y ganar dinero de forma pasiva trabajando unas pocas horas al día desde la playa, con tan solo conexión estable a internet y aunque carezcas de conocimientos técnicos del sector al que aplicas. No solo eso, en esas profesiones denostaban la educación formal, que «no sirve para nada porque no forma para el mercado laboral actual» y te mostraban la corrupción política, probablemente la única de todas esas afirmaciones que era verdadera. ¿Quién sería capaz de ofrecer al vacío ese tipo de promesas? Sin duda un psicópata integrado o un narcisista o al menos personas con baja capacidad de sentir culpa, una empatía debilitada y una psique que nunca pasó por terapia. ¿Quién cae además de la buena gente? Los más necesitados. Personas que con la pensión no llegan a fin de mes, que sueñan tan solo con poder ayudar a su hijo y que con su trabajo de diez o doce horas en un camión o en una oficina no pueden soñar con lo que otros parecen lograr dedicando menos tiempo y esfuerzo. He conocido incluso a personas con bajas por enfermedad que se adherían como lapas a estas soluciones porque su futuro se presentaba oscuro con sus condiciones físicas. Recuerdo el caso de una mujer que con un hijo discapacitado quería aprender estas nuevas profesiones online para así, cuando ella no estuviera, garantizar una posible ayuda a su hijo. ¿Son tontas esas personas por caer en esas redes? Me temo que no; son generosas, confiables o necesitadas. Ni que decir tiene que cuando he conocido a esos psicópatas y narcisistas les he explicado que la persuasión científica nada tiene que ver con sus anuncios, viajes del héroe, promesas vacías o vídeos *superstar* para un yo necesitado de aprobación social por parte de desconocidos. No tienes que reflexionar mucho para saber que se reían de mí por ello. Lo de científico les suena a chino, carca, viejuno y obsoleto. «Vender es como follar», dicen algunos. «¡Nivel!», que diría Forges.

¿Por qué a veces es difícil detectarlos? Porque tendemos a confiar en lo que los demás dicen y hacen y porque son capaces de parecer que hacen algo por tu bien. Por suerte, no son violentos. Si usas tu tendencia natural a la empatía, a ayudar, a las estrategias *win-win*, a esa bella dinámica del dar y el recibir, a la justa reciprocidad, a la sinceridad y confianza como señal de apertura, te clavarán su aguijón sin remordimiento ni reparo. Como ves, ya no es solo que la empatía tiene muchos matices y dimensiones, sino que incluso si la utilizas no te sirve ante un psicópata integrado.

Te pongo un ejemplo de cómo pueden destrozarte. Esto lo viví hace diez años en un laboratorio científico. El director era el psicópata integrado y los investigadores eran los empáticos. ¿Qué hacían? Empatizar de forma indiscriminada con la esperanza banal de que el otro, por amor, por bondad, por humanidad, cogiera confianza, dulcificase su carácter, armonizase sus rasgos y de alguna manera ablandara sus palabras y gestos. ¿Sucedió? En absoluto. Lo que ocurrió fue que varios de los investigadores acabaron en terapia, otros llorando por las escaleras y las esquinas, algunos con un estrés insoportable. Un compañero me relató un caso que lo ejemplifica a la perfección. Estuvo en un congreso científico presentando una investigación. En ciencia cuando publicamos un experimento aparece siempre un listado de coautores, dado que la ciencia se hace en grupos siempre debido a su complejidad y a la constante necesidad de revisiones y mejoras. Al volver del congreso mi compañero pasó el libro de *abstracts*, un resumen de todas las ponencias del congreso que los científicos utilizamos para anotar, paso a paso, puntos al currículum académico. Para sorpresa de todos, solo estaba el nombre de mi compañero, pero todos entendieron que se trataba de un error, excepto el director, quien en público recriminó al compañero su falta de tacto al pretender ir en solitario en una investigación conjunta. Al día siguiente los organizadores enviaron el libro corregido. El integrado no reconoció su proyección ni su error. Como estaba por encima de sus súbditos se lo tomó con mofa. Como en alguno de los ejemplos de la introducción, su gente no le quería.

Con todo esto no quiero decir que aboguemos por no ser empáticos, solo expreso que ante un psicópata integrado el empático siempre tiene las de perder. ¿Hay alguna estrategia para evitarlo? Sí, ¡la encontrarás en los capítulos finales! ¡Así que no puedes dejar de leer este libro!

Un apunte más. No tenemos que ser psicólogos clínicos para establecer diagnósticos precisos, no nos corresponde a nosotros hacer terapia con personas con trastornos empáticos. Tan solo necesitamos encontrar el modo de vivir en el mundo sin perder esa conexión natural y social donde tú y yo somos uno.

Los psicópatas integrados prosperan por tanto en entornos de alta competitividad como finanzas, política o derecho, donde la explotación no violenta tiene una recompensa.[18] Ojo, no pienses solo en dinero, también en poder o en donde puede haber víctimas débiles. Se ha dado el caso de un par de integrados que para construir su imperio montaron cursos para empoderar a mujeres mediante visualizaciones cuánticas, pero los anuncios de Facebook iban destinados a personas separadas los últimos seis meses y con afinidad por el esoterismo. U otras que no practican religión alguna pero que son capaces de grabarse rezando con una Biblia cerca para anunciar su producto en Sudamérica, donde muchas personas son creyentes, aunque el producto no tenga nada que ver con la religión que realmente no profesan. El peligro de los integrados radica en daños «invisibles» y por eso a veces sus efectos son difíciles de detectar: colapsos económicos por fraudes piramidales,[19] erosión institucional por corrupción[20] o trastornos psicológicos en víctimas de acoso laboral.[21]

¿Son más inteligentes que la media y por eso pueden manipular fácilmente?

En absoluto. El mito se deshace porque la evidencia descarta que la psicopatía genere una inteligencia superior. En primer lugar, existe cierta selección ambiental. Solo los psicópatas integrados con un cociente intelectual alto y oportunidades socioeconómicas acceden a puestos donde son detectados como «integrados».[22] La herencia además está diferenciada, dado que los posibles genes asociados a la psicopatía (como la MAOA-L) no guardan relación alguna con los numerosos grupos de genes vinculados a la inteligencia.[23] Nos engañan, insisto, no porque seamos bobos, sino porque somos buenos o estamos en una situación de necesidad; nada que ver con su inteligencia, aunque ellos lo crean. De hecho, los psicópatas encarcelados tienen un cociente intelectual más bajo que la media de la población, del 85 aproximado. En cuanto a los psicópatas integrados detectados en distintas corporaciones, ya poseían un cociente intelectual previamente alto.[24] Es su ausencia de ansiedad la que les permite tomar riesgos calculados en inversiones, creando una ilusión de «genialidad» que no se corresponde con una capacidad intelectual real.[25] Asimismo, es su desconexión entre los componentes cognitivo y afectivo de la empatía lo que les permite la explotación estratégica de otros.[26] Sus fechorías tienen costes sociales considerables. Se estima que un 20 % de los líderes corporativos exhiben rasgos psicopáticos significativos, lo que se ha vinculado a entornos laborales tóxicos y prácticas empresariales éticamente cuestionables.[27] Recuerda que ese porcentaje puede aumentar en función de las características de ese entorno.

La empatía, como hemos visto, no es la solución para enfrentarse a ellos, aunque nuestro cerebro social necesita una red de apoyo para evitar el aislamiento que nos provocan.[28] Que tu gente te quiera, porque ellos nunca lo harán.

A continuación, estudiaremos otro extremo empático.

EL TRASTORNO DEL ESPECTRO AUTISTA

En 1947, cuando Temple Grandin apenas tenía dos años, los médicos les recomendaron a sus padres que la internaran en una institución. La pequeña no hablaba, evitaba el contacto físico y mostraba comportamientos repetitivos que desconcertaban a todos. El diagnóstico fue autismo severo, con un pronóstico sombrío.

Su madre se negó a seguir esta recomendación. En lugar de institucionalizar a Temple, contrató a una tutora que trabajaba intensivamente con ella y que desarrolló métodos adaptados a su forma única de procesar el mundo. A los cuatro años, Temple por fin comenzó a hablar.

Su infancia y adolescencia estuvieron marcadas por intensos desafíos sociales. No entendía las expresiones faciales ni captaba las sutilezas de la comunicación no verbal. Las reglas sociales implícitas que otros niños parecían absorber naturalmente eran para ella un misterio indescifrable. En la escuela secundaria, sus compañeros la apodaron «cinta grabadora» porque memorizaba y repetía frases enteras que había escuchado, sin comprender del todo su contexto social.

Sin embargo, Temple poseía habilidades extraordinarias en otros ámbitos. Pensaba exclusivamente en imágenes, como si su mente fuera un proyector de diapositivas. Esta forma de cognición le permitía notar detalles que otros pasaban por alto y recordar con precisión fotográfica todo lo que veía.

Lo más sorprendente surgió durante un verano que pasó en el rancho de su tía en Arizona. Allí, Temple descubrió una profunda conexión con los animales, sobre todo con el ganado. Observó que cuando las vacas entraban en un dispositivo de compresión (una máquina que las inmovilizaba para tratamientos veterinarios), al principio se agitaban, pero luego se calmaban. Un día, impulsada por la curiosidad, Temple se metió en la máquina y pidió que la presionaran.

«La presión profunda me calmó de inmediato —explicaría años después—. Por primera vez en mi vida, sentí que mi cuerpo me pertenecía». Esta experiencia la llevó a diseñar su propia «máquina de abrazar», un dispositivo que aplicaba presión controlada y le proporcionaba el consuelo sensorial que tanto necesitaba.

Esta comprensión intuitiva de los animales la condujo a revolucionar la industria ganadera. Temple observó que detalles que parecían insignificantes, como reflejos en charcos de agua, cadenas colgantes, cambios de luz o de textura del suelo, causaban pánico en el ganado durante el manejo. Rediseñó los corrales y los sistemas de manejo para eliminar estos factores estresantes, lo que logró reducir el sufrimiento animal en las instalaciones.

Cuando le preguntaban cómo podía entender tanto a los animales mientras luchaba para comprender a las personas, Temple explicaba: «Pienso como ellos. No uso el lenguaje. Veo, escucho, huelo y siento el mundo directamente, sin la capa de abstracción verbal que la mayoría de las personas interponen entre ellas y la realidad».

Hoy, Temple Grandin es doctora en ciencia animal, profesora universitaria y autora de numerosos libros. Ha diseñado sistemas de manejo de ganado utilizados en todo el mundo y se ha convertido en una de las voces más influyentes tanto en el bienestar animal como en la comprensión del autismo.

El trastorno del espectro autista (TEA) se ha asociado tradicionalmente con dificultades en la empatía. A diferencia de los psicópatas, las personas con TEA pueden experimentar problemas específicos con el componente cognitivo mientras que el afectivo puede estar relativamente preservado o incluso intensificado en algunos casos.[29] La TOM es uno de los principales modelos explicativos de los déficits que aparecen en el autismo. Las dificultades en la capacidad para concebir y comprender los estados mentales de otras personas afectan la habilidad para explicar y predecir su comportamiento, lo que impacta en las relaciones con los otros.[30]

En el cerebro de personas con TEA se identifican patrones atípicos de activación en regiones cerebrales clave para la empatía que ya hemos visto al estudiar el cerebro social empático: la unión temporoparietal, la corteza prefrontal medial y el surco temporal superior.[31] A partir de esto se pueden comprender los obstáculos para inferir estados mentales ajenos e integrar señales sociales complejas. Hasta un 62 % de las personas con TEA tienen la empatía afectiva intacta, pero experimentan dificultades cognitivas significativas.[32] En el día a día, un adulto con TEA puede por ejemplo sentirse muy afectado al ver a un compañero de trabajo llorando (empatía afectiva), pero no comprender qué ha causado ese estado emocional o incluso qué tipo de apoyo sería apropiado ofrecer (empatía cognitiva). Conviene evitar generalizaciones excesivas o simplificaciones respecto a estas personas, ya que muchas de ellas desarrollan estrategias compensatorias y pueden mostrar una profunda preocupación por el bienestar ajeno, si bien pueden expresarse de maneras que no se ajusten a las expectativas neurotípicas.[33] Añado que no por eso esa preocupación que expresan es menor, falsa o inútil, sino sencillamente distinta. Tengo amigos y alumnos con esa característica y son muy cercanos. Su presencia me obliga a afinar mi sensibilidad hacia lo que sucede para sentir su apoyo desde formas no habituales. A veces su evitación de la mirada, en contra del mito popular, actúa como una señal de asentimiento ante la realidad, o de un «aquí estoy». Es importante reseñar que mantienen códigos morales sólidos y respetan los derechos de los demás.

La investigación actual matiza que las personas con autismo de alto funcionamiento muestran deterioro tanto en la empatía cognitiva como afectiva.[34] En línea con lo que te comentaba de un posible aprendizaje por mi parte sobre otras formas de comunicación, aparece el problema de la «doble empatía», una interesante tesis de Damian Milton que sugiere justo esto. Las dificultades comunicativas no son unilaterales, es decir, a nosotros también nos cuesta entender sus estados emocionales.[35] En esta línea me sorprendió gratamente un estudio reciente. En las interacciones entre autistas existe mayor sincronización neural y precisión en la TOM que en díadas mixtas, es decir, que las dificultades surgen porque nos comunicamos desde nuestro código lingüístico.[36] Podríamos incluso revisar si las tareas por las que evaluamos la TOM son las adecuadas para ellos.

¿Son peligrosas las personas autistas? No existe relación alguna entre el autismo *per se* y la violencia.[37] Por desgracia, lo que sí ocurre es lo contrario, dado que las personas autistas tienen mayor probabilidad de ser víctimas de acoso, abuso y violencia. A algunos les resultan tan diferentes que aparece una contraempatía agresiva.

EL NARCISISMO

En 2003, una joven de diecinueve años abandonó Stanford para fundar una empresa, Theranos, que prometía revolucionar la medicina. Elizabeth Holmes había desarrollado una visión aparentemente empática: democratizar los análisis de sangre para que cualquier persona pudiera acceder a diagnósticos tempranos y asequibles. Su historia personal había comenzado cuando su tío murió de cáncer, tragedia que la motivó a dedicar su vida a salvar otras.

Durante años Holmes construyó un imperio valorado en nueve mil millones de dólares y basado en esta narrativa empática. En conferencias y entrevistas, hablaba con aparente pasión sobre pacientes que no podían permitirse análisis de sangre, madres preocupadas por la salud de sus hijos y sobre la necesidad de democratizar la atención médica. Sus presentaciones estaban llenas de referencias al sufrimiento humano que su tecnología podría aliviar.

Holmes desarrolló una imagen pública muy particular. Vestía jerséis de cuello alto negros al estilo Steve Jobs, adoptó una voz grave un tanto artificial que proyectaba autoridad y se afanó en cultivar una presencia que mezclaba vulnerabilidad juvenil con determinación visionaria.

En entrevistas, sus ojos se llenaban de lágrimas cuando hablaba de pacientes, pero tras esta fachada empática, la realidad era otra. La tecnología que prometía no funcionaba. Los análisis que Theranos realizaba eran inexactos y ponían en riesgo la vida de miles de pacientes reales. Cuando los empleados expresaban preocupaciones éticas, ella los despedía o amenazaba legalmente. Cuando los inversores cuestionaban los resultados, mostraba falsas evidencias.

Un caso revelador fue el de Tyler Shultz, nieto del exsecretario de Estado George Shultz, quien trabajaba como técnico en Theranos. Tyler descubrió que los análisis de sangre de la empresa producían resultados inconsistentes y potencialmente peligrosos. Cuando intentó reportar estas preocupaciones, Elizabeth orquestó una campaña para desacreditarlo que incluía presión sobre su propio abuelo para que lo silenciara.

Durante el juicio que siguió al colapso de Theranos, emergieron todos los detalles. Holmes exigía lealtad absoluta a su gente, castigaba cualquier cuestionamiento y mostraba una incapacidad notable para reconocer el impacto de sus acciones en otros. Cuando se le preguntaba sobre pacientes específicos que habían recibido resultados incorrectos, Holmes mostraba preocupación, pero sobre todo por cómo estos casos afectaban la reputación de su empresa.

Un testimonio impactante fue el de Ramesh «Sunny» Balwani, expareja de la fundadora y socio comercial. La describió como una mujer capaz de cambiar al instante entre diferentes versiones de sí misma en función de la audiencia: visionaria empática ante los inversores, CEO despiadada con los empleados y luego víctima vulnerable si debía enfrentar consecuencias.

En la defensa intentó recrear una especie de narrativa empática. Habló de su dedicación a los pacientes, de su dolor por el fracaso de la empresa y de su deseo de hacer el bien. Pero cuando se le preguntó sobre decisiones específicas que habían puesto en riesgo a pacientes reales era incapaz de conectar emocionalmente con las consecuencias concretas de sus acciones.

Fue condenada por fraude, pero incluso al final defendió que sus intenciones habían sido empáticas. Su pena giraba en torno a cómo el fracaso había afectado su propia visión y reputación. Ni rastro del daño causado a pacientes, empleados e inversores.

El narcisismo grandioso se caracteriza por una autoestima inflada, facilidad para ejercer explotación interpersonal y una exagerada necesidad de admiración.

Quizá hayas conocido a quien desacredita constantemente las contribuciones de sus colaboradores mientras exagera sus propios logros, o que incluso se enfada cuando no recibe un reconocimiento constante. Los narcisistas agotan. Por mucho que intenten a veces disimular su gigantesco ego, nunca han estado más allá de este y eso es algo que sale a flote constantemente. Los griegos ya nos avisaban: Narciso es un joven de extraordinaria belleza que rechaza a todos sus pretendientes (incluida a la ninfa Eco). Como castigo por su arrogancia, la diosa Némesis hace que se enamore de su propio reflejo en un estanque. Condenado a mirarse a sí mismo terminó ahogado en sus aguas. Si amplías el concepto de pretendientes a colaboradores, se obtiene una visión más completa y actualizada de este mito. Recuerdo una consultoría a una organización ante una crisis grave de reputación. Estuve diseñando una estrategia para recuperar la confianza y la fidelidad, a medio y largo plazo, claro, de los clientes y los trabajadores que se quejaban. Durante un par de semanas me entrevisté con aquellos agraviados para escuchar sus argumentos, validando sus emociones y comprometiéndome a hacer todo lo posible por reconducir la situación. Fue imposible. El CEO, en un ataque de automirada en su propio reflejo, se comunicó con todos los disidentes para mostrarles con total transparencia por qué había alcanzado cierto éxito. Creo que nunca llegó a comprender que los agraviados no estaban preocupados por lo que él hubiera conseguido en su vida, sino por lo que no conseguían ellos al seguir sus consejos. Me sucedió algo parecido con un par de árbitros de fútbol en la preparación del Mundial de Sudáfrica. No eran como Yuichi, siempre dispuesto a aprender, escuchar y buscar pequeñas parcelas de mejora aun siendo profesional. Recuerdo una vez que el director mundial de arbitraje me encargó precisamente esa tarea específica con un árbitro que no tenía visión sobre su propio desempeño, actitudes y estrategia con los jugadores. Aunque destacaba en los aspectos técnico y físico, había una autorreferencia excesiva que le impediría, llegado el caso, lidiar con determinado tipo de conflictos en el campo de juego. Me lo llevé a pasear varias veces y salí con él a correr en distintas ocasiones. Trataba de coincidir en las comidas o los viajes y ganó mucha confianza en mí, pero no veía más allá de sí mismo. En el Mundial sucedió lo que se le había tratado de comunicar por activa y por pasiva. Se hundió y se aisló. Solo hablaba conmigo cada día para intentar salir de ese agujero. El narcisista reacciona con agresividad y vergüenza cuando ya no es posible disimular o escaparse. El caso era de manual y pronto fui consciente de que mi empatía no serviría, aunque era mi trabajo ejercerla. Y así fue. Aunque le atendí durante cuarenta y dos días seguidos, desapareció después.

El trastorno narcisista de la personalidad (TNP) no es un constructo monolítico. Conocemos casos de narcisismo grandioso, pero también existe el narcisismo vulnerable.[38] Este se caracteriza por hipersensibilidad a la crítica, envidia crónica y autoestima fluctuante. Es posible que a nivel neurobiológico tenga relación con la hiperactividad de la amígdala ante estímulos de rechazo.[39] Un ejemplo cotidiano sería el de un individuo que interpreta cualquier comentario neutro como personal, rumia obsesivamente sobre supuestas faltas de respeto e idealiza o devalúa sus relaciones según le pille.

Los narcisistas no carecen de empatía, sino que la emplean con estrategia. Su empatía cognitiva suele ser selectiva y, por tanto, identifican vulnerabilidades ajenas y manipulan. Esto puede observarse cuando halagan a un superior para obtener beneficios o cuando tratan a su pareja como una extensión de sí mismos, como si fueran algo que les queda bien en su atuendo psicológico (¡algo que espero que no hayas vivido!). En el espectro vulnerable se muestran hipervigilantes a las señales de rechazo. Lo neutral les parece un desprecio,[40] una señal clara de que su empatía afectiva está limitada. Ante el dolor ajeno, la ínsula anterior se activa, pero ¡solo si el sufrimiento es útil para su imagen! [41] Como pareja podría dolerle tu dolor, pero por lo que a ellos les afecta les limita, no por una muestra de amor genuino.

En la actualidad vivimos una epidemia de narcisismo. Sin duda también una de soledad: ¿qué hemos hecho con el cerebro social? Y probablemente otra de estupidez. Esto no se debe a un descenso en la inteligencia, sino a que hemos publicitado la tontería. En el caso de la expansión del narcisismo, la causa es evidente: las plataformas digitales y las redes sociales amplifican los rasgos narcisistas. De hecho, están diseñadas para ello: aparecen ciclos de validación patológica cuando se publica contenido autocentrado, se obtiene un refuerzo intermitente mediante *likes* (que es el más adictivo, igual al que se usa en las máquinas tragaperras) y se producen crisis internas porque en realidad no hay interacción y relación genuina.[42] Los narcisistas, evaluados mediante escalas validadas como el Narcissistic Personality Inventory, publican mucho más contenido autocentrado en plataformas.[43] No solo eso, a algunos no les importa comprar *likes* y seguidores en redes sociales. Así, puede parecer que tienen autoridad y, tras ella, se proyectan al mundo como líderes y como expresión de «vivir con poder». Este *doping* ilícito por el que proyectan un éxito irreal lo utilizan para alcanzar cierto estatus social, pero no les plantea ninguna duda ética. De esta manera, acaban por creerse sus propias mentiras.

No es fácil lidiar con un narcisista. A veces creo que lo mejor, si está en tu mano, es no estar, desaparecer poco a poco. ¿Para qué estar con alguien que no te ve? Hace unos años conocí a uno por trabajo. Aunque le habían enseñado muchísimo conocimiento sobre su profesión, todo lo había aprendido por sí mismo. Resultaba aburrida su autorreferencia continua, que incluía la necesidad de hipersexualizar cualquier encuentro casual con chicas, donde su propio espejo lo abarcaba todo. Tampoco había mucho que explicar. El narcisista no está para entenderte a ti, sino a sí mismo. Les toca comprender quizá que el silencio es también una forma de despedida. Además, hay mucho que amar y no pasa nada por buscar tierras más fértiles para la empatía. No soy ingenuo. Sé que te puede tocar alguien narcisista en la familia o en el trabajo y en esos casos no resultaría fácil desaparecer. Sin embargo, reconozcamos al menos que aplicar la empatía no solo es frágil con el exogrupo, sino también con determinados extremos. De momento, con narcisistas y psicópatas integrados.

EL TRASTORNO HISTRIÓNICO DE LA PERSONALIDAD

¿Recuerdas a aquella mujer que votaba de un color y emitía exabruptos al resto? Un día me invitó a una clase de pádel. Nunca en mi vida había jugado a deportes de raqueta, pero acepté. Me asombré al entrar a un club elitista en el que después estaba incluido un pequeño ágape. No creas que los científicos solemos frecuentar eventos así; lo que predomina es el estudio y la investigación. Cuando alguien nos atiende, nos ayuda, nos invita, nos escucha o nos dedica su tiempo, sentimos, por reciprocidad natural, una tendencia a ser nosotros los siguientes en escuchar, atender, invitar o ayudar. Cuando Juan, un amigo mío, dejó de organizar barbacoas en su casa no fue por una pérdida súbita de bondad o empatía, sino por la falta de reciprocidad de algunos comensales al respecto, siempre dispuestos para asistir a casa de Juan, pero también reacios para abrir la propia. El caso es que tras el pádel y el ágape me acerqué a un sitio *gourmet* y compré una tabla de exquisitos quesos franceses que le envié a mi conocida como agradecimiento. Pero, tal como me temía, esa especie de amistad siempre pasaba por un exceso atencional, un liderazgo mal entendido y unas iniciativas que nacían de la misma persona en todas las circunstancias. Al día siguiente, dado que su hijo jugaba con el mío, subió la tabla de quesos con la excusa de que merendaran. La vecina naranja siempre mostrándose en el centro, con iniciativa y un comportamiento extravagante. Un día te contaba confidencias íntimas y al otro historias de la niñez difícilmente creíbles. Cuando intentabas compensar, equilibrar o aportar, no te dejaba. Para muchas personas era una mujer generosa, pero en realidad lo que aparecía bajo el paraguas de la ayuda era un trastorno de la empatía.

El trastorno histriónico de la personalidad (THP) se caracteriza por un patrón dominante de emocionalidad excesiva y búsqueda de atención.

Estos individuos se sienten incómodos cuando no son el centro, no se frenan a la hora de mostrar un comportamiento seductor o provocativo inapropiado, y sus emociones son una montaña rusa, siempre superficiales y cambiantes. El aspecto físico trata ante todo de llamar la atención, incluso aunque no encaje en los estándares clásicos de belleza.[44]

La empatía en un caso así es paradójica. Como en el ejemplo expuesto, pueden mostrar la empatía afectiva, pero en realidad resulta superficial. Responden a tus emociones de manera exagerada pero breve. Los histriónicos muestran hiperactivación de la amígdala ante estímulos intensos, pero seguidos de una rápida desactivación. Por así decirlo, no sostienen la emoción.[45] La empatía cognitiva suele ser deficiente en estas personas, así, si no es una historia que las involucre directamente, no la comprenden.[46]

En contraste con los narcisistas, los histriónicos buscan atención, no tanto admiración. Además, suelen mostrar una calidez superficial muy ausente en los narcisistas.[47] Requieren lógicamente tratamiento psicológico para identificar las necesidades emocionales subyacentes.[48]

Las estrategias de manejo incluyen establecer límites claros, proporcionar refuerzo positivo no emocional (recompensando logros concretos, no la teatralidad) y redirigir la energía histriónica hacia canales constructivos. La terapia resulta eficaz para controlar la búsqueda de aprobación y el autosacrificio que presentan.[49]

EL *BURNOUT* POR FATIGA EMPÁTICA (BFE)

En marzo de 2020, Elena Martínez, enfermera de cuidados intensivos con quince años de experiencia en el Hospital La Paz de Madrid, se enfrentó al mayor desafío de su carrera. La primera ola de covid golpeó España con ferocidad y convirtió su UCI en el epicentro de una catástrofe sanitaria.

Durante las primeras semanas, Elena trabajaba turnos de catorce horas, a menudo sin el equipo de protección adecuado. Los pasillos se llenaron de pacientes en estado crítico, muchos de los cuales morían sin poder despedirse de sus familias. Elena se convirtió en el único contacto humano para docenas de personas en sus últimos momentos.

«Sostenía el teléfono para que pudieran escuchar las voces de sus seres queridos por última vez —recordaría después—. Les sujetaba la mano mientras se iban. Nadie debería morir solo».

A diferencia de otras experiencias traumáticas anteriores en su carrera, esta vez Elena no podía desconectar al llegar a casa. Vivía sola y, por miedo a contagiar a otros, se aisló por completo. Sus únicas interacciones sociales eran videollamadas con familiares y compañeros que atravesaban situaciones similares.

Tras dos meses, Elena comenzó a experimentar síntomas alarmantes. Sufría pesadillas recurrentes donde veía los rostros de los pacientes que había perdido, desarrolló un temblor en las manos que empeoraba al acercarse al hospital, perdió el apetito y bajó ocho kilos. Lo más perturbador para ella fue que comenzó a sentir profunda apatía hacia sus pacientes, algo que nunca había experimentado en su carrera.

«Me descubrí a mí misma evitando entrar en las habitaciones —confesó a la psicóloga del hospital—. Cuando un paciente me hablaba de su miedo, yo cambiaba de tema. Me sentía como una impostora, como si mi vocación hubiera desaparecido».

En junio, durante un turno particularmente difícil, Elena se derrumbó. Mientras intentaba intubar a un paciente, sufrió un ataque de pánico tan severo que tuvo que ser relevada. Su supervisor la envió a casa y la derivó al programa de apoyo psicológico para sanitarios.

La psicóloga que la atendió lo identificó como un caso clásico de *burnout* agravado por trauma vicario. «Has absorbido tanto sufrimiento ajeno que tu sistema ha colapsado —le explicó—. No es que ya no te importe, sino que te importa tanto que tu mente ha activado mecanismos de defensa extremos».

El tratamiento de Elena incluyó una baja laboral, descanso, terapia y asistencia a grupos de apoyo con otros sanitarios. Seis meses después, pudo reincorporarse al trabajo, primero a tiempo parcial y en áreas menos estresantes.

El ejemplo de Elena es paradigmático. En el mismo hospital trabajaba Álvaro, un buen amigo. Me narraba, desgarrado, meses después, lo vivido en sus eternos turnos de doce horas viendo a gente morir. Hoy se anima con un doctorado sobre la compasión en profesionales sanitarios. El *burnout* por fatiga empática (BFE) es un trastorno caracterizado por el agotamiento físico, emocional y cognitivo cuando nos exponemos de forma prolongada al sufrimiento ajeno en contextos asistenciales.[50] A diferencia del *burnout* laboral generalizado descrito por Maslach,[51] el BFE emerge de la sobreimplicación afectiva en la experiencia traumática de otros.

Sé que muchos de los lectores interesados en la empatía lo están no porque les falte, sino porque tienen tanta que necesitan comprenderla mejor. Cuidado con esto: los estudios longitudinales muestran que los profesionales con alta empatía afectiva presentan un riesgo 3,2 veces mayor de desarrollar un *burnout* por fatiga que aquellos con predominio de empatía cognitiva.[52] Ni que decir tiene que el que tiene bajas ambas se aleja mucho de esa condición. Aunque los ejemplos de Elena y Álvaro se circunscriben a las profesiones sanitarias, sabemos que se produce en cualquier profesión de ayuda. Sanitarios, docentes y personas que están cara al público en ocasiones acaban padeciendo este tipo de síndrome.

El BFE se asocia con la hiperactivación de la ínsula anterior y la desregulación del cingulado anterior.[53] Ante ese estrés crónico aparece un estado de inflamación de bajo grado (IL-6, TNF-α y cortisol sérico elevados). Estos patrones se observan consistentemente en médicos de cuidados intensivos y en psicólogos clínicos tras periodos prolongados de atención a víctimas de trauma.[54] La desensibilización compensatoria no es por falta de empatía, sino por exceso. El sistema no puede más y se precipitan conductas de evitación.[55]

Las condiciones no siempre ayudan y conviene no centrarse en exceso en factores individuales. Cargas laborales infernales que exceden lo pactado, baja autonomía decisional real en el entorno de trabajo o un apoyo institucional insuficiente pueden incrementar la incidencia hasta en un 47 %.[56] En enfermeras oncológicas, por ejemplo, la demanda asistencial enorme, los recursos limitados y la exposición acumulativa a trauma secundario explica el 68 % de la varianza en síntomas de BFE, es decir, son los factores nucleares.[57] Además, afecta más si somos neuróticos o perfeccionistas y menos si tenemos una magnífica regulación emocional y conocemos técnicas de autocuidado.[58] No obstante, conviene abrir bien los ojos y no dejar al individuo la responsabilidad de los problemas estructurales. Como neurocientífico social siempre aprovecho para defender esta característica. No es un curso de ocho semanas de meditación para mejorar su estrés lo que necesitaban Elena y Álvaro y no abogo por una neurociencia, psicología o técnicas de autoconocimiento que se aparten sistemáticamente de los problemas sociales.

De hecho, los programas de autocuidado estructurado[59] reducen los síntomas un 32 % en seis meses, pero solo si se combinan con una reestructuración real en la organización (flexibilización horaria, rotación de personas, etcétera). Si se aplican terapias de tercera generación, se logra modular la reactividad de la amígdala y mejorar la conectividad CCA-corteza prefrontal y de esta manera se reduce el sufrimiento empático un 41 %.[60] Cuidado con los mensajes de echarle agallas, superación, voluntad, «todo es actitud», «si quieres puedes», «atiende estoicamente las pasiones», «aplica *grit*» y similares. Fortalecer la resiliencia individual sin modificar esos entornos irrespetuosos con las personas tiene efectos mínimos.[61] Esto va de todos, no de aplicar una voluntad hercúlea que nos cuenta un gurú que no ha pasado por ahí nunca.

Como ves, hay muchos trastornos empáticos y también hay deshumanización, como en la esquizofrenia (±).

Solemos pensar que la empatía todo lo puede, pero, cuidado, en ocasiones toca parar, recargarse y ser consciente de hasta dónde llegan nuestras manos. Bajo la ayuda se muestran nuestras ilusiones, pero conviene que estén enraizadas en nuestra realidad cotidiana.

EJERCICIO

Empatía diferenciada para trastornos

Necesitamos desarrollar aproximaciones empáticas específicas para diferentes perfiles psicológicos, pues de no hacerlo corremos riesgos evidentes.

Procedimiento

Estudia las diferencias fundamentales entre estos perfiles buscando un ejemplo que conozcas y validándolo con dos personas más al menos. No valides lo que opinas, sino las características.

Por ejemplo: «Carmen demanda mucha atención», «Juan no se apenaba cuando sucedió esa catástrofe».

— Narcisista: vulnerabilidad subyacente oculta tras grandiosidad.

— Histriónico: necesidad intensa de atención y validación emocional.

— Antisocial/psicopático: déficit en empatía afectiva, no necesariamente cognitiva.

Para cada perfil, desarrolla una hoja de ruta que incluya:

— Necesidades subyacentes que reconocer (sin tener que satisfacerse).

— Patrones de comunicación que evitar.

— Estrategias de validación efectiva.

— Límites personales no negociables.

— Señales de alerta para desenganche temporal.

Reflexión profunda

¿Cómo equilibras la comprensión empática con la protección de tu bienestar?

¿Cómo distingues entre comprender un comportamiento problemático y justificarlo?

15

Los héroes. Otro tipo de empatía

El 2 de enero de 2007, Wesley Autrey, un constructor de cincuenta años y veterano de la Marina, esperaba el metro en la estación de la calle 137 en Manhattan con sus dos hijas pequeñas. Mientras aguardaban, notó que un joven de veinte años, Cameron Hollopeter, comenzó a sufrir convulsiones y cayó a las vías del tren.

Autrey vio las luces del tren que se aproximaba rápido a la estación. Sin dudarlo, saltó a las vías e intentó levantar a Cameron. Al darse cuenta de que no tenía tiempo suficiente para subirlo a la plataforma, tomó una decisión instantánea fuera de toda lógica.

Lo empujó hacia el hueco entre los rieles y se tendió sobre él para apretarlo más contra el suelo. Segundos después, el tren pasó por encima de ambos. Cinco vagones discurrieron a centímetros de su espalda, tan cerca que el tren manchó su gorra azul con grasa.

Cuando el tren se detuvo, los pasajeros horrorizados escucharon una voz que emergía de debajo del vagón: «Estamos bien aquí abajo, pero necesito que alguien cuide de mis hijas». Sus hijas de cuatro y seis años permanecían solas en la plataforma observándolo todo.

Cuando los servicios de emergencia pudieron rescatarlos, Autrey rechazó atención médica y se negó a que lo llamaran héroe. «No soy ningún héroe, solo hice lo que cualquiera habría hecho —insistió—. Vi a alguien que necesitaba ayuda. Solo hice lo correcto».

Lo más revelador fue la entrevista que concedió días después. Cuando le preguntaron qué había pasado por su mente en esos segundos cruciales, Autrey explicó: «No hubo tiempo para pensar. Vi a un ser humano en peligro y simplemente reaccioné. Lo único que recuerdo haber pensado fue: "Si fuera mi hijo el que estuviera ahí abajo, esperaría que alguien hiciera lo mismo"».

En los días siguientes, la historia captó la atención nacional. Autrey recibió la Medalla de Bronce de la Sociedad Humana Americana. Sin embargo, lo que más le conmovió fue una carta de la madre de Cameron, quien escribió: «Usted no solo salvó a mi hijo, me salvó a mí también». Un año después, algunos investigadores de la Universidad de Yale contactaron a Autrey como parte de un estudio sobre «héroes cotidianos». Los escáneres cerebrales revelaron que, a diferencia de la mayoría de las personas, Autrey mostraba una activación reducida de la amígdala (centro del miedo) cuando se le presentaban escenarios de peligro, mientras que las regiones asociadas con la empatía y la toma de perspectiva mostraban mayor activación.

En 2018, James Shaw Jr., un cliente de un restaurante Waffle House en Nashville, Tennessee, desarmó a un tirador activo que ya había matado a cuatro personas. A pesar de sufrir quemaduras en las manos por agarrar el cañón del rifle, Shaw logró arrebatarle el arma al atacante y lanzarla sobre el mostrador, salvando potencialmente muchas vidas. James Shaw, al igual que Wesley Autrey, insistió en que no era un héroe, sino «un hombre normal que hizo lo que tenía que hacer».[1]

El 27 de mayo de 2018, un niño de cuatro años, suspendido peligrosamente en el balcón de un quinto piso de un apartamento de París, estaba cerca de sufrir una caída mortal. Mamoudou Gassama, un migrante sin papeles de Mali de veintidós años, escaló la fachada del edificio en menos de treinta segundos apoyándose en las rejillas de ventilación y las cornisas para rescatar al menor segundos antes de una caída fatal.[2] Gassama declararía después: «Corrí y subí por instinto. Solo pensé: "Si ese niño cae, no sobrevivirá"».[3] El presidente Macron lo recibió en el palacio del Elíseo, le otorgó la nacionalidad francesa por su valor excepcional, una medalla cívica y, tras una formación profesional, se integró en el cuerpo de bomberos de París.[4] Su gesto además sirvió para confrontar algunas narrativas xenófobas; tanto que su acción reconfiguró parte del imaginario colectivo, puesto que las encuestas posteriores a su acción mostraron una reducción del 18 % en percepciones negativas hacia migrantes subsaharianos en Francia.

Estos actos extraordinarios de heroísmo, realizados por ciudadanos comunes en circunstancias cotidianas, capturan la esencia de lo que los psicólogos contemporáneos han comenzado a estudiar como «heroísmo cotidiano».[5]

Nuestra visión del heroísmo está dominada por narrativas de guerreros legendarios, líderes carismáticos o individuos con habilidades sobrehumanas. A lo largo de la historia, el concepto de héroe ha estado asociado a figuras míticas o legendarias que poseían cualidades extraordinarias. Desde Hércules en la mitología griega hasta los superhéroes contemporáneos del cine y la literatura, estas representaciones han reforzado la idea de que el heroísmo es algo excepcional y, por supuesto, inalcanzable para la persona común.

La psicología social se interesó en si esta percepción casa con la realidad de los héroes en nuestra vida cotidiana lejos de los platós televisivos y las películas de acción. El heroísmo se presenta como una capacidad humana universal, potencialmente presente en cada individuo y manifestada en contextos ordinarios.[6] Este cambio democratiza la visión del heroísmo y abre vías para su estudio científico e incluso un posible cultivo de este.

La definición científica del heroísmo difiere de la convencional y se centra en cinco componentes esenciales:

1. Estar dirigido hacia otros en necesidad o en defensa de ideales o principios.
2. Ser voluntario.
3. Reconocimiento de posibles riesgos o sacrificios.
4. Estar dispuesto a aceptar las consecuencias anticipadas.
5. Realizarse sin expectativa de ganancia externa.[7]

Al analizar las características heroicas los investigadores destacan doce atributos centrales al héroe: valiente, moral, honesto, altruista, abnegado, protector, compasivo, poderoso, resiliente, desinteresado y determinado. Estos atributos se agrupan en rasgos centrales (valentía, moral, altruismo), características contextuales (protección, abnegación) y resultados (impacto positivo).[8]

En el heroísmo aparecen a la vez dos dimensiones de la moral.[9] Por un lado, la agencia, donde prima la asertividad o la independencia y, por otro lado, la comunión en forma de conexión y cuidado. El heroísmo requiere agencia para actuar en situaciones de riesgo y comunión para orientar la acción para otros.

Como hicimos con la simpatía, la compasión y la antipatía, conviene distinguir el heroísmo del altruismo o del comportamiento prosocial. Mientras que el comportamiento prosocial implica cualquier acción que beneficie a otros y el altruismo actos motivados por el bienestar ajeno sin expectativa de recompensa, el heroísmo añade la dimensión crucial del riesgo o sacrificio personal.[10] Todo comportamiento heroico es altruista, pero no todo comportamiento altruista es heroico.

Echemos la vista hacia atrás para comprender esto mejor. En agosto de 1971, un grupo de estudiantes universitarios participó en lo que se convertiría en uno de los experimentos más controvertidos de la psicología social. Craig Haney, un estudiante de posgrado, observó cómo jóvenes normales asignados al rol de guardias en una prisión simulada comenzaban a exhibir comportamientos crueles y deshumanizantes hacia sus compañeros asignados como prisioneros. Lo más perturbador fue que ninguno de los participantes, ni de los investigadores, ni de los observadores externos intervino para detener estos abusos hasta que Christina Maslach, una joven psicóloga visitante (y futura esposa del principal investigador, Philip Zimbardo), expresó su indignación moral y exigió el fin del experimento.[11]

Este es el conocido experimento de la prisión de Stanford, diseñado para explorar cómo las personas normales responden al contexto de un entorno carcelario. Veinticuatro estudiantes fueron seleccionados por su estabilidad psicológica y asignados aleatoriamente a roles de guardias o prisioneros en un ambiente carcelario simulado en el sótano del departamento de psicología de Stanford. Lo que comenzó como un experimento de dos semanas tuvo que detenerse ¡después de solo seis días! El abuso psicológico por parte de los guardias y el deterioro emocional de los prisioneros era abrumador.

Zimbardo describe en su magnífico libro *El efecto Lucifer* que el experimento reveló no solo la «banalidad del mal», en palabras de Hannah Arendt, que explica cómo personas ordinarias pueden cometer actos malvados en ciertos momentos, sino también la «banalidad del heroísmo». El heroísmo, como la maldad, es más accesible de lo que creemos a las personas comunes.

Entre los guardias, algunos fueron crueles, otros severos, y un tercio eran como «guardias buenos» que trataban a los prisioneros con cierta amabilidad. Pero ninguno de los buenos desafió el sistema ni abortó los abusos.[12] Así apareció lo que en psicología social denominamos «efecto espectador» o «difusión de responsabilidad», esa tendencia de los individuos a no intervenir en situaciones de emergencia si otros están presentes. De alguna manera, esperamos a que otros lo hagan. Ya lo mostraron Latané y Darley[13] en varios experimentos clásicos hasta llegar a una conclusión preocupante: la probabilidad de que una persona ayude disminuye a medida que aumenta el número de espectadores.

Zimbardo mostró cómo la pérdida de identidad personal en situaciones grupales, la tendencia a alinearse con las normas del grupo y la obediencia a la autoridad incluso cuando contradice los valores personales anula nuestra conducta espontánea de ayuda.

Después, Zimbardo constituyó Heroic Imagination Project (HIP), una organización sin ánimo de lucro dedicada a promover el «heroísmo cotidiano» mediante la educación y el entrenamiento, inspirado por el caso de Irena Sendler, una trabajadora social polaca que salvó a dos mil quinientos niños judíos del gueto de Varsovia durante el holocausto.

El HIP se basa en que, si comprendemos qué facilita o inhibe el comportamiento heroico, podemos cultivar la capacidad de imaginar situaciones que requieren acción moral y visualizarnos a nosotros mismos respondiendo heroicamente.[14]

Los programas del HIP abordan el «efecto espectador» y enseñan a los participantes a reconocer situaciones donde puede aparecer esa difusión de responsabilidad. Además, contrarrestan la conformidad social para que las personas fortalezcan su independencia de juicio y no cedan a la presión de grupo. No es sencillo. Piensa en las veces que opinamos diferente, que pensamos en otra alternativa, o incluso que conocemos la respuesta correcta sobre un tema, pero la exposición social, «levantar la mano» o expresar nuestra visión en contra del rebaño, no es nada sencilla.

Zimbardo usa narrativas heroicas como herramientas pedagógicas. De esta manera, a través de historias se pueden transformar actitudes y comportamientos que invitan a la identificación empática.[15] El HIP utiliza héroes cotidianos para volver el heroísmo accesible y también incluye simulaciones y juegos de rol que permiten a los participantes practicar respuestas heroicas en entornos seguros. Por supuesto, cultivan la empatía como fundamento del heroísmo, practican la toma de perspectiva, la escucha activa y la conexión interpersonal. Los resultados son muy buenos. Los participantes muestran una mayor disposición a intervenir en situaciones donde se requiere una acción moral y son más conscientes de sus propias barreras psicológicas para el heroicismo.[16]

En todas las acciones heroicas citadas vemos que fueron realizadas sin premeditación, en respuesta inmediata a una crisis, lo que refuerza que el heroísmo espontáneo es impulsivo.

¿Qué tiene que ver con la empatía? Podemos imaginar que desde luego está muy relacionado con la afectiva, puesto que se necesita captar vicariamente las emociones de otros.[17] Ante el posible sufrimiento ajeno, se desencadena una respuesta emocional inmediata que motiva a ayudar, incluso antes de evaluar los riesgos o consecuencias. Actuamos y luego pensamos.

La neurociencia identifica circuitos cerebrales específicos asociados con esta forma de empatía, ¡cómo no en la ínsula anterior y la corteza cingulada anterior![18] Pero, como sabemos, la empatía emocional por sí sola no garantiza la acción heroica; lo que distingue a los héroes espontáneos parece ser su capacidad para regular esta respuesta emocional, que facilita la acción en lugar de la evitación.[19]

Si ves una emergencia, existe proximidad física, no hay otros potenciales intervinientes y te percibes competente para ayudar, aumenta tu probabilidad de intervención heroica.[20] Como en cualquier constructo psicológico, hay ciertos rasgos que se asocian con una mayor disposición a asumir riesgos prosociales.[21] La extraversión, que facilita la socialización; la estabilidad emocional, que impide el desborde, y la apertura a la experiencia, que disminuye prejuicios, son claves.

¿Qué hay de un heroísmo premeditado?

En 1996, el banquero Muhammad Yunus fundó el Banco Grameen en Bangladesh, pionero en el concepto de microcréditos para personas en situación de pobreza, en especial mujeres, que no tenían acceso a los préstamos bancarios tradicionales. A lo largo de décadas, Yunus ha mantenido su compromiso con la erradicación de la pobreza a través de innovaciones financieras, enfrentándose a todo tipo de obstáculos políticos, económicos y culturales. Su trabajo sostenido ha permitido a millones de personas iniciar pequeños negocios y mejorar sus condiciones de vida, lo que le valió recibir el Premio Nobel de la Paz en 2006.[22]

El caso de Yunus ilustra una forma de heroísmo muy distinta del espontáneo: el heroísmo premeditado o sostenido. En este caso, el compromiso es con causas y principios, a menudo a lo largo de toda una vida. No se responde a emergencias inmediatas, sino a injusticias o necesidades sistémicas.

El heroísmo premeditado está vinculado a la empatía cognitiva.[23] Desde este componente se puede responder a formas de sufrimiento sistémicas, como la pobreza estructural. El premeditado está estrechamente relacionado con la «integración moral».[24] Así, las personas que han dedicado sus vidas a estas causas no distinguen entre sus intereses personales y sus compromisos morales, ya que sus acciones, más que un sacrificio, son una expresión de su identidad y de su ser.

Esta integridad moral parece desarrollarse a través de un proceso gradual[25] donde los límites entre lo personal y lo comunal se difuminan. La realización personal surge a través de la ayuda al bien común. En el heroísmo premeditado las narrativas morales coherentes dan sentido, propósito y significado,[26] y los ayudan a atravesar dificultades y obstáculos. Como señala Zimbardo,[27] cultivar esta imaginación heroica implica no solo prepararse para emergencias, sino también desarrollar la capacidad de reconocer injusticias sistémicas y visualizar alternativas más justas. El cerebro social responde a las historias; nos permite diseñar escenarios, encontrar soluciones, imaginar cómo serían los eventos si determinadas circunstancias cambiaran. Somos contadores de historias.

Hay más detalles del vínculo entre empatía y heroísmo; si quieres conocerlos, puedes acceder al apartado «Para saber más» (±).

¿Cómo son los héroes ahora? ¿Te suena el viaje del héroe que vemos una y otra vez en el *marketing* y las historias de *influencers*?

En febrero de 2022, en cuentas falsas se publicaron una serie de videos que simulaban participación humanitaria en la frontera de Ucrania durante la invasión rusa. Mostraba entregas de ayuda a refugiados, acompañadas de efectos de sonido de bombardeos y geolocalizaciones falsas en Leópolis (Ucrania) y Przemyśl (Polonia). Todo esto generó 240.000 dólares en donaciones.[28] En realidad, los vídeos se grabaron en un almacén industrial de Nueva Jersey,[29] pero, a pesar de ello, su base de seguidores aumentó un 18 % (con 720.000 nuevos) en las semanas posteriores al escándalo.

El sufrimiento humano ya es un espectáculo rentable. No hace falta ser compasivo, basta simular cierto activismo y sacarle rédito. La ética no es aristotélica, es de los clics.

Conviene no confundir estos falsos héroes con los «héroes imperfectos». Estos últimos realizan actos heroicos, pero como todo hijo de vecino presentan sus sesgos y tendencias en otros aspectos de sus vidas. Lo que pasa es que los falsos héroes simulan heroísmo precisamente para evitar costes personales mientras cosechan beneficios sociales y los que he denominado imperfectos, o simplemente humanos, son los que asumen costes reales a pesar de sus limitaciones.

Las consecuencias sociales de los héroes narcisistas son graves. Se devalúa a los verdaderos, como los terraplanistas rechazan a los científicos si comparten un espacio de debate que ha usurpado la lógica y el raciocinio. Además, nos vamos acostumbrando a confundir la apariencia de virtud con la ejecución de esta. Una tercera consecuencia, muy visible, es el crecimiento del cinismo público. Todo da igual porque nada sirve y de lo que se trata es de elegir la mentira que más nos convence. En un experimento que hicimos en el laboratorio, dirigido sabiamente por mi compañera Sabela Fondevila, vimos, a grandes rasgos, cómo la exposición a la incertidumbre y las emociones negativas facilita la creencia de noticias falsas. En entornos tan inestables surge una erosión de la confianza social. Quizá es que los héroes verdaderos no obtienen lo que se merecen. Aparece una indefensión aprendida donde todo puede llegar a ser un simulacro (±). Lo real, como dice Zimbardo,[30] con frecuencia ocurre fuera del centro de atención mediática, realizado por individuos que no buscan reconocimiento.

El heroísmo auténtico implica desafiar, no reforzar narrativas dominantes y estructuras de poder existentes. Los falsos héroes refuerzan un *statu quo* agobiante mientras cultivan imágenes de excepcionalidad individual.

Hay otro heroísmo más grupal y humano, profundamente empático y compasivo, que entiende que no queda otra, que no hay otra cosa que deba hacerse que no sea ayudar. Se trata de la reacción mayoritaria ante catástrofes.

La clave de la resistencia de los esclavos del algodón del sur de Estados Unidos, sometidos a latigazos, esfuerzos imposibles y separación familiar, no fue el enfrentamiento aislado, sino la sociabilidad cotidiana. Escuché una conferencia estremecedora en 2012 de una descendiente de esclavos. Es muy curioso que todo el proceso que realizaron tenía una enorme lógica neurocientífica, aunque surgido por intuición: palabra, movimiento, canto, sinceridad, estrategias colectivas, imaginación.[31] (±).

Las comunidades indígenas operan así desde hace siglos. Entienden esa faceta del cerebro social, sin necesidad de estudiar sinapsis o neurotransmisores. Lo he visto con mis propios ojos al visitar algunas de ellas en Estados Unidos y conocer a personas de esas comunidades en México, Perú o Ecuador. Los círculos de relato y la conexión con la vida van transformando la narrativa de víctimas hacia una de supervivencia colectiva.[32] El terremoto-tsunami y el escape de la central de Fukushima en 2011 es otro ejemplo. El factor predictor más robusto de supervivencia y recuperación no fueron los diques, sino el capital social previo. Si los vecinos conocían a sus mayores, si ya había redes de confianza previas fue más fácil coordinar evacuaciones y comités de barrio para compartir alimentos y herramientas. Donde había más cohesión hubo menos mortalidad y una reconstrucción más rápida.[33] Nada que ver con la visión individualista del pseudohéroe.

En el océano Índico en 2004 la ayuda mutua sostuvo a pueblos como Banda Aceh cuando aún no llegaba la asistencia internacional. Las familias reasignaron tierras, reconstruyeron sus centros emblemáticos y sellaron nuevas alianzas sociales. Cuando psicólogos profesionales, bien formados y con buena intención, acudieron, se centraron en el trauma individual y sus terapias no funcionaron. Suelo explicar este ejemplo en la universidad para que se capte que los constructos con los que ordenamos la mente humana a veces son demasiado endogrupales. Para los habitantes de aquellas tierras, los psicólogos, así lo manifestaron, fueron «el segundo tsunami». Las intervenciones que fortalecen los vínculos comunitarios son más importantes que los diagnósticos o los tratamientos externos en casos así.[34] Tras los atentados del 11-M en Madrid en 2004, la mayoría salimos a la calle en rituales laicos de duelo y protesta. Curiosamente esa participación masiva, que podría verse como inútil, dado que no revierte el daño realizado, mejoró el clima emocional, multiplicó el apoyo social y ayudó a sanar el trauma semanas después.[35] Ayudamos a los que sobreviven y honramos a los que ya no están.

En el caso de la dana que anegó Valencia en 2024 se reprodujo el mismo patrón. Mientras fallaban las alertas oficiales, miles de voluntarios, grupos de todo tipo, ONG y vecinos, organizados por WhatsApp, distribuyeron comida, limpiaron el fango y ofrecieron refugio. Los análisis sanitarios subrayan que esta malla de solidaridad y la coordinación de determinadas entidades de ayuda fueron tan decisivas como los recursos estatales para contener la crisis física y psicológica.[36] Fue triste ver a individuos engullidos por el personaje que se mostraban al mundo como héroes. Los héroes son otros. Incluso algunos aprovecharon para sacar a relucir sus identidades sociales, como si por ser del Madrid, catalán, español, andaluz, hombre, mujer, bajo, alto, rico o pobre se ayudara más o menos. En estos ejemplos se revela lo limitado del tribalismo, el apego a las propias identidades cuando no es momento de exaltarlas. Guste más o menos, los que ayudaban eran religiosos y ateos, de izquierdas y de derechas, nacionales y extranjeros, altos y bajos. Eran humanos haciendo lo que había que hacer. Punto.

Como sugiere Zimbardo,[37] quizá la pregunta más importante no sea por qué algunas personas hacen el mal, sino por qué tan pocas hacen el bien cuando tienen la oportunidad. No permitamos una empatía superficial, falsa y de postureo en vez de basada en el sentimiento.

Recordemos que el heroísmo también es grupal y trasciende la tercera dimensión.

EJERCICIO

Mis héroes cotidianos

En esta práctica exploraremos a los héroes.

Procedimiento

1. Elige cinco personas que consideras un ejemplo, algo parecido a un héroe cotidiano. Pueden ser conocidos para ti o no.
2. Describe por qué lo son.
3. Busca si existen características comunes a esas cinco personas dentro de tu descripción.

Reflexión profunda

¿Son esos los valores máximos para ti?
¿Qué reflejan esas características comunes?
¿Qué es lo que falta y no aparece?

16

La culpa y la vergüenza

En 1944, mientras las tropas soviéticas avanzaban hacia Cracovia, Oskar Schindler, un empresario alemán y miembro del Partido Nazi, organizó una evacuación desesperada. Su fábrica de esmaltados, que empleaba a más de mil doscientos trabajadores judíos, se trasladaría a Brünnlitz, en Checoslovaquia, lejos del avance soviético.

Schindler, quien había llegado a Polonia en 1939 como oportunista buscando enriquecerse con la guerra, se había transformado gradualmente. Lo que comenzó como una operación para explotar mano de obra judía barata se convirtió en una misión para salvar vidas. Con la ayuda de su contador judío, Itzhak Stern, compiló una lista de mil doscientos nombres: trabajadores esenciales que serían transferidos a la nueva fábrica en lugar de ser enviados a los campos de exterminio.

La noche antes de la evacuación, Schindler organizó una cena con algunos oficiales de las SS. Mientras bebían y celebraban, Schindler los persuadió para que le permitieran llevarse a «sus» judíos a Brünnlitz. Gastó toda su fortuna en sobornos para asegurar el traslado.

Durante los meses siguientes, la fábrica de Brünnlitz produjo de forma deliberada munición defectuosa para el ejército alemán. Schindler gastó el resto de su dinero en el mercado negro para alimentar a sus trabajadores mientras la guerra terminaba.

Cuando Alemania por fin se rindió en mayo de 1945, Schindler reunió a todos sus trabajadores. «Ahora son libres —les dijo—. Yo debo huir». Como miembro del Partido Nazi y de la Abwehr (inteligencia militar alemana), se enfrentaba al posible arresto por parte de los aliados.

Antes de partir, los trabajadores le entregaron un anillo de oro fabricado con los empastes dentales de uno de ellos. En su interior habían grabado una cita del Talmud: «Quien salva una vida salva al mundo entero».

Fue entonces cuando ocurrió el momento más revelador. Schindler miró el anillo y rompió a llorar desconsoladamente. «Podría haber salvado más —sollozó—. Mi coche... ¿por qué conservé mi coche? Diez personas más... Mi insignia nazi..., dos personas más... Este alfiler..., dos o tres más... Y no hice lo suficiente».

Pola Stein, una de las supervivientes, recordaría después: «Estábamos tan agradecidos con él, le debíamos nuestras vidas, y él solo podía pensar en aquellos a quienes no pudo salvar».

Tras la guerra, Schindler intentó varios negocios en Argentina y Alemania, pero todos fracasaron. Vivió sus últimos años dependiendo económicamente de los *Schindlerjuden* (los judíos de Schindler), aquellos a quienes había salvado. Murió en la pobreza en 1974.

En su funeral en Jerusalén, más de quinientos *Schindlerjuden* de todo el mundo se reunieron para despedir al hombre que los había salvado. Hoy, los descendientes de aquellos mil doscientos nombres en la lista suman más de diez mil personas.

El 20 de noviembre de 1945, en el Palacio de Justicia de Núremberg, comenzó el juicio más importante de la historia moderna. Veinticuatro altos funcionarios nazis se sentaron en el banquillo de los acusados, enfrentando cargos por crímenes contra la humanidad, crímenes de guerra y conspiración para cometer agresión.

Entre ellos estaba Hermann Göring, el segundo hombre más poderoso del Tercer Reich después de Hitler. Durante las primeras semanas del juicio, Göring se comportó con arrogancia, dominando a los otros acusados e incluso intercambiando comentarios sarcásticos con los fiscales.

Todo cambió el 29 de noviembre, cuando la fiscalía proyectó películas documentales de los campos de concentración recién liberados. Las imágenes mostraban montañas de cadáveres esqueléticos, supervivientes que apenas podían mantenerse en pie y fosas comunes excavadas por soldados aliados.

La sala quedó sumida en un silencio absoluto. Los periodistas presentes notaron que varios de los acusados apartaban la mirada o se cubrían el rostro. Göring, sin embargo, mantuvo la vista fija en la pantalla y su expresión se transformó a la vista de todos.

Al día siguiente, durante un receso, un psicólogo militar estadounidense, Gustave Gilbert, visitó a Göring en su celda. «¿Sabía usted de estos horrores?», le preguntó. Göring, visiblemente alterado, respondió: «No de esta magnitud. Esto es... esto es vergonzoso para Alemania».

Lo más revelador fue lo que siguió. Gilbert anotó en su diario que Göring no expresó remordimiento por las víctimas ni empatía hacia su sufrimiento. Su preocupación principal era cómo estas revelaciones afectarían a la reputación de Alemania y su propio legado histórico. «La historia nos juzgará no por lo que hicimos, sino por haber perdido», le dijo a Gilbert.

Durante las semanas siguientes, la estrategia de defensa de Göring cambió. Ya no negaba los hechos, sino que intentaba distanciarse de ellos, culpando a subordinados o alegando ignorancia. En sus declaraciones finales, insistió: «El pueblo alemán ignoraba estos crímenes. Yo mismo desconocía su alcance».

El contraste con otro acusado, Albert Speer, fue notable. El exministro de Armamento reconoció su responsabilidad colectiva y expresó remordimiento genuino: «Cuanto más alto era nuestro rango, mayor era nuestra responsabilidad… No se trata solo de expiar lo que hemos hecho, sino de establecer un sentido de culpa común».

Göring nunca llegó a la horca. La noche antes de su ejecución programada, se suicidó con una cápsula de cianuro que había logrado ocultar. Su última nota, dirigida al comandante de la prisión, no mencionaba a las víctimas del régimen nazi, sino que protestaba por el trato indigno que había recibido como oficial militar.

La culpa, junto con la vergüenza, el bochorno o el orgullo,[1] es una de las emociones sociales y autoconscientes que aparece cuando alguien se siente responsable de dañar o afectar negativamente a otra persona, pudiendo haberse evitado la situación con una acción diferente. Como emoción moral y prosocial, protege las relaciones sociales al castigar transgresiones interpersonales, y a la vez reequilibra el comportamiento con acciones reparadoras.[2] También actúa como un predictor de la conducta, ya que evita que las personas cometan acciones indebidas en el futuro.[3] La ausencia de culpa se manifiesta en psicópatas, dado que no sienten remordimiento por aquellos a quienes dañan.[4] La culpa se basa en la agencia propia y cuando nuestras acciones afectan a otro individuo, se requiere empatía para adoptar la perspectiva de los individuos afectados.[5]

En psicología se han estudiado dos tipos principales de culpa: una deontológica, intrapsíquica e interna en la que uno mismo es juez y parte y se siente autoculpable,[6] y otra altruista o interpersonal que implica acción o daño sobre el otro.[7]

La vergüenza, por el contrario, aparece en situaciones de evaluación social con sentimientos de incompetencia, al fallar una tarea, o cuando tenemos como consecuencia un comportamiento social inapropiado.[8] No solo eso, la vergüenza puede aparecer por la mera devaluación del grupo, sin contar con la nuestra. La vergüenza implica un yo dañado, devalúa la autoestima y puede derivar en comportamientos agresivos como ira, hostilidad o resentimiento.[9]

La culpa (interpersonal) tiene que ver con la empatía, pero la vergüenza no. Incluso a veces se relaciona con la falta de esta. Piensa en los «sin-vergüenzas». Durante años he investigado estas emociones sociales en el cerebro, pero en vez de buscar regiones implicadas, algo que requiere el uso de la resonancia magnética funcional, el objetivo era ver cómo se despliegan en el tiempo las emociones, es decir, cuánto tarda el cerebro en construir una emoción y cómo realiza ese proceso. Para ello utilizamos una técnica conocida como potenciales relacionados con eventos (PER). En experimentos habituales en neurociencia se utilizan la imaginación o el recuerdo para evocar situaciones sociales en las que elicitar determinadas emociones. «Recuerde usted una situación en la que alguien se coló en el supermercado» o «imagine que alguien por la calle le señala con el dedo» serían ejemplos de ese tipo de escenarios. Pero una emoción recordada o imaginada no es real, es decir, no ocurre en respuesta al entorno aquí y ahora; así que intentamos generar emociones de culpa, vergüenza y también orgullo durante varios años con diversos experimentos, pero siempre con emociones que surgieran en el propio laboratorio para que fueran más parecidas a nuestra vida cotidiana.

Si estás interesado en esto, te describo con detalle dos experimentos (±).

En uno de ellos, al generar culpa interpersonal, donde la acción de una participante implica pérdida de dinero para otra, el cerebro detectaba esa situación social en tan solo 450 milisegundos y con un marcador neural específico llamado negatividad frontal. Esa fluctuación cerebral era la base del sentimiento de culpa, el cual precisa de la comprensión emocional (empatía cognitiva). El posible origen de esa fluctuación era la corteza prefrontal medial, un nodo importante para la empatía y la cognición social.[10]

En otro estudio diseñamos unos roles diferentes entre dos personas para así poder estudiar la vergüenza. Establecíamos una relación asimétrica entre los dos. Uno podía dar un consejo, bien o mal, y el otro podía hacer caso, o no. Cuando el cerebro registra que te he aconsejado mal y no me haces caso siento vergüenza. Encontramos que las fluctuaciones cerebrales implicadas en la condición de vergüenza aparecían ya en torno a los 200 milisegundos, alcanzando un pico a los 400 milisegundos. Es decir, que para ambos experimentos el cerebro realiza computaciones sociales comparativas muy rápidamente.

En el experimento de culpa, había correlación con las puntuaciones de empatía cognitiva y afectiva del test TECA, no así en el de vergüenza. Como apunté arriba, la empatía es un elemento central para que surja la culpa, pero no la vergüenza.[11] La comprensión cognitiva y emocional de la angustia ajena es crucial para elicitar sentimientos de culpa y de esta manera enmendar y abordar el comportamiento consecuente. Sin embargo, la vergüenza conduce a intentar calmarse por sí mismo y con frecuencia al ocultamiento y la evitación, no a acciones empáticas.

En situaciones sociales, los sentimientos de vergüenza y culpa generalmente se superponen.[12] Es frecuente que las personas digan que sienten culpa, cuando en realidad es vergüenza, y viceversa.

Esta confusión agrava el problema, puesto que alguien que cometió un error empieza a pensar «soy una mala persona» en lugar de «hice algo malo». Sentir culpa por una acción puede ser adaptativo y reparador, pero hundirse en la vergüenza global suele resultar contraproducente.[13] Toca centrarse en la acción realizada, reparar el daño, asumir la responsabilidad, pero evitar la generalización autodestructiva. Encontramos esa situación en numerosas ocasiones. Hace poco comentaba a los técnicos que ayudan a la búsqueda de empleo en Cruz Roja la necesidad de matizar esta distinción. Una cosa es no tener trabajo, y otra creer que no se tiene por ser un desgraciado. En organizaciones sucede a menudo. Nos castigamos tanto ante el error que lo atribuimos a todo nuestro ser. Debemos reconocer la culpa por hechos concretos, pero combatir la idea de que nuestro valor como personas queda anulado.[14]

Más allá de la confusión, en los tiempos que corren es habitual decir que la culpa es inservible, que lo que sirve es la responsabilidad. Quizá la culpa deontológica e intrapsíquica sea inútil en exceso, es decir, esa que te lleva a rumiar, dar vueltas y sentirte mal en tu propia mente por el hecho de pensar o colocar unas referencias inadecuadas sobre ti mismo. Algo así como «me siento fatal por pensar en…», «no debería sentir esto». Esa culpa patológica se caracteriza por ser intensa, prolongada, resistente a la evidencia, contradictoria y desproporcionada al daño real causado. Tengo un amigo que aunque le digas, insistas y te arrodilles expresándole que no te ha molestado que llegara cinco minutos tarde no te cree y pasa casi a no dormir por ello. No es una culpa sana, sino patológica. La persona encuentra en la culpa intrapsíquica un juez interno implacable, tirano y castigador. De hecho, es muy elevada en los trastornos obsesivos, depresión mayor, trastorno de estrés postraumático y ansiedad.[15] En esos casos, como el de mi amigo, casi que lo que hace falta es una especie de autoperdón y actitud compasiva hacia los propios errores y limitaciones, así como una distancia objetiva sobre el pensamiento.[16]

Pero la otra culpa, la interpersonal, la que surge del daño a otros, es una emoción saludable y necesaria, por raro que parezca.

Dos ejemplos de una conocida expolítica madrileña y un exjugador del Barcelona FC y la Selección Española te pueden ayudar a entender la culpa y la responsabilidad si aún te quedan dudas (±).

Nos podemos dejar ayudar por Zimbardo. En *El efecto Lucifer*, ya mencionado, describe magistralmente cómo la mayoría de las disculpas, si es que aparecen, fallan. Pero antes de llegar a la «dis-culpa», examinemos la responsabilidad. Supongamos que tras un error cometido durante un mal día te haces responsables de este y pagas la multa por conducir de forma indebida o aparcar en una zona prohibida. Ante estos casos hay quien no se siente culpable y, por tanto, no muestra una acción reparadora. En resumen, no es empático, no se puso en los zapatos del otro. Esta persona quizá no piensa que si todo el mundo aparcara en doble fila, acelerara cuando un policía lo llama al orden o condujese a doscientos kilómetros por hora los posibles accidentes y daños se multiplicarían. Al carecer de empatía en ese momento, no surge la culpa ni, por tanto, la reparación. Que haya responsabilidad posterior es irrelevante, solo a partir de la culpa aparecerá responsabilidad, reparación y una conducta futura evitativa de este tipo de escenarios. ¿Y la disculpa? Zimbardo nos explicaría muy bien por qué en ocasiones en las que sí se pide perdón, la «dis-culpa» es insuficiente. Para empezar, la culpa es una emoción y la disculpa una conducta que, para que sea adaptativa, debe originarse en la emoción real percibida. Pero no solo eso, la «dis-culpa» no es para alejar la culpa, sino para procesarla. Por eso una disculpa eficaz empieza poniéndose en el lugar de los demás, requiere una expresión verbal extensa y para terminar se debe manifestar un compromiso firme. Esto rara vez se da en el espacio social mediático. Zimbardo recorre la ausencia o las malas disculpas de los presidentes de varios países que, ante «evidentes armas de destrucción masiva», bombardearon pueblos. Añade el ejemplo de los presos de la cárcel de Abu Ghraib, que sufrieron humillaciones constantes por parte de los carceleros desde una banalidad del mal aterradora. Probablemente los «sin-vergüenzas» necesitan proteger su yo mediante el ataque y la ocultación. Es mucho pedir «dis-culpas».

Para finalizar, hablemos de algo más sobre estas dos culpas. Aunque popularmente se habla de «culpa católica» para describir la propensión a la culpa en contextos de moral religiosa estricta, o «culpa judía» como estereotipo de la psique judía cargada de remordimientos (algo ilustrado en la literatura y el cine, donde la figura de la «madre judía» crítica induce culpa en sus hijos), los estudios no apoyan que ciertos grupos étnico-religiosos posean una capacidad de culpa intrínsecamente mayor que otros; más bien, se trata de estereotipos difundidos por la cultura sin base empírica sólida.[17] Lo que sí varía es la expresión y valoración de la culpa entre culturas. Ojo, conviene pensar entonces si más allá de tus creencias, incluso en medio de un ateísmo radical, hubieras internalizado un exceso de culpa por defecto. Esto suele ser lo habitual, poseemos más de la intrapsíquica de lo necesario y poco de la interpersonal porque nos expone al otro.

Los antropólogos introdujeron la interesante idea de «culturas de la culpa» versus «culturas de la vergüenza». En las sociedades individualistas prima la culpa (regulación a través de la conciencia interna), mientras que en que las sociedades colectivistas sería la vergüenza (regulación a través de la imagen ante los demás).[18]

Japón, por ejemplo, ha sido descrita como una «cultura de la vergüenza», donde la regulación moral depende más del qué dirán y de la armonía grupal, mientras que Estados Unidos sería prototípicamente una «cultura de la culpa», donde la brújula moral es la conciencia individual.[19] En culturas orientales, por extraño que parezca, la vergüenza no es una emoción negativa, y puede verse como útil y adaptativa para el grupo (promoviendo la mejora personal).

Un clásico ejemplo es el de Akio Toyoda, presidente de Toyota, quien ante la Cámara de Representantes de Estados Unidos, el 24 de febrero de

2010, asumió la crisis corporativa de su empresa de forma directa. El contexto era muy crítico. Hubo fallos técnicos vinculados a treinta y cuatro muertes y a una retirada masiva de ocho millones y medio de vehículos.[20] Toyoda optó por una estrategia radical, que fue asumir la responsabilidad personal mediante gestos y discursos alineados con la ética japonesa pero adaptados a la cultura estadounidense. Piensa en términos de culpa, vergüenza, responsabilidad y «dis-culpa» al leer cómo sucedió.

Su intervención comenzó con una reverencia de cuarenta y cinco grados ante los legisladores, tratando de transmitir respeto sin necesidad de palabras.[21] Reconoció errores estructurales: «Priorizamos el crecimiento sobre la calidad […] y perdimos el enfoque en nuestros clientes».[22] Esta autocrítica era muy diferente al patrón común de CEO o políticos, quienes históricamente delegan las responsabilidades a «fallos técnicos», proveedores o colaboradores.[23] Toyoda asumió la crisis de forma personal al afirmar: «Los coches llevan mi nombre. Los siento como si fueran mis hijos».[24] El impacto transcultural fue inmediato. Lo que para la mayoría sería un episodio avergonzante que se solucionaría con evasivas, acusaciones o evitación, o con «dis-culpas» breves, generales y poco emocionales y empáticas, aquí fue un ejemplo de cómo la vergüenza en determinadas sociedades se presenta como responsabilidad compartida. No me importa tanto cómo Toyota recuperó su cuota de mercado, lo que resulta vital es entender que el 73 % de los consumidores estadounidenses consideraron su disculpa sincera.[25]

La culpa y la vergüenza surgieron como posibles pegamentos de la vida social en los primeros grupos *sapiens*. Nuestra inteligencia es una; fruto de la complejidad social tuvimos la necesidad de construir cultura de forma dinámica, crear emociones que permitan enmendar errores (culpa interpersonal), o devaluar nuestro estatus (vergüenza), de la misma forma que hubo que diseñar estrategias analíticas para solucionar problemas. La empatía, como puedes ver, va por ahí: alta en la culpa interpersonal, ausente en la vergüenza. Podríamos buscar qué sistemas moduladores influyen en la propensión a sentir estas emociones. Uno posible es la oxitocina, vinculada con la afiliación y la empatía, no tanto con el amor, como veremos luego. Quizá esto no sea tan romántico como se espera: la administración intranasal de oxitocina potenció los sentimientos de culpa (y vergüenza) que reportaban los participantes al imaginar que causaban daño intencional a otros.[26] Además, mostraron menor disposición a aprobar acciones dañinas incluso si eran por un bien mayor. Lo interesante es que el efecto fue más pronunciado en individuos con menor empatía afectiva, lo que sugiere que la oxitocina puede aumentar la sensibilidad moral al promover la empatía hacia el sufrimiento ajeno y, con ello, intensificar la aversión a causarlo.[27] La serotonina (5-HT) también está implicada. Si se reduce agudamente la serotonina en el cerebro (quitando el triptófano que la genera), se amplifica la culpa en individuos con altos niveles de empatía.[28] Debido a que la culpa patológica es un rasgo común en la depresión mayor y a menudo mejora con tratamientos que aumentan la serotonina y a su vez perfiles opuestos como los psicopáticos manifiestan un funcionamiento atípico de serotonina y oxitocina, entendemos la baja o alta propensión a sentir culpa.[29] Esto debe cogerse con pinzas, pues la depresión es mucho más compleja que la actividad a la alta o a la baja de un neurotransmisor. No abogo por modelos biologicistas que nos hablan del cortisol malvado, la princesa oxitocina y la serotonina «happy flower», solo señalo correlatos neurobiológicos para entender la culpa y la vergüenza y su relación con la empatía.

¿Y cuándo aparece esa culpa intrapsíquica, interna y exagerada, que puede llegar a martirizarnos? Me temo que es algo inherente al yo, a la voz interior que comenta nuestras acciones y, por tanto, surge a la par que la maduración del lenguaje, el pensamiento y la noción de agencia del propio sujeto. Si la voz interior aumenta, la tendencia a las patologías citadas crece. Si disminuye (meditación genuina, silencio, bajo estrés), nos solemos sentir mejor, con menos carga. ¿Tiene esto que ver con la culpa en un sentido religioso? En efecto. Esa voz de la conciencia surge en determinado momento de la historia de las religiones. De hecho, en esta frase se vinculan directamente todos esos conceptos: «Por mi culpa, mi culpa, mi gravísima culpa; pecado de pensamiento, palabra, obra y omisión». No nace en sus inicios ni aparece en los miles de religiones que existen. ¿Cómo es posible?

Te doy una pista: nuestro cerebro es hipersocial. La emergencia de esa culpa intrapsíquica en religiones con dioses moralizantes está ligada directamente a la complejidad social. En este caso vinculada no con el número de Dunbar, es decir, en comunidades donde los individuos se conocen lo suficiente, sino en aquellas con unas dimensiones tan grandes, vinculadas al tamaño de los asentamientos urbanos, que necesita de un mecanismo de control. Esta es la tesis de Ara Norenzayan,[30] que determina que los dioses moralmente preocupados y omniscientes aparecen cuando las poblaciones exceden el millón de habitantes. Este patrón se observa desde el antiguo Egipto, donde la figura de Maat, hija del dios Ra, emerge alrededor del 2800 a. C., varios siglos después de la unificación de las primeras ciudades del valle del Nilo, hasta el desarrollo de sistemas religiosos más tardíos como el judaísmo, el cristianismo y el islamismo.

Norenzayan argumenta que la creencia en deidades que pueden observar y juzgar el comportamiento humano incluso en privado extiende el alcance de la vigilancia social más allá de las limitaciones físicas de la observación humana directa. Esta vigilancia sobrenatural no solo abarca las acciones observables, sino que se extiende al reino de los pensamientos, intenciones y deseos, creando un sistema de control social que opera desde el interior de la psique individual. Al elevarse la densidad poblacional urbana, se favorece el anonimato social. En ciudades con miles de extraños, el cara a cara se hizo imposible. De hecho, nos escondemos en medio de la masa y el comercio y la gestión de recursos con muchas personas implica que hay que confiar ante desconocidos. Y no solo eso, hace falta un mecanismo de cohesión interna para mantener ese endogrupo estable y libre de conflictos.[31] Qué mejor que una culpa interna, anticipatoria, donde uno mismo es juez y parte y se siente vigilado o disuadido de ciertas acciones desde su propia voz interior. Esta culpa está vinculada al lenguaje, ya que nuestro diálogo interno[32] permite convertir mandatos divinos («Shamash ve tus engaños») en autovigilancia narrativa. La voz de la conciencia emerge casi como un «dios internalizado» que monitorea los pensamientos privados y que representa juicios hipotéticos tipo: «Si robas, serás castigado».[33]

En contraste, las sociedades con asentamientos pequeños (de menos de mil habitantes) mantuvieron sistemas basados en la exposición y la vergüenza pública. Los !kung del Kalahari (grupos de entre veinte y cincuenta personas) o los yanomami amazónicos (aldeas de unos doscientos habitantes) son ejemplos de cómo la transparencia social hace innecesaria la culpa intrapsíquica. Donde todos los miembros se conocen personalmente y las interacciones cara a cara son la norma, los mecanismos de control social basados en la reputación, la reciprocidad directa y la sanción grupal son suficientes. Las normas se imponen mediante el escarnio público, la explicación o el ostracismo.[34] De hecho, sus deidades o espíritus ancestrales no son moralizantes ni omniscientes.[35]

Las investigaciones de Norenzayan nos ilustran sobre la culpa intrapsíquica. Las sociedades con más de un millón de habitantes tienen doce veces más probabilidades de desarrollar dioses omniscientes que grupos de menos de diez mil.[36]

La canción de «Eye in the Sky», de The Alan Parsons Project, encapsula esta psicología donde el «ojo en el cielo» simboliza la divinidad internalizada que vigila al individuo anónimo en una sociedad masificada. Su estrofa «I am the eye in the sky looking at you / I can read your mind» refleja esa angustia ante un testigo invisible que conoce hasta los pensamientos prohibidos ($\pm$).

Cuidado con la culpa intrapsíquica, vayamos más allá de la responsabilidad hacia una culpa interpersonal empática reparadora. Ojalá no tengamos que pasar vergüenza y bajar de estatus social. Quizá te preguntes, ¿existe alguna emoción que nos permita subir el estatus sin perder la empatía?

La respuesta es sí, y la veremos en el siguiente capítulo.

EJERCICIO

Por mi culpa, por mi culpa, por mi gran culpa

Procedimiento

1. Recuerda tres situaciones en las que tus palabras, acciones u omisión ocasionaron un daño expreso y concreto a alguien.
2. Revive cómo fue tu proceso de culpa hacia dentro, de reparación hacia fuera y de disculpa.
3. Describe las tres etapas de las tres situaciones y luego hazte las siguientes preguntas:
   —¿Tiendes más a la culpa y luego vergüenza para no reparar?
   —¿Tiendes a reparar sin pedir casi disculpas?
   —¿Te quedas rumiando la culpa, aunque al otro le lleguen tus disculpas y las acepte?

Reflexión profunda

¿Cuántos problemas se podrían haber evitado en tu vida si tú hubieras manejado el arte de la disculpa? ¿Y cuántos si otros lo hubieran hecho contigo?

17

El orgullo y el *hubris*

En el año 330 a. C., tras derrotar al emperador persa Darío III en la batalla de Gaugamela, Alejandro de Macedonia entró triunfante en Persépolis, la magnífica capital del Imperio persa. Con apenas veintiséis años, había conquistado el imperio más grande conocido hasta entonces, extendiendo sus dominios desde Grecia hasta la India.

Criado bajo la tutela de Aristóteles y heredero del trono macedonio tras el asesinato de su padre Filipo II, Alejandro había mostrado desde joven una extraordinaria capacidad para inspirar lealtad. Sus soldados lo seguían a través de desiertos implacables y montañas infranqueables, motivados por su carisma y su habilidad para compartir sus penurias.

Durante los primeros años de sus conquistas, Alejandro era conocido por su trato respetuoso hacia los vencidos. Tras derrotar a Darío, adoptó costumbres persas, incorporó soldados locales a su ejército y se casó con Roxana, una princesa bactriana, en un gesto de unificación cultural. Incluso reprendió a sus generales macedonios por considerar a los persas inferiores, declarando que su visión era crear un mundo donde griegos y «bárbaros» fueran iguales.

Sin embargo, algo cambió tras Persépolis. Alejandro comenzó a exigir que se le rindiera *proskynesis*, una forma de reverencia reservada para los dioses. Cuando su historiador oficial, Calístenes, se negó a arrodillarse ante él argumentando que tal honor solo correspondía a las deidades, Alejandro lo hizo ejecutar.

En el 327 a. C., durante un banquete en Maracanda, su amigo de la infancia, Clito el Negro, quien le había salvado la vida en la batalla del río Gránico, criticó su creciente adopción de costumbres orientales y su pretensión de divinidad; enfurecido y embriagado, Alejandro lo atravesó con una lanza que acabó con su vida.

Tras el asesinato, Alejandro cayó en una profunda depresión, negándose a comer o beber durante tres días. «¡He matado al hombre que me salvó la vida!», gritaba. Sin embargo, sus cortesanos, temerosos de contradecirlo, insistieron en que Clito había merecido su destino por insubordinación.

En los años siguientes, Alejandro se volvió cada vez más paranoico y megalómano. Ejecutó a generales leales ante la más mínima sospecha de traición y cuando llegó a la India y se enfrentó al rey Poro, quedó tan impresionado por su dignidad que le preguntó cómo deseaba ser tratado. «Como un rey», respondió Poro. Alejandro, en un último destello de su antigua grandeza, no solo le perdonó la vida, sino que amplió sus dominios.

El punto de inflexión llegó cuando sus agotados soldados, tras ocho años de campaña ininterrumpida, se negaron a seguir avanzando hacia el este. Alejandro, incapaz de comprender por qué sus hombres no compartían su ambición ilimitada, los acusó de cobardía y traición. Al final cedió, pero nunca perdonó lo que consideró una humillación.

Murió en Babilonia en el 323 a. C., a los treinta y dos años, posiblemente envenenado o víctima de malaria. Sus últimas palabras, según algunas fuentes, fueron: «Preveo una gran competición fúnebre tras mi muerte», anticipando que sus generales desmembrarían su imperio en guerras fratricidas.

El orgullo es una emoción que surge de la autoevaluación positiva tras lograr o poseer algo que consideramos valioso. Se siente orgullo cuando una persona reconoce que ha cumplido o superado algún estándar importante de identidad o reputación.[1] Ampliemos esta visión centrada en la evaluación interna por parte de uno mismo para generar emociones sociales. El orgullo a veces suena raro y, de hecho, desde la Antigüedad ha tenido una reputación un tanto ambivalente. En la tradición grecorromana y judeocristiana se consideró un pecado, una exageración del propio mérito que precede a la caída como en el mito de Ícaro, que voló demasiado cerca del sol y fundió sus alas de cera. En otras ocasiones parece que relacionamos el orgullo con algo positivo, como puede ser nuestro sentido de la dignidad o incluso de la ecuanimidad. La investigación en torno a este concepto ha tratado de distinguir esta dualidad mostrando dos facetas del orgullo: el auténtico y el *hubris*, cada uno con características, expresiones y consecuencias sociales distintas.[2] No obstante, no está aún claro si realmente se trata de dos emociones, una con dos facetas, o una única, el orgullo, que opera según las circunstancias.

En principio, el orgullo auténtico o genuino se refiere a un sentimiento de satisfacción personal vinculado a esos logros concretos mediante el esfuerzo y la mejora personal. Se asocia a evaluaciones positivas de lo que uno hace, no simplemente a lo que uno es o cree ser.[3] Parece que esta buena valoración emerge cuando atribuimos ese logro a causas internas controlables por nosotros como pueden ser la dedicación, el trabajo duro o el desarrollo de una habilidad en el tiempo. De esta manera, refuerza nuestra motivación para perseverar y asumir nuevos retos. De hecho, puede funcionar como incentivo para continuar esforzándose aun en ausencia de recompensas extrínsecas.

Jessica Tracy y David Matsumoto[4] afirmaron en 2008 que el orgullo auténtico se manifiesta con expresiones no verbales características como la postura erguida, el pecho expandido, la cabeza ligeramente hacia atrás, los brazos en jarras o elevados y una pequeña sonrisa de satisfacción.[5] No es momento para mostrar investigaciones científicas contrarias a esta aseveración, aunque el catedrático con el que investigo, y sobre todo aprendo, José Miguel Fernández-Dols y un servidor estamos en ello. *To be continued!* Pero todo apunta a que la suma de la evidencia es justo la contraria. Difícilmente una emoción se puede relacionar con una postura o expresión facial particular. Lo siento por los decodificadores del rostro humano que asisten a las tertulias de la tele para decirnos que «si alguien mueve las piernas está nervioso» o «si alguien inclina el cuello es porque está seduciendo». Además de que hay decenas de causas por las que uno mueve las piernas o inclina el cuello, no pasa nada por hacerlo. Al decodificar estas actitudes conviene no enjuiciar y resulta imposible si uno parte de que el rostro, los gestos o los posturas tienen significados prefijados que se matizan con el contexto. ¡Es una gigantesca suposición que da para otro libro!

En culturas individualistas, expresar orgullo por logros personales tiende a considerarse legítimo y deseable, vinculándose con autoestima saludable y motivación al logro. Felicitamos a otros diciéndoles «puedes estar orgulloso de tu trabajo». En culturas colectivistas se modera su exhibición pública. Por ejemplo, en China es más frecuente expresar orgullo por los logros de la familia o el país, mientras que en Estados Unidos predomina el orgullo por los logros personales.[6]

El orgullo auténtico no es soberbia. Implica una confianza humilde donde se es consciente del esfuerzo invertido, pero no se siente superioridad intrínseca sobre otros.[7]

¿Qué regiones cerebrales están implicadas en el orgullo? Sin duda involucra centros de placer y motivación que se activan en este caso con un tipo de recompensa tangible (núcleo accumbens). Concuerda con esa sensación subjetiva energizante del orgullo genuino. Me gusta decir que un gramo de orgullo vale igual que un kilo de alegrías. También recluta regiones implicadas en el pensamiento autorreferencial (corteza prefrontal medial).[8]

Este orgullo auténtico coexiste en armonía con la empatía. Sentir orgullo por tus logros reales mantiene la capacidad de reconocer y valorar los éxitos de otros, y también de responder con empatía a su sufrimiento.[9] Sabes lo que cuesta… ¡como para no ser empático! El orgullo auténtico no necesita devaluar a los demás, no es envidioso ni temeroso del éxito ajeno; de hecho, parece que incluso es bueno para el altruismo y la generosidad.[10]

¿Cómo se procesa en el tiempo? A ello le he dedicado más de cinco años de investigación. Hemos diseñado experimentos para evaluar en el cerebro el orgullo auténtico, el orgullo *hubris*, el orgullo vicario (ese por el cual saltas del sofá como si tú hubieras metido el gol de tu equipo) y el orgullo grupal (donde no metes el gol pero has dado el pase y, por tanto, eres partícipe). Aprovechando que el orgullo permite subir en el escalón social, porque obtengo un logro a través del esfuerzo, mientras que la vergüenza consigue lo contrario porque nos devaluamos, investigamos también qué sucedía con la vergüenza y sus respectivas variantes: auténtica, *hubris*, vicaria y grupal.

Te cuento aquí cómo fue el experimento al detalle al final del libro (±).

Básicamente descubrimos que, como la culpa, el orgullo y la vergüenza aparecen tan solo durante unos milisegundos (unos doscientos cincuenta para ser exactos) después de una situación social donde hay cambios del estatus. ¿Son la vergüenza y el orgullo en el fondo una misma emoción pero desde dos polos opuestos de la devaluación o el ascenso social? No parece descabellado. Esa es la tesis de Daniel Sznycer, el cual fue una inspiración para estos experimentos que realizamos.

Quizá las emociones como la vergüenza y el orgullo no sean respuestas subjetivas donde evaluamos internamente nuestras propias acciones, sino sistemas adaptativos del cerebro… ¡social, claro! Imagina esta situación. Entras a tu comunidad de vecinos y todo el mundo te mira mal, se apartan de tu lado como si apestaras y cuchichean a tu paso. No has hecho nada malo. Eres el mismo de ayer, el del ascensor, el que esperó meses para comprarse un coche eléctrico. Pero hoy te señalan. No hace falta que te digan el porqué. No hace falta que te evalúes racional e internamente, lo más probable es que empieces a sentir agobio, ansiedad y una tremenda vergüenza.

Veamos ahora el caso contrario. Al llegar todos te reciben sonrientes y afables. No te explican nada. Tal vez te dicen «hombre, ¡bienvenido!», «qué gusto verte por aquí» o «cuánto me alegro», lo que te hace sentirte bien, orgulloso dentro de tu grupo. Estas emociones pueden ser activadas tan solo por la validación externa con independencia de tus acciones objetivas. Por lo tanto, estos sistemas emocionales están calibrados para responder a cómo otros nos valoran o devalúan.

Sznycer muestra cómo el orgullo, la vergüenza y la culpa colorean nuestros momentos personales más altos y bajos mediante la promoción del logro para mejorar las evaluaciones de otros sobre el individuo (orgullo), la limitación de la devaluación desencadenada por información (vergüenza) y el remedio de eventos donde uno perjudicó el bienestar de un individuo valioso (culpa).[11, 12]

Los *sapiens* evolucionaron en un mundo complejo de escasez, enfermedad, ataques de depredadores y alta mortalidad. En ese contexto evolutivo, un individuo habría prosperado, luchado o muerto temprano basándose en su capacidad de incentivar a otros miembros del grupo para atender al individuo, elegirle como amigo, compañero, socio comercial o miembro de coalición, y cuidar su bienestar para que le asistieran cuando fuera necesario.

Nuestros sistemas emocionales responden a señales de valoración o devaluación por parte de otros, más que a un análisis objetivo de nuestras propias acciones.

La vergüenza evolucionó como una defensa contra ser devaluado por otros y previene que el individuo tome decisiones donde el coste de ser devaluado excede los beneficios y que información negativa sobre el «yo» llegue a otros. Sznycer argumenta que el sistema de vergüenza estima la magnitud de la amenaza y usa esas estimaciones para calibrar la intensidad de la vergüenza. Si las situaciones provocan evaluaciones más negativas de otros, deberían provocar más vergüenza. Esta predicción fue confirmada en múltiples culturas. Los resultados de los estudios de Sznycer demostraron correlaciones muy altas entre la intensidad de la vergüenza y la devaluación anticipada por parte de otros: en Estados Unidos (r = .69), en India (r = .79) y en Israel (r = .67).

Recuerda que esta activación puede ocurrir incluso cuando la evaluación negativa de otros no está justificada por las acciones reales del individuo.

El sistema de vergüenza responde a señales de devaluación social, no a la objetividad de estas. Si pasa el vecino y te ve con una carta de Hacienda en la mano y actúa con desdén es probable tu malestar, aunque sea una devolución del IRPF. Vale, ya sé que es un evento muy improbable, lo del IRPF, claro.

Deja que te ponga un mejor ejemplo. Hay personas que reconocen un delito que no han cometido por la mera actitud acusatoria. ¡El dolor de la vergüenza es tal que puede llevar a asumir acciones que no hemos realizado!

Lo que buscamos es a toda costa minimizar el daño reputacional y social.

La vergüenza evolucionó en un ambiente evolutivo donde ser percibido negativamente por el grupo podía resultar en exclusión social, pérdida de recursos y, en casos extremos, la muerte.

Sin embargo, el orgullo opera al revés. Es un sistema para capitalizar oportunidades de obtener más valoración y respeto por otros. Su magnitud coincide con el grado preciso al cual otros valoran al individuo. Para probarlo se midieron las respuestas de las personas con respecto a cada uno de veinticinco rasgos socialmente valorados. La intensidad del sentimiento de orgullo y de las motivaciones de este (comunicar el logro, invertir en el rasgo valorado y buscar nuevos desafíos) variaban en proporción lineal una con otra y con el grado en que las audiencias valoran cada logro.

El orgullo actúa como un mecanismo de predicción social que anticipa cómo otros valorarán un logro específico tuyo, calibrando la intensidad emocional en proporción a esa validación anticipada, que motiva comportamientos para obtenerla.

De este modo, al revés que con las acusaciones falsas, una persona puede sentir orgullo intenso solo por anticipar la aprobación de otros, con independencia de si sus acciones o logros tienen valor objetivo o personal intrínseco.

Quizá ahora entiendas mejor esa atracción desmesurada por los *likes* y los *followers* cuando en realidad no se aporta valor real, sino cierto *brain rot*, como ahora llaman a esa información absurda. Las personas pueden sentir orgullo desproporcionado cuando reciben elogios o reconocimiento, incluso cuando saben en su interior que no han hecho nada meritorio. El sistema de orgullo está para capitalizar oportunidades de valuación social positiva, no para evaluar si hay una buena justificación. ¡Apasionante!

Piensa en la dimensión innata-adquirida. Sznycer muestra cómo estos sistemas emocionales operan de manera automática e involuntaria. Así que la vergüenza y el orgullo no son respuestas que elegimos tener; son computaciones cerebrales que se activan automáticamente cuando detectan señales relevantes de valuación o devaluación social. De hecho, como demostramos, comienzan unos trescientos milisegundos tras el *feedback* social. Esta automaticidad explica por qué resulta tan difícil para las personas ignorar las opiniones de los demás, incluso cuando saben que son incorrectas o injustas.

Nuestro cerebro social rastrea el entorno. Los sistemas de vergüenza y orgullo monitorean el ambiente social en busca de señales que indiquen cómo otros nos perciben. Por supuesto, nos equivocamos mucho. Interpretamos de forma sesgada expresiones faciales, tonos de voz, lenguaje corporal, comentarios y comportamientos de inclusión o exclusión. Cuando estimamos una posible señal de valuación o devaluación, el sistema calibra la intensidad de la respuesta emocional en proporción a la magnitud percibida. Desde ahí la vergüenza activa comportamientos de ocultamiento, evitación, culpa, reparación, y el orgullo pone en funcionamiento la comunicación del logro y la búsqueda de nuevos desafíos.

¿Quieres manipular a alguien? Ataca sus sistemas automáticos de validación. Aquel psicópata integrado al ver mi piano se le ocurrió decir que le encantaría tocar un instrumento. Cometió un error al declararse amante del jazz y la bossa nova. Uno, que es más sabio por viejo que por diablo, comenzó a nombrar músicos célebres de esos géneros y también del rock cuando se derivó en esa dirección. Mi mujer, que ganaría fácilmente un concurso de televisión sobre músicos y grupos de todas las épocas, insistió. Al validar falsamente mi piano, el integrado se descubrió. Al defender el programa del partido naranja sin que nadie le preguntara, la histriónica vecina se delató. No hemos resuelto aún cómo ser empáticos sin ser bobos, pero conviene estar atentos siempre, que no desconfiados.

Vamos a centrarnos a continuación en el otro orgullo.

El orgullo *hubris* parece involucrar más intensamente circuitos cerebrales relacionados con la amenaza y la defensa, aunque hay poca investigación al respecto. El caso es que los individuos con rasgos narcisistas estables muestran patrones atípicos de activación en el córtex cingulado anterior.[13] Esta disfunción puede explicar la insensibilidad empática.

En relación con la empatía, no esperamos mucho del *hubris*. Los individuos narcisistas tienen menor capacidad para experimentar las emociones de otros,[14] ya que la ínsula anterior no reacciona como en personas normales al sufrimiento ajeno. La posible hiperactivación en regiones de recompensa, si la situación confirma su superioridad, define muy bien este rasgo.[15] Cierta empatía cognitiva en el orgullo *hubris* puede estar preservada,[16] y alguien con este tipo de orgullo podría entender que cierta crítica hirió los sentimientos de un colega, pero en lugar de disculparse o moderarse, podría usar ese conocimiento para atacar más certeramente («sé que esto te molesta y lo seguiré diciendo»). En situaciones menos extremas, la empatía cognitiva del *hubris* puede estar sesgada, esto es, suele interpretar las reacciones de los demás bajo un filtro paranoide o de competencia. A veces aparece lo que en psicología social se llama desconexión empática por estatus. Se sienten tan poderosos que prestan poca atención a las señales emocionales de quienes están por debajo de ellos.[17]

El orgullo *hubris* deshumaniza. Cuando el arrogante llega a ver a ciertas personas como menos dignas de consideración, casi como objetos, justifica actos de crueldad o explotación.[18] A este respecto incluso he escuchado «argumentos» de este tipo ante personas que afrontan situaciones de sinhogarismo. Aparece lo que la filósofa Adela Cortina define sabiamente como aporofobia. Relacionamos la extrema situación del otro con un conjunto infinito de malas decisiones a voluntad. Cuán poco sabemos del cerebro y el comportamiento humano si en el siglo XXI pensamos que lo que nos sucede depende exclusivamente de nosotros. Simon Baron-Cohen en *The Science of Evil* argumenta que la ausencia de empatía es un factor central en la crueldad humana.[19] No se puede decir más claro, de ahí que por muy enrevesada que a veces sea la empatía, su ausencia no es el camino, incluso a riesgo de parecer bobos.

En realidad, como la investigadora sobre la compasión Kristin

Neff señala, los narcisistas carecen de autocompasión. No podrían reconocer errores ni sufrimiento propio con bondad,[20] y se tratan a sí mismos con dureza cuando fracasan.

El concepto de *hubris*, esa desmesura que lleva a creerse por encima de la realidad, hunde sus raíces, cómo no, en la tragedia griega. Edipo, rey de Tebas, ignoró las advertencias del oráculo creyendo poder burlar su destino, pero su arrogancia lo condujo a la ceguera y el exilio. En la Odisea, Aquiles, tras matar a Héctor, arrastra su cadáver por toda Troya violando las leyes divinas y humanas, y de esta manera precipita así su propia muerte. David Owen, médico neurólogo y exministro británico de Asuntos Exteriores, observó durante su carrera política cómo líderes democráticos en un principio competentes como Margaret Thatcher o Tony Blair desarrollaban una intoxicación por el poder que nublaba su juicio. Acuñó el término «síndrome de *hubris*» para referirse a un estado psicológico desencadenado por el ejercicio prolongado del poder en el que no hay contrapesos ni apenas limitaciones.

Cuando surge esa desmesura, se difumina la frontera entre la confianza que el pueblo otorga y la megalomanía hacia uno mismo.

Owen analizó casi a todos los presidentes de Estados Unidos y Reino Unido tras la Segunda Guerra Mundial. En figuras como Thatcher, Blair, Bush, Wilson, Churchill, Roosevelt, Johnson o Nixon identificó catorce rasgos característicos ubicuos de este síndrome:

1. Tendencia narcisista a ver el mundo como un escenario donde ejercitar poder y gloria personal.
2. Propensión a actuar en busca de la autoexaltación para potenciar la imagen personal.
3. Preocupación desmedida por la propia imagen y presentación.
4. Uso exagerado y mesiánico del lenguaje, con tono grandilocuente.
5. Identificación personal con la nación o la organización hasta el punto de identificar los intereses colectivos como propios.
6. Tendencia a hablar de uno mismo en tercera persona o utilizando el «nosotros» real.
7. Confianza excesiva en el propio juicio y desprecio por el consejo y la crítica ajenos.
8. Creencia exagerada en el deber moral de actuar, convencido de su papel histórico o su misión personal.

9. Actitud inquieta, impulsiva e imprudente en las decisiones y acciones.
10. Incapacidad para reconocer los errores, negando fallos o responsabilidades.
11. Aislamiento progresivo de la realidad y rechazo de información que contradiga su visión del mundo.
12. Pérdida de contacto con la realidad, acompañada de una visión distorsionada del entorno.
13. Creencia exagerada en la propia infalibilidad, sintiéndose intocable y por encima de las reglas comunes.
14. Desprecio hacia otros individuos a quienes considera inferiores o débiles.

Owen es explícito a la hora de citar ejemplos concretos. El narcisismo mesiánico («Solo yo puedo salvar la nación») de Blair cuando convencido de su misión divina llevó Reino Unido a la guerra de Irak en 2003 ignorando informes de la ONU y de sus propios asesores jurídicos. Esto es algo similar al desprecio de Thatcher durante la guerra de las Malvinas en 1982 cuando despidió a varios ministros por cuestionar el coste humano del conflicto mientras autoproclamaba que «la Dama de Hierro no negocia». O el lenguaje grandilocuente, otro síntoma clave según Owen, que llenó los discursos de George W. Bush al declarar la «guerra al terror» como una cruzada moral y manifestar en 2001 que «quien no está con nosotros, está con los terroristas», frase que, por cierto, justificó algunas violaciones a derechos humanos cometidas. La historia ofrece ejemplos aún más contundentes. Churchill, en 1915, planificó y ordenó la invasión de Galípoli convencido de que podría tomar Constantinopla en semanas. «Es una operación relámpago», afirmó, pero el resultado fueron cuarenta y seis mil bajas aliadas y su destitución como lord del Almirantazgo. Wilson, en 1919, llegó a la Conferencia de Paz de Versalles creyendo su plan incuestionable. En la actualidad el patrón persiste. Por ejemplo, Vladímir Putin declaró en 2022 que Ucrania era «una ficción histórica».

¿Qué ocurre en la mente de esos líderes? ¿Dónde está su empatía? ¿Es contraempatía hacia el exogrupo? ¿Son enemigos todos aquellos que se atreven a cuestionarlos? Es posible que a la mínima, ante la megalomanía y tal como vimos anteriormente, las fronteras entre Klee y Kandinski se vuelvan etéreas. Los cambios del amor al odio que se producen a diario, por meras opiniones o identidades, pueden ser aún más drásticas, rápidas y letales si se está bajo el síndrome de *hubris*.

¿Pero qué produce el poder? ¿Es una cuestión de «hormonas» como vulgarmente se dice? Resulta improbable que esta sea la respuesta porque, como sabemos, los neurotransmisores y las hormonas no explican la conducta, son meras correlaciones. Además, dependen del contexto. La testosterona, por ejemplo, no es una causa directa ni única de la violencia o la dominancia, sino más bien un modulador que se adapta al contexto y a los posibles beneficios asociados. De hecho, niveles elevados de testosterona amplifican comportamientos de dominancia solo si esta se valora socialmente; en absoluto provoca agresión *per se*.[21] La dominancia, además, se ejerce sobre los que ya dominábamos antes, y no sirve para retar a los superiores. Sin ir más lejos, subir la testosterona podría implicar un comportamiento más prosocial, ya que si para dominar más hace falta ser amable, así la testosterona colabora con la amabilidad.[22] Es curioso que cuando las personas reciben testosterona adicional disminuye su tendencia a comportarse de manera prosocial por motivos estratégicos. O sea, que dejan de ayudar o cooperar para mejorar su imagen o reputación frente a los demás. Es como si cuanta más testosterona, las personas actuasen menos por aparentar generosidad y más acorde a lo que genuinamente sienten o desean, más allá de cómo sea percibido esto en la sociedad. Por tanto, la evidencia respalda una visión de la testosterona (¡y de todas las hormonas!) como amplificadores sensibles al entorno social. ¡Siento derribar mitos!

Para Owen el entorno es clave. Explica cómo se forman y acercan personas que adulan, medios que glorifican y estructuras de gobierno que anulan contrapesos y críticas. Son los «cortesanos modernos», los palmeros del lenguaje popular. Aparecen en organizaciones por temor a perder el estatus, o sea, el trabajo. Cuando un CEO en una crisis de reputación se equivoca y nadie en su equipo se atreve a cuestionarlo, al final la organización cae, y no se sabe por qué. Se acumulan errores que hay que ocultar bajo la alfombra, mientras se simulan sonrisas sociales. Así, Thatcher redujo sus decisiones a su círculo íntimo de leales («The Downing Street Kitchen Cabinet») y Putin parece que anuló la independencia judicial y mediática en Rusia. Este mecanismo opera también en redes sociales. Aunque el anonimato y la inmediatez favorecen la aparición de *trolls*, para la figura mediática de su propio círculo vicioso narcisista de seguidores que se retroalimentan, cualquier comentario alternativo es tachado de disidencia o traición.

Te preguntarás por la diferencia entre el *hubris* y el narcisismo. El primero es adquirido, temporal y está relacionado con el poder. El segundo es una característica estable de la personalidad que ya nace en etapas tempranas de la vida. En principio, cuando la persona pierde su poder o cargo, los rasgos *hubris* suelen desaparecer. El narcisismo, sin embargo, no descansa. Su necesidad constante de admiración y tendencia a la explotación interpersonal es independiente de la situación o el cargo que ocupa la persona. Evidentemente, quien ya es narcisista y llega a las esferas de poder puede manifestar *hubris*.

Owen propone soluciones concretas para hacer frente a esto: establecer límites de mandato estrictos, tribunales constitucionales fuertes con poder para anular decisiones ejecutivas de emergencia que no han sido supervisadas, mecanismos objetivos de rendición de cuentas en tiempo real, comisiones científicas independientes y protección legal para aquellos que comparten información sobre comportamientos anómalos o corruptos dentro de gobiernos y empresas. Me encanta Owen, si soy sincero. No ha propuesto cursos de inteligencia emocional para los líderes ni técnicas de respiración para bajar el estrés, probablemente porque entiende que el cerebro social y las emociones no son asuntos internos que ocurren en el cuerpo y la mente, sino respuestas relacionales entre agentes.

Ojalá puedas lograr muchas cosas, que tu sociedad las premie y que no necesites obsesionarte con tu reflejo.

EJERCICIO

Reclamarse sin *hubris*

Procedimiento

1. Describe una situación, habilidad o característica que hayas conseguido con esfuerzo y de la que te sientas orgulloso. Escríbela en un papel con todo lujo de detalles, no escatimes en verbos ni adjetivos.
2. Haz lo propio con algo que implique a tu equipo o el grupo al que pertenezcas y donde tú tengas parte activa.
3. Repite esto con el orgullo que sientes por alguien cercano y con el que tienes un vínculo.
4. Por último, narra el orgullo que te produce alguien que no conoces tanto y con quien no te relaciones por cómo hace lo que hace.

Al escribir cada historia percibe cómo sientes el orgullo individual, grupal, familiar o vicario.

¿Son iguales?

Reflexión profunda

¿Sería bueno sentir más orgullo de todo tipo cada día?
¿Nos cuesta reconocer nuestro propio mérito?
¿Qué implica para mi vida y desempeño esa limitación si aparece?
¿Tiendo a la desmesura?

18

La corrupción. ¿Mucha o poca empatía?

En marzo de 2014, la policía brasileña lanzó una operación que parecía rutinaria contra una red de lavado de dinero que operaba en una gasolinera de Brasilia. Nadie imaginaba que este caso, bautizado como «Lava Jato» (lavado de coches), se convertiría en la mayor investigación de corrupción de la historia de Sudamérica.

Lo que comenzó como una investigación sobre lavado de dinero reveló un esquema colosal de corrupción centrado en Petrobras, la petrolera estatal brasileña. Los investigadores descubrieron que durante más de una década ejecutivos de Petrobras habían inflado artificialmente los contratos con constructoras, recibiendo sobornos que luego compartían con políticos de casi todos los partidos.

El caso del director de abastecimiento, Paulo Costa, resultó bastante revelador. Tras su arresto, Costa aceptó un acuerdo de colaboración y reveló detalles sorprendentes sobre la dinámica interna del esquema.

Describió cómo, en su primera semana en el cargo en 2004, recibió la visita de un político veterano que le explicó «las reglas no escritas» de su posición. «Me dijo que mi trabajo tenía dos dimensiones: la oficial, donde debía gestionar los contratos de Petrobras según criterios técnicos, y la no oficial, donde debía asegurar que ciertos contratos fueran adjudicados a empresas específicas que luego "agradecerían" a los partidos políticos que me habían nombrado».

Lo más interesante fue la descripción sobre cómo evolucionaron sus relaciones con los demás implicados. «Al principio, eran solo transacciones —les explicó a los fiscales—. Pero con el tiempo, nos convertimos en una especie de familia. Celebrábamos cumpleaños juntos, asistíamos a las bodas de nuestros hijos, nos consolábamos en los funerales. Cuando el hijo de uno de los constructores enfermó gravemente, todos nos movilizamos para encontrar los mejores médicos».

Esta cercanía personal creaba un poderoso mecanismo de protección para el esquema. Cuando un nuevo ejecutivo o político se introducía en el círculo, primero pasaba meses invitado a eventos sociales, donde poco a poco se establecían vínculos personales antes de que se le revelara cualquier detalle sobre la corrupción.

Alberto Youssef, otro delator clave, describió una reunión en 2010 donde un político recién nombrado mostró dudas sobre participar en el esquema. «No le hablamos de dinero de inmediato —rememoró Youssef—. Le recordamos cómo habíamos apoyado a su familia cuando su esposa estuvo enferma, cómo habíamos financiado proyectos en su distrito que beneficiaban a personas reales. Le dijimos: "No estamos robando a nadie, solo nos estamos asegurando de que nuestros amigos puedan seguir haciendo el bien"».

A medida que la investigación avanzaba, los fiscales notaron un patrón: los implicados rara vez utilizaban amenazas explícitas para mantener el silencio. En cambio, apelaban a la lealtad personal y a la reciprocidad. «Somos como una familia —se repetía en conversaciones interceptadas—. Nos cuidamos entre nosotros».

Cuando el esquema colapsó, muchos de los implicados expresaron que su mayor dolor no era la perspectiva de prisión, sino la ruptura de estos vínculos y la sensación de haber traicionado a personas con las que habían desarrollado relaciones genuinas.

Hace poco una amiga me relató cómo una conocida de ambos pasa horas en redes sociales compartiendo *stories* donde añade un pequeño texto suyo que suele incidir en tres palabras: «Pero qué desgraciados». A veces utiliza «no hay derecho», «así nos va» o «disfruten lo votado». No entro a juzgar sus *stories*, ni el porqué siempre aparecen tres y nunca dos, cuatro o cinco palabras. Lo curioso para mí como investigador, pero también como practicante y profesor de meditación durante décadas, es cómo se deleita, o más bien se encoleriza, al señalar las incoherencias y las bajezas morales del contrario, con frecuencia vinculadas a la corrupción. Incluso aunque siempre fuera cierta la información, sería llamativo que se percatara de que sus propios himnos, banderas, eslóganes y colores también ejercen pecados parecidos. Pero esos no los comparte. La contraempatía marca la conducta con los contrarios, y la empatía con los sesgos de endofavoritismo con los propios.

La corrupción es uno de los males que sin duda aqueja las sociedades. Siendo realistas, parece imposible erradicarla y es posible que ancle sus raíces en la avaricia. Tradicionalmente ha sido entendida como un deseo intenso y egoísta de obtener más de algo, más de lo que se necesita, claro. Si pensamos en qué necesitamos, no debemos olvidar que dependerá del grupo y contexto social en que nos encontramos. Comer cada día es suficiente para satisfacer nuestro organismo, pero no poder ir nunca a un restaurante a tomar unos pinchos puede verse como una falta de satisfacción de una necesidad social. Lo que quiero decir con esto es que muchas de nuestras necesidades cambian con las épocas y están influidas por los demás. Por eso no estoy muy de acuerdo con esos que dicen que los jóvenes se lo gastan todo hoy en día, viajan incluso, tienen *smartphones* avanzados y que nosotros, los de generaciones anteriores, supimos ahorrar y labrarnos un futuro.

El caso es que la avaricia y la codicia se caracterizan por esa experiencia subjetiva de «desear más y sentirse insatisfecho por no tener suficiente».[1] Esta insaciabilidad se aplica no solo a bienes materiales, sino al poder, el estatus, la fama o incluso el afecto.

La historia no nos deja muchas dudas al respecto. Nos han avisado por activa y por pasiva de que la codicia es un vicio moral serio y peligroso. En la tradición judeocristiana la avaricia figura entre los siete pecados capitales.[2]

Dante, en *La divina comedia*, coloca a los avaros en el cuarto círculo del infierno. No está mal, porque a los traidores les corresponde estar mucho más abajo, en el noveno. El castigo de Dante resulta paradigmático. Los condenados, tanto avaros como pródigos derrochadores, empujan enormes rocas con el pecho, chocando entre sí en direcciones opuestas. Gritan: «¿Por qué acumulas?» y «¿Por qué derrochas?», simbolizando su obsesión contradictoria con los bienes materiales.

Dante enfatiza en ese canto la vanidad de su pecado así:

> *Lo que gastaron y lo que guardaron*
> *los perdió a ambos, y aquí los arrastra*
> *sin fruto alguno su trabajo insano.*

Infierno, Canto VII, versos 58-60

Dante critica a clérigos que acumularon riquezas y utiliza «gente de hábito corto» para referirse a altos cargos eclesiásticos. Enfatiza una y otra vez su ceguera moral:

> *Su discernimiento, oscurecido, yace*
> *bajo la niebla de su vida oscura.*

Infierno, Canto VII, versos 53-54

Su castigo refleja esa inutilidad de acumular tanto que nos condena a un esfuerzo eterno sin sentido.

En *La República*, Platón sugiere que los gobernantes ideales serían aquellos sin deseos personales de riqueza o poder, para evitar la corrupción de la codicia. Aristóteles hablaba de *pleonexia*, término usado para referirse a la codicia injusta, la usurpación y lo opuesto a la virtud; en definitiva, ese querer más de la parte que corresponde tan antisocial.

Otro clásico es la fábula de Esopo *La gallina de los huevos de oro*. En esta, el granjero codicioso mata a la gallina que le ponía huevos de oro cada día, con la esperanza de obtener todo el oro de una vez, pero termina con las manos vacías.[3]

Qué decir del rey Midas de Ovidio que todo lo convierte en oro, para luego lamentarlo al convertir incluso su comida y a su hija en el metal precioso. No resulta tan lejano, hay personas que cambian su comportamiento con nosotros en función de sus consecuencias deshumanizantes.[4]

En la literatura moderna, Dickens retrató la avaricia en muchos de sus personajes. Mr. Dombey muestra esa avaricia tan deshumanizante que aparece como orgullo de clase, dinero y apellido.[5]

Lo que es avaricia, o más bien hasta dónde llega y cómo se distingue de la sana ambición o los deseos de mejora, varía con el tiempo y la cultura. Corremos el riesgo de demonizar y estigmatizar cualquier mínimo atisbo de riqueza. En sociedades colectivistas, la avaricia material suele estigmatizarse severamente, sobre todo si implica pérdida evidente de solidaridad. En culturas más individualistas se valora la búsqueda de la prosperidad personal, ahora bien, siempre que se mantenga dentro de la legalidad.[6]

Incluso la ambición de poder puede verse de forma divergente:

algunas culturas de tradición monárquica o de alta distancia de poder han normalizado que las élites acumulen poder y riqueza, mientras que en democracias igualitarias la acumulación personal excesiva tiende a ser mal vista. Quizá el matiz de deseo insaciable, de distancia emocional con los otros, nos permita diferenciar sin rodeos entre prosperidad y avaricia. Adam Smith lo expresaba como una distinción entre el interés propio razonable y la codicia egoísta. De hecho, se reconoce que cierta dosis de motivación material ha estimulado el crecimiento y la innovación tecnológica a lo largo de la historia.[7]

La corrupción representa una de las amenazas más persistentes para la estabilidad y el desarrollo socioeconómico a nivel global,[8] e implica un tipo de codicia, avaricia y deseo de beneficio vinculado al poder. Puede aparecer desde un soborno individual hasta el secuestro sistemático de un Estado.[9] Los clásicos mecanismos institucionales de control y sanción probablemente capturen una fracción de su dimensión real, siempre *a posteriori* y con muy baja capacidad de reparación del daño. Sería necesario echar una mirada a los factores psicológicos y sociales que predisponen, una y otra vez, a tantas personas al comportamiento corrupto.

La empatía ya la conocemos, se considera un fundamento de la moralidad humana, de ahí que pensemos que en realidad es lo que le falta al mundo, a uno profundamente corrupto y en ocasiones deshumanizado y frío.[10] Pero si algo hemos hecho a lo largo del libro es explorar su complejidad y evitar una visión sobre ella ingenua y simplista. ¿Y si la empatía favoreciera la corrupción en vez de limitarla?

Exploremos esta idea.

Un hallazgo contraintuitivo proviene de un estudio con fNIRS (espectroscopia funcional de infrarrojo cercano) para examinar cómo se sincroniza el cerebro durante una tarea de corrupción colaborativa. El fNIRS utiliza un conjunto de ledes colocados sobre el cuero cabelludo que emiten luz infrarroja que atraviesa un par de centímetros el cráneo y así evalúa cuánta luz se absorbe en función de cuánta hemoglobina lleva la sangre. La hemoglobina transporta átomos de hierro, que se unen al oxígeno. ¡Recuerda aquellos días del instituto! Las neuronas necesitan oxígeno, luego a más actividad neuronal, mayor necesidad de hemoglobina y mayor absorción de luz infrarroja que capta el fNIRS. La lástima del fNIRS es que, como la luz solo penetra dos o tres centímetros, no podemos medir actividad neuronal profunda. Todas las técnicas de neurociencia tienen sus limitaciones.

En el experimento[11] se reclutó a 66 parejas (132 personas), algunas con vínculo social entre ellos (amigos o cónyuges) y otras sin él (desconocidos). Los investigadores simularon un acto corrupto mediante un juego de roles donde la persona A (sobornador) ofrecía dinero a B para obtener un beneficio ilegítimo; la persona B (funcionario) podía aceptar el soborno (corrupción) o rechazarlo y la consecuencia era que, si ambos aceptaban, ganaban dinero, pero un tercero inocente (C) perdía fondos. El diseño experimental era ingenioso. Antes de cada decisión, mostraban a las parejas fotos de las expresiones faciales del otro (felices o tristes) para activar una conexión emocional mientras que al grupo de control les enseñaban figuras geométricas irrelevantes, sin estímulo empático alguno.

La corrupción la medían por la tasa de aceptación de sobornos, es decir, la frecuencia con que las parejas elegían dañar a C para beneficiarse ellos. A la vez usaban el fNIRS mediante una técnica, muy compleja de analizar por cierto, llamada *hyperscanning*. Con esa técnica puedes registrar la actividad cerebral de ambos participantes a la vez, en este caso en la corteza prefrontal, que es un área clave para la toma de decisiones morales. El *hyperscanning* muestra la sincronización intercerebral, o sea, la coherencia de ondas cerebrales entre el sujeto A y el sujeto B durante la decisión corrupta. ¿Qué sucedió? Que la empatía aumentó la corrupción. Aquellas parejas expuestas a estímulos empáticos mostraron mayor tasa de sobornos que el grupo de control. Atención, en los casos de parejas con vínculos previos el efecto fue mayor. Al observar la sincronización cerebral los investigadores prácticamente conocen, de antemano, la probabilidad de cometer corrupción. Cuanto mayor era la sincronía neural entre A y B en las regiones prefrontales (dlPFC/vmPFC), más probable era que la cometieran. Es como si se alinearan las motivaciones. La tercera dimensión estudiada fortaleció la identidad compartida y de este modo se redujo la culpa por perjudicar al tercero. Las parejas racionalizaban el acto corrupto como un «beneficio mutuo necesario». Como la fábula de Esopo de la zorra y las uvas, estas «estaban verdes».

Por tanto, este experimento no hace más que confirmar algo que ya sabíamos, que la empatía no siempre promueve conductas morales, luego no hacemos bien al romantizarla o simplificarla. Si se focaliza en cómplices, en cercanos, lo social prima y puede facilitar la corrupción al crear lealtades sesgadas. La sincronía cerebral es un biomarcador de previa disposición que también puede reflejar, según la tarea, sintonía emocional para violar normas.

Bajemos a tierra. Esto es solo un experimento dentro de un laboratorio que no conviene extrapolar innecesariamente. Pero por si las moscas sumemos algunos más.

Una investigadora israelí, Tali Sharot, se preguntó por qué las mentiras tienden a escalar y volverse más graves con el tiempo en vez de ver reducida su frecuencia. Diseñó un experimento en donde ochenta voluntarios estimaban en un juego la cantidad de monedas que había en unos frascos para un compañero.

Imagina que eres tú el participante y ves un frasco con quinientas monedas.

Tu compañero está en otra habitación, por tanto, no ve el frasco y su percepción depende de tu estimación.

Tu tarea es decirle a tu compañero cuántas monedas crees que hay.

Los investigadores crearon tres condiciones que aleatorizaban. Una estaba basada en el interés propio, lo que era un incentivo para mentir. En ese caso, si tu compañero subestima la cantidad real y por ejemplo dice «cuatrocientas» cuando hay quinientas, tú ganas más dinero y él menos (pues su respuesta es errónea).

De este modo, te enfrentas a un dilema, porque para maximizar tu ganancia, debes mentir y darle un número más bajo del real. De este modo dices que el frasco tiene unas cuatrocientas veinte monedas (hay quinientas), para que el otro responda un número bajo.

En la otra condición hay un interés compartido, o sea, un incentivo para decir la verdad. Las reglas eran que si tu pareja aumentaba la cantidad real (por ejemplo, decía que había quinientas), ambos ganaban dinero por igual. En este caso tu beneficio es máximo cuando colaboras. En la tercera condición primaba el interés del otro, sin incentivo propio. Las reglas aquí eran que solo tu pareja ganaba dinero si acertaba su estimación. Tú no ganabas nada, sin importar lo que pasase.

Como no te afecta, no hay razón para mentir, pero tampoco para esforzarte.

Los investigadores medían en qué condiciones se mentía más y cómo cambiaba el nivel de engaño (mentiras pequeñas versus grandes) con el tiempo. El principal hallazgo fue que cuando había incentivo para mentir (interés propio), los participantes empezaban con mentiras pequeñas (por ejemplo, restar diez monedas), pero luego las aumentaban (restar cien monedas). Los participantes estaban siendo evaluados en su actividad cerebral; en las primeras mentiras la amígdala mostró alta activación (detección de amenazas, conflicto emocional, el «centinela»). Pero con las mentiras repetidas la activación de la amígdala disminuyó gradualmente y se produjo una habituación. Además, cuanto más se reducía la actividad, más grave era la siguiente mentira. Sin embargo, quienes empezaron con mentiras grandes mostraron alta activación amigdalar persistente y no se produjo la habituación. ¡La amígdala se «insensibilizaba» permitiendo escalar en la deshonestidad! Las pequeñas mentiras actuaban como una pendiente resbaladiza que rebajaban poco a poco el umbral ético.[12]

Quizá así entendamos mejor cómo fraudes como el de Enron empezaron con ajustes contables menores o por qué debemos frenar primeras transgresiones, aunque sean pequeñas para prevenir escaladas.

En ocasiones parece que alguien es corrupto con lo que tiene a mano. Y cuando lo que tiene a mano es más jugoso, simplemente lo escala. Además, mientras no se produce esa respuesta con la misma intensidad inicial uno podría mantener autoimagen de honestidad al mentir gradualmente. Si en otros estudios comprobamos que la empatía facilita la corrupción colaborativa, en este vemos cómo la deshonestidad individual se autojustifica, incluso neuralmente.

Dante lo intuyó y por eso a los fraudulentos los envió muy abajo, al octavo círculo del infierno, donde sufrían por escalar en engaños. De hecho, les obsequió con diez fosos según la gravedad de los hechos. En el primero corrían azotados por demonios, en el segundo se bañaban en excrementos. En el décimo padecen la lepra; resulta curioso que justo en este se encuentra Mastro Adamo, un falsificador de moneda. Igual Sharot se inspiró en Dante para el experimento. Por si todavía tienes dudas, te presento dos estudios más para que entiendas aún mejor el concepto (±).

Como conclusión, la relación entre la empatía y la corrupción no es simple. La empatía no es el bálsamo moral que todo lo soluciona y puede tanto inhibir como favorecer la corrupción, dependiendo de sus dimensiones primera, segunda y tercera. La afectiva puede actuar como un freno moral interno al anticipar el daño que la corrupción causa a la sociedad,[13] pero también favorecerla a través del favoritismo hacia la familia, los amigos, los colegas y los socios.[14] Si la corrupción es sistémica o las instituciones son débiles, aún peor. La empatía con el endogrupo justifica actos corruptos.[15] Dirigida hacia las víctimas de la corrupción la empatía inhibe el comportamiento corrupto, pero enfocada hacia perpetradores o beneficiarios cercanos facilita ese engaño.[16]

Necesitamos rediseñar el ejercicio del poder para que active circuitos éticos, no solo de recompensa inmediata. Ojalá pronto las instituciones funcionen como escudos biológicos contra la debilidad humana.

19

La autodomesticación empática

En 1957, en las montañas Zagros del norte de Irak, el arqueólogo Ralph Solecki descubrió algo que cambiaría nuestra comprensión de la prehistoria humana. En una cueva conocida como Shanidar, su equipo excavó los restos de neandertales que habían sido enterrados hacía aproximadamente sesenta mil años.

Uno de estos esqueletos, conocido como «Shanidar 1», pertenecía a un hombre de unos cuarenta años (una edad avanzada para aquella época) que había sobrevivido a lesiones devastadoras en la parte derecha de su cuerpo. Su brazo de este lado había sido amputado por encima del codo mucho tiempo antes de su muerte; tenía una herida en la parte derecha de la cara que con toda probabilidad le había dejado ciego de ese ojo y una de sus piernas mostraba signos de una fractura que había sanado, aunque dejándolo con una cojera permanente.

Lo más sorprendente fue que el análisis de sus huesos reveló que estas lesiones habían ocurrido muchos años antes de su muerte. El desgaste dental y las marcas en su brazo izquierdo indicaban que había compensado sus discapacidades usando sus dientes y su brazo funcional para las tareas cotidianas.

Para sobrevivir tanto tiempo con tales discapacidades en el duro entorno del Paleolítico superior, este individuo habría necesitado la ayuda constante de su grupo. No podría haber cazado eficazmente, recolectado alimentos o haberse defendido por sí mismo. Sin embargo, no solo sobrevivió, sino que recibió un entierro cuidadoso tras su muerte.

Aún más revelador fue el descubrimiento de «Shanidar 4», otro neandertal enterrado. El análisis de muestras de tierra alrededor del esqueleto reveló concentraciones inusualmente altas de polen de ocho especies diferentes de flores silvestres, todas con propiedades medicinales conocidas. Aunque en un inicio se interpretó como evidencia de un entierro con flores, los análisis posteriores sugirieron que el polen podría haber sido introducido por roedores. Sin embargo, incluso los críticos de la hipótesis floral reconocen que el cuerpo fue enterrado deliberadamente en posición fetal, con cuidado y respeto.

En 2018, nuevas excavaciones descubrieron otro esqueleto neandertal, «Shanidar Z», colocado con mimo en lo que parece ser una depresión natural modificada intencionalmente para servir como tumba. El cuerpo había sido colocado con las rodillas dobladas hacia el pecho y la cabeza apoyada, como si estuviera durmiendo.

Lo más significativo de estos hallazgos es que ocurrieron miles de años antes de que el *sapiens* llegara siquiera a la región.

Quizá a lo largo de la evolución el cerebro social ha favorecido la predominancia de aquellos rasgos que favorecen la empatía. La hipótesis de la autodomesticación humana, propuesta por el psicólogo cultural Shinobu Kitayama, vincula nuestra evolución biológica con el desarrollo de capacidades prosociales fundamentales para la supervivencia grupal.[1] Para Kitayama los seres humanos experimentamos un proceso evolutivo análogo a la domesticación animal, donde la selección de rasgos prosociales, particularmente la empatía y la cooperación, ha sido determinante para el éxito de nuestras sociedades complejas. Te animo a leer la historia de Tina y Benjamina (±). Pero a diferencia de lo que hacemos con los cánidos, la autodomesticación humana no ha sucedido por la presión consciente de una especie diferente más avanzada, sino por nuestro propio desarrollo y selección social interna.

Kitayama recupera estudios pioneros de Dmitri Belyáev con zorros plateados (*Vulpes vulpes*) en 1959. Belyáev seleccionó los zorros más dóciles con los humanos y observó que en pocas generaciones mostraban características que sugerían un proceso de domesticación, como una menor agresión reactiva ante la presencia humana, el mantenimiento de peculiaridades juveniles en la adultez, lo que se conoce como neotenia, así como orejas caídas, colas curvadas y cráneos proporcionalmente más pequeños, e incluso cambios hormonales profundos, con niveles más bajos de cortisol y mayores de serotonina.[2]

Según Kitayama, los grupos humanos que favorecieron a los individuos menos agresivos y más empáticos habrían obtenido ventajas adaptativas con más facilidad para resolver conflictos internos, participar en una crianza colaborativa y llevar a cabo una transmisión cultural más efectiva, que permitía acumular y transmitir el conocimiento a lo largo de las generaciones.

Al compararlos con otros primates se refuerza esta hipótesis de autodomesticación. Humanos y bonobos comparten variantes genéticas específicas asociadas a la disminución de la agresión,[3] siendo ambas especies muy empáticas, donde aparece el cuidado aloparental, es decir, se comparte la responsabilidad de criar a las crías, la resolución no violenta de conflictos a través de rituales o la mediación en lugar de recurrir siempre a la fuerza física bruta.

¿Por qué se implementó esta autodomesticación? Probablemente porque resultaba más exitosa. Los grupos que desarrollaron sistemas eficaces para castigar la agresión desmedida y premiar la cooperación experimentaron mayor supervivencia y éxito reproductivo.[4] Recuerda que comentamos capítulos atrás que la selección natural no opera solo en el nivel individual, sino también en el grupal.[5]

La preferencia sexual jugó un papel fundamental. Los rostros simétricos, los comportamientos amables y empáticos, las capacidades de comunicación cooperativa y el compromiso se volvieron más atractivos en la selección de pareja. Quienes poseían o cultivaban esos rasgos aumentaban la probabilidad de encontrar pareja y de transmitir sus propios genes asociados a estos rasgos.[6] Esto es, la preferencia sexual amplificó tendencias prosociales.

El desarrollo de la TOM constituyó otro pilar fundamental. Si comprendo e infiero correctamente sobre los estados mentales ajenos, puedo navegar mejor en un mar de grupos sociales complejos.

La evidencia genética apoya la hipótesis de autodomesticación humana.

Los humanos modernos poseen bastantes menos variantes del gen MAOA, asociado con posibles comportamientos agresivos, en comparación con los neandertales.[7]

El gen FOXP2, crucial para el desarrollo del lenguaje, presenta conexiones neurobiológicas significativas con circuitos que inhiben la violencia.[8] Esta conexión no es mera coincidencia, ya que el FOXP2 modula la plasticidad sináptica en conexiones entre el córtex prefrontal y los ganglios basales, que son circuitos esenciales para el control de impulsos agresivos.[9, 10] Resulta por tanto que podemos tomar mejores decisiones sociales y evaluar las consecuencias de actos violentos a través de la madurez de este circuito.[11] De hecho, si alteramos el

FOXP2 en ratones, se muestran descoordinados, pero también impulsivos.[12] El FOXP2 también regula los genes relacionados con el neurotransmisor GABA, que potencia el control sobre la amígdala y que reduce respuestas agresivas a amenazas.[13] Si en humanos se producen mutaciones en el FOXP2, se vinculan no solo a trastornos del lenguaje, sino también a dificultades en el reconocimiento emocional y el control de la ira.[14]

Pero es que el FOXP2 es un arquitecto neural. Al ayudar a madurar ese circuito prefrontal-ganglios basales podemos transformar pensamientos en secuencias motoras como el habla o los gestos simbólicos. Pero también actúa en otro circuito tempofrontal que va desde el área de comprensión del lenguaje (Wernicke) a través de una ruta conocida como fascículo arqueado hasta llegar al área motora del lenguaje, la conocida área de Broca. Es decir, transduce una información auditiva y la lleva a centros de producción vocal. De esta manera el lenguaje nos permite manipular símbolos abstractos y atribuir palabras a determinados sonidos con significado. Es fácil deducir que la genuina empatía depende de acciones contextualizadas (lenguaje, ayuda concreta), y no de gestos o posturas. Basta pensar en el FOXP2. Luego veremos cómo el lenguaje participa por tanto en la autodomesticación.

Los circuitos cerebrales asociados con la empatía (corteza prefrontal e ínsula anterior) están hiperdesarrollados en humanos en comparación con otros primates. La corteza prefrontal dorsomedial muestra una activación específica cuando somos altruistas, pero curiosamente también libera dopamina.[15] Este mecanismo, ausente o muy reducido en primates, implica que ayudar a otros se convirtió en una experiencia neurobiológicamente favorecida durante el proceso de autodomesticación humana. En el cerebro: tu dolor es mi dolor, y dar es mejor que recibir.

La oxitocina, que favorece el vínculo social, presenta patrones únicos en humanos. Por impresionante que parezca, los receptores muestran una densidad mayor en regiones cerebrales asociadas con la cognición social.[16] La oxitocina funciona como un facilitador químico de la autodomesticación.

La neotenia citada antes con los zorros, ese mantenimiento de características juveniles en la adultez, es un aspecto clave en la domesticación en humanos. Pese a lo que podría parecer, la retención de rasgos infantiles no es un fenómeno estético. Los cráneos globulares característicos de los humanos modernos, en contraste con los alargados y robustos de homínidos arcaicos, presentan similitudes con las proporciones craneales de crías de chimpancé.[17] La configuración craneal no solo refleja cambios en la organización cerebral, sino que también genera respuestas empáticas automáticas en otros individuos, activando sistemas neurobiológicos de cuidado parental incluso en contextos no reproductivos.

La dentición retrasada en humanos, donde los dientes permanentes emergen bastante más tarde que en otros primates, prolonga el periodo de dependencia infantil y fomenta el desarrollo de redes de cuidado parental extendidas.[18] Al necesitar muchos más años para alcanzar una madurez completa, se requiere mayor cooperación entre adultos. A su vez, se favorecen el aprendizaje social complejo, la cultura, la transmisión de normas, el desarrollo del lenguaje elaborado y las estrategias de resolución de conflictos.

Los *sapiens* son también *Homo ludens*. Mantenemos el juego en la edad adulta, una característica más bien juvenil en otras especies, pero esencial para la innovación y la cohesión grupal.[19] De hecho, nos unimos en muchísimas ocasiones ¡para jugar!

Los bonobos son también una especie bastante pacífica. Curiosamente poseen una amígdala menos reactiva al estrés que los chimpancés. No extraña, por tanto, que surjan menos respuestas agresivas ante situaciones de conflicto.[20] Su corteza prefrontal es más amplia que la del chimpancé, lo que los ayuda también en el control de impulsos y la planificación a largo plazo. Probablemente la autodomesticación puede seguir patrones neurobiológicos convergentes en diferentes especies.

Los análisis de heridas traumáticas en neandertales revelan tasas de violencia interpersonal muy altas, en torno a un 30-40 %, porcentaje muy superior al estudiado en humanos modernos tempranos.[21]

Veamos algo más sobre el lenguaje, la empatía y la autodomesticación. El profesor Antonio Benítez Burraco, lingüista y biólogo evolutivo, ha desarrollado una perspectiva complementaria a la hipótesis de Kitayama. Para Benítez Burraco la evolución del lenguaje no solo mejoró las capacidades comunicativas humanas, sino que, al facilitar la aparición de normas prosociales, se redujo la agresión y se fomentó la cooperación mediante el desarrollo de la empatía.[22] Su propuesta se fundamenta en la observación de que la complejidad lingüística está directamente relacionada con la reducción de la violencia interpersonal.

Otro gen importante. El gen BAZ1B, crucial en el desarrollo de la cresta neural (el estadio primitivo de nuestro sistema nervioso), está vinculado a rasgos de domesticación como rostros suavizados y menor agresividad. Las variantes humanas del BAZ1B emergieron sincrónicamente con herramientas simbólicas y sistemas lingüísticos complejos. Por tanto, parece que existe coevolución entre lenguaje y prosocialidad.[23]

El lenguaje nos permite la TOM, ya que sin él no hay pensamiento posible que posibilite inferir las intenciones de los demás. Los humanos desarrollan esta capacidad antes y con mucha mayor sofisticación que otros primates.[24] El lenguaje trasciende con creces la transmisión de datos o hechos que suceden en el ahora para comunicar emociones e intenciones en tiempos pretéritos y futuros, lo que es esencial para la cohesión grupal. Los mitos, rituales y sistemas legales transmitidos de forma oral permiten el mantenimiento de grupos grandes.[25]

La sintaxis compleja posibilita expresar emociones abstractas y conceptos morales («solidaridad», «justicia») que trascienden el grupo inmediato.[26] La narrativa, única en humanos, transmite valores empáticos mediante el aprendizaje vicario.

En neurobiología, las regiones del lenguaje (ínsula anterior, corteza prefrontal medial) y las de la empatía se solapan en gran medida dentro de ese cerebro social. Estas áreas se activan tanto en una tarea empática como si procesas una metáfora emocional.[27]

Benítez Burraco repasa el registro arqueológico donde existe evidencia de correlación temporal entre lenguaje simbólico (collares en Skhul, Israel, hace unos cien mil años) y reducción de violencia interpersonal justo cuando aparecen redes de intercambio que requerían comunicación compleja y confianza.[28] Los neandertales, que sospechamos que tenían un menor desarrollo lingüístico, muestran mayor frecuencia de traumas violentos.[29] Las sociedades cazadoras-recolectoras tenían tan solo un 0,5 % de muertes por conflictos grupales y, así, la cooperación mediada por el lenguaje prevalece sobre la agresión.[30]

El lenguaje también se puede usar para mentir o manipular, no solo para cooperar, claro. Esa es la teoría dual cuyo máximo exponente es Scott-Phillips. Existen narrativas históricas que deshumanizan enemigos, un uso del lenguaje para explotar estafas o incluso grupos muy violentos como los yanomami a pesar de poseer lenguaje. Aun así, los macrodatos ganan la batalla o, por ser más riguroso con el tema, el debate. En 102 sociedades preindustriales, aquellas con narrativas orales complejas que incluían mitos sobre la creación y códigos éticos explícitos, se muestra un 40 % menos homicidios.[31]

Curiosamente las lenguas indoeuropeas evolucionaron de imperativos violentos («¡Mátalo!»), que aparecían en el sánscrito védico o el griego homérico, a formas atenuadas con marcadores de cortesía y estructuras que reconocen la autonomía del receptor.[32] El léxico expandió términos para incluir emociones cada vez más complejas (nuestra empatía del griego *empatheia*), mientras decrecían cada vez más las expresiones violentas y se llegaba a expresiones como «entiendo tu dolor», que activa la corteza cingulada anterior.[33]

El lenguaje empático funciona. En un análisis de corpus de Google NGram, se muestra un aumento del 600 % desde el siglo XVII en términos como «derechos humanos» y reducciones de hasta el 90 % en expresiones violentas.[34]

En el próximo capítulo hablaremos de la cuarta dimensión, pero antes veamos una práctica muy útil.

EJERCICIO

Consejos de sabiduría empática

Aquí tratamos de generar recursos internos para la navegación empática compleja.

Procedimiento

1. Identifica estos arquetipos empáticos que representan diferentes facetas de la sabiduría empática:
   —El testigo compasivo (presencia plena sin juicio).
   —El guardián de límites (protección sin desconexión).
   —El explorador curioso (apertura a lo desconocido).
   —El sanador vulnerable (conexión a través de heridas compartidas).
   —El estratega empático (efectividad con integridad).
   —El sabio integrador (sostiene paradojas y complejidad).
2. Para cada arquetipo:
   —Identifica a una persona real o ficticia que lo ejemplifique.
   —Escribe su «sabiduría esencial» sobre la empatía.
   —Visualiza cómo abordaría situaciones desafiantes.
   —Habla a alguien cercano sobre estos seis arquetipos sin comentarle que es un ejercicio de este libro o que tiene que ver con la empatía. Simplemente describe a alguien cómo es una persona que muestra esas características.
3. Crea un ritual de consejo para situaciones complejas:
   —Encuentra un espacio tranquilo.
   —Presenta la situación con claridad.
   —Dialoga internamente con cada arquetipo. ¿Qué haría ese sabio?
   —Integra sus perspectivas en una respuesta unificada.

Reflexión profunda

¿Qué facetas de la sabiduría empática has tendido a sobrevalorar o subdesarrollar?

¿Cómo cambia tu aproximación cuando integras múltiples perspectivas empáticas?

¿De qué manera este «consejo interno» puede ayudarte a navegar situaciones donde no hay respuestas empáticas simples?

¿Con cuál resuenas más y con cuál menos?

20

La cuarta dimensión. Del conocer y el sentir al hacer

En 1972, Matthieu Ricard abandonó su carrera como biólogo molecular en el Instituto Pasteur de París. Hijo del reconocido filósofo Jean-François Revel y de la artista Yahne Le Toumelin, había completado su doctorado bajo la dirección de François Jacob, Premio Nobel de Medicina. Tras un viaje al Himalaya renunció a su carrera científica para convertirse en monje budista.

Durante los siguientes veinticinco años, Ricard vivió en monasterios en Nepal y Bután, dedicando entre doce mil y sesenta mil horas a prácticas meditativas. Una de ellas, muy contraintuitiva, se conoce como «tonglen». En ella, el practicante visualiza conscientemente absorber el sufrimiento de otros y ofrecer serenidad y bienestar a cambio.

En 2000, el neurocientífico Richard Davidson, de la Universidad de Wisconsin-Madison, invitó a Ricard a participar en un estudio pionero sobre los efectos neurológicos de la meditación a largo plazo. Se le realizó un electroencefalograma mientras practicaba diferentes tipos de meditación para hacerle un escáner de resonancia magnética funcional.

Los resultados fueron asombrosos. Durante la práctica de compasión, Ricard (y otros meditadores) mostró una actividad gamma inusual en la corteza prefrontal izquierda, vinculada con el afecto positivo, las recompensas y la exploración. Los periodistas, haciendo un flaco favor a la ciencia (y a él mismo como así manifestó), pasaron a describir a Ricard como «la persona más feliz del mundo».

Los investigadores expusieron a Ricard a sonidos de personas sufriendo mientras meditaba. Su cerebro mostró una activación simultánea en áreas asociadas con la empatía y en circuitos relacionados con sentimientos positivos y comportamiento de ayuda.

En una entrevista posterior, Ricard explicó: «La empatía por sí sola puede conducir al agotamiento. Si simplemente resonamos con el dolor de otros, al final nos abruma. La compasión es diferente. Incluye un elemento de calidez, preocupación y compromiso con el bienestar de otros. Es la diferencia entre sufrir con alguien y sufrir por alguien mientras mantenemos la determinación de aliviar ese sufrimiento».

En 2009, Ricard participó en otro experimento donde se le pidió que alternara entre estados de empatía pura (compartir las emociones de personas sufrientes) y compasión (mantener una actitud de calidez y deseo de aliviar el sufrimiento). Los escáneres mostraron patrones neurológicos diferentes: la empatía pura activaba áreas asociadas con el dolor y la angustia, mientras que la compasión activaba circuitos relacionados con la afiliación, el amor maternal y la motivación positiva.

Fuera del laboratorio, Ricard ha puesto en práctica esta distinción. Ha dedicado todos los ingresos de sus libros y conferencias (más de dos millones de euros) a proyectos humanitarios en Nepal, India y Tíbet.

De «sufrir con» a «sufrir por», la cuarta dimensión de nuestra empatía. Cuando no solo comprendemos y sentimos, sino que pasamos a la acción, entra en juego otra dinámica motivacional. La compasión motiva el deseo de ayudar. Para muchas tradiciones filosóficas y espirituales siempre ha sido una virtud cardinal.

Necesitamos comprender similitudes y diferencias entre ambos conceptos y aterrizarlos a lo cotidiano, porque aunque involucran redes cerebrales en parte diferenciadas y conceptualmente distintas, en la práctica no es tan sencillo. No solo eso, toca ver sin apegos posibles limitaciones.

Sabemos que la empatía involucra regiones cerebrales que participan en el procesamiento del dolor y el afecto negativo.[1, 2] Entendemos desde ahí por qué la empatía por el sufrimiento ajeno puede resultar agotadora, al activar los mismos circuitos de la propia experiencia de dolor.[3]

La compasión, ese sentimiento de preocupación por el sufrimiento de otros acompañado de motivación para ayudar, involucra regiones asociadas con emociones positivas, afiliación y sistemas de recompensa como el estriado ventral, la corteza orbitofrontal medial y el cingulado anterior. El estriado ventral nos indica cómo esta puede estar vinculada a experiencias de motivación positiva. La corteza orbitofrontal medial, que tiene que ver con el valor hedónico que ejercemos sobre las situaciones, refleja en este caso la consideración positiva de las acciones que pretenden aliviar el sufrimiento ajeno.[4,5]

Igual crees que hay una errata al incluir el cingulado anterior como la tercera región. El cingulado anterior aparece en la empatía y en la compasión, una con valencia negativa de dolor y, en el otro caso, con afecto positivo. No es un error, ya que este actúa como un detector de que algo importante está en juego y activa una respuesta adaptativa. Si lo importante es que alguien sufre, ahí resuena. Si se considera que hay que ayudar, ahí se adapta. De hecho, participa en más funciones, como la detección del error, si se da cuenta de que nos hemos equivocado al pulsar el botón, readapta la conducta. También aparece en los clásicos ejercicios de autocontrol. Si eres capaz de resistirte a las patatas fritas los viernes por la noche, tiene que ver con lo qué le ocurre a tu cingulado (±).

Aunque llevemos solo unos pocos párrafos hablando de compasión es posible que la palabra haya generado en ti cierto rechazo. Tiene su lógica. En la psicología contemporánea se ha revitalizado como un constructo valioso. De hecho, existen numerosos programas para aprender a ejercer la compasión y aplicarla a terapia, grupos o a uno mismo. ¡Más de diez! A veces la conversión a una técnica y programas suscita en muchas personas también ciertas reservas.

La recepción pública del término «compasión» no siempre es favorable. Así, muchas personas muestran reticencia hacia ella; aunque en la tradición filosófica occidental, Aristóteles o Schopenhauer la hayan considerado una virtud moral fundamental, con frecuencia asociamos la compasión con una actitud piadosa, de lástima, a veces condescendiente, con tono muy religioso. En el cristianismo la compasión está ligada a la misericordia, el sacrificio y el perdón, pero lo podemos sentir desde un lugar demasiado jerárquico o moral. En el budismo, *karuna* es más bien una cualidad mental entrenable que expresa el deseo de aliviar el sufrimiento sin apego ni lástima.[6] Para muchos ambos marcos pueden sonar religiosos o «espiritualizados» desde una perspectiva ajena.

Personalmente creo que es difícil superar este peso simbólico y que quizá otra elección lingüística sería deseable. Algunos investigadores han propuesto «empatía activa», el que más me convence, «motivación prosocial», que podría confundirse con altruismo sin más, o «preocupación empática», que quizá se asemeja demasiado a la empatía afectiva pura y dura, pues puedo estar preocupado por un amigo y no moverme de la silla para ayudarlo.

El término elegido debe preservar lo esencial expresando no solo la capacidad de resonar con el sufrimiento ajeno, sino también de movilizarse para reducirlo, sin lástima, superioridad ni evasión emocional. Considero que no es baladí este apartado. Como veremos, parte de las limitaciones de la compasión, que también las tiene, surgen precisamente por las consideraciones previas que tenemos sobre aquello que queremos aprender, al dirigir el propio concepto hacia metas prefijadas.

De momento, al menos en este capítulo, mantenemos la palabra «compasión» para estas explicaciones. Si la compasión se vincula con redes que participan en el afecto positivo, y la empatía que resuena con el otro, con afecto negativo, es sencillo imaginar que el entrenamiento en compasión puede revertir los efectos negativos del exceso de empatía. Recuerda la primera dimensión primitiva-adquirida. Los estudios demuestran que tanto la empatía como la compasión pueden ser cultivadas con entrenamiento y se pueden evaluar los cambios en la actividad y la conectividad cerebral.[7, 8]

El entrenamiento en compasión es interesante, porque al activar circuitos asociados con emociones positivas y afiliación, nos podría ayudar a ese agotamiento empático que provoca un mundo que duele.[9]

Veamos alguna distinción más, en este caso evolutiva. El contagio emocional de la empatía primitiva nos permitía sincronizarnos automáticamente con estados emocionales para facilitar la detección de amenazas y el cuidado parental, algo que les sucede a casi todos los mamíferos, desde roedores hasta primates no humanos.[10]

Se postula que la compasión podría haber emergido como extensión de los mecanismos vinculados al cuidado de las crías, que luego se extienden a otros miembros del grupo social.[11]

La compasión, al no ser tan parroquial ni estar tan centrada en el endofavoritismo ni premiar la similitud y la familiaridad en exceso, podría ser más consistente desde una perspectiva más universal y transcultural e incluso acercarnos a esos que de antemano percibimos como diferentes, lejanos o extraños. Algunos de los entrenamientos citados así lo relatan, pues se reducen sesgos implícitos y aumenta el comportamiento prosocial hacia grupos estigmatizados.[12]

Si nos enfocamos en la empatía, podemos enfatizar intervenciones directas y personalizadas, cuando la conexión interpersonal o la sintonía emocional sea la clave.[13] Si hace falta internalizar normas morales o incluso desarrollar la culpa como reguladora del comportamiento social, la empatía es fundamental.[14] Esta función socializadora de la empatía sería relevante durante la infancia y la adolescencia, cuando aprendemos lo que está bien y mal, a pesar de la dificultad de establecer en ocasiones esa frontera. Al asistir a terapia, como psicólogos o pacientes, la empatía sigue siendo fundamental, ¡sin que el psicólogo llore, claro!, ya que ese «sentir con» sobrepasado no ayuda a nadie, por bien visto que esté en algunos círculos de sensibilidad acrecentada. Pero sin ella el vínculo terapéutico adolecería de lo más importante. A largo plazo en la vida del psicólogo o del profesional sanitario necesitará compasión para sostenerse emocionalmente en el cuidado del otro…, ¡y de sí mismo!, sin caer en el *burnout*.

La segunda dimensión, el imaginar a los otros, es imprescindible para poder comprender situaciones y ser creativos con las soluciones. De ahí que leer literatura, especialmente la de ficción, sea genial para el desarrollo empático.[15] Sí, hablamos de eso que se va perdiendo en los colegios donde las humanidades se evaporan en los planes de estudios. Aunque la moda sea decir que la educación no sirve, lo que escasea en realidad es el desarrollo integral de la persona. La construcción del carácter, el aprendizaje moral, el pensamiento crítico o la creatividad precisan de arte, cultura, literatura, filosofía, música y ciencia. Si nos transformamos en máquinas de productividad, incluso aunque lo lográramos, seremos antes sustituidos por humanoides más eficaces. No solo eso, es que quizá en el mundo laboral mucha gente no sufre de falta de formación técnica, sino de que su puesto está muy por debajo de su formación. En realidad dudo de que, incluso sabiendo mucho de finanzas, estas estén disponibles solo desde el conocimiento. Ojalá. Si las humanidades te resultan inútiles, es un gran momento para leer *La utilidad de lo inútil*, de Nuccio Ordine. ¡Después de terminar este libro, claro!

Volvamos a la compasión. Si necesitamos soluciones sistémicas, esta sería más apropiada. Pero, ojo, porque a veces la compasión se presenta como solución a la empatía sin presentar sus propias limitaciones. Incluso con compasión genuina pueden existir barreras sociales que dificultan acciones compasivas. Si la compasión, tan centrada en el individuo (muy habitual en nuestros tiempos), no entiende ni reconoce los factores contextuales, acaba resultando ingenua o ineficaz y podría generar frustración tanto en quienes intentan ayudar como en quienes sufren.

De hecho, algunos practicantes internalizan la compasión de forma muy mental y pasiva. Disfrutan enviando amor al mundo, colocando en su mente a esa lejana persona merecedora de derechos y afectos, e incluso siendo capaces de visualizar y sentir que, aquellos con los que hemos tenido rencillas o conflictos, también merecen una vida digna y feliz. He descrito de forma muy somera una bella práctica llamada «loving kindness meditation» (LKM). Sin embargo, la mera intención compasiva, por sincera e intensa que sea, no garantiza una acción beneficiosa. Hay que accionar, ejecutar, implicarse y mojarse. Durante años he conocido a muchas personas que la han trabajado con mucho amor pero de forma estática. Ponían en su mente a la vecina que hace ruido, al cuñado pesado, a la expareja, a aquel jefe manipulador y mentiroso, pero no se daba el paso en la vida cotidiana, en el día a día real de las relaciones. Trabajarlo en nuestra mente solo sería correcto como posibilidad con los muertos o los desaparecidos, pero no es lo principal con los vivos. Hay que tocar, hablar, hacer en vida. No vale con saber que la compasión implica acción, ni con que entendamos la importancia de «que todos los seres sintientes estén bien». No solo se hace con los ojos cerrados, sino también con estos abiertos. Es decir, aunque como neurocientífico me interese el prefrontal izquierdo de Ricard, lo real es la traducción económica a esos hospitales. Hay que ser actores, no espectadores con sonrisas de Buda encima de un zafu. Para mí mi abuelo materno siempre ha sido un ejemplo vivo de esto. Tras jubilarse siguió trabajando. A unos metros de su casa vivía en un zulo abandonado un hombre apodado El Chato que hoy en día se reconocería como enfermo mental sin trabajo y sin hogar. Mi abuelo le llevaba todos los días el desayuno, la comida y la cena. Recuerdo escucharle decir que simplemente «era lo que había que hacer». Eso es empatía activa, no solo formada por ideas.

Si la empatía puede derivar en tribalismo, la compasión puede convertirse en buenismo. Bajo el amor, siendo sincero, puede subyacer de nuevo una superioridad moral. En un mundo visto como un lugar tecnológico, despiadado y deshumanizado, de seres no sintientes, muchas de las prácticas en torno a la empatía y la compasión se enfocan en la alineación psicocorporal. Contienen respiraciones, posturas, gestos, trabajos con la atención interna, la observación del pensamiento, las sensaciones corporales, la visualización y un largo etcétera. Son maravillosas. Las conozco porque las he practicado más de treinta y cinco años y las he enseñado por más de veinticinco. Pero en ocasiones nos pueden estrechar el marco de visión, incluso aunque sintamos que somos uno con el mundo.

¿Por qué? Porque no todas las soluciones derivan de sentirnos bien y calmados. Sin duda sería genial que, por ejemplo, un dirigente estuviera más calmado y fuera más compasivo. Podría negociar desde un formato *win-win* en vez de uno *win-lose*, abandonar su *hubris* al estar por fin centrado en el aquí y el ahora en medio de un cerebro social más colectivo de lo que pudiera imaginar nunca. Así, podría pasar de una empatía tribal y sesgada hacia una compasión más cooperativa. Pero cuando hubiera que priorizar necesidades, seleccionar recursos, solventar dificultades, diseñar estrategias, planificar con eficacia, agilizar procesos o disminuir peligros, necesitaría no solo sentir que el pecho explota de gozo ante el canto del trino, la mirada de ese bebé y la alegría espontánea de sus padres o el afecto por esos ancianos que veo de la mano cuando salgo a correr por el parque. Hacen falta también más habilidades. Y es necesario reconocerlo con nosotros, con el mundo y con el propio «movimiento de la compasión». De no hacerlo se cae en un buenismo ingenuo, en empatía lejana o en compasión que esconde todavía identidades sociales muy arraigadas y rígidas. Durante muchos años he trabajado con hombres medicina y maestros de diversas tradiciones; los más profundos eran aquellos que fueron capaces de enraizar la ecuanimidad en su propia vida.

Si se siente amor por todos los seres, pero al rato estamos en el deseo desenfrenado; si tras años de prácticas «saludables» y compasivas, acabamos con apego a nuestro endogrupo, quizá no es compasión real.

Hay que aterrizar a la vida, no a las técnicas, algo que es más frecuente al tener una buena guía.

Pero también pasa por acompañar bien la empatía o la compasión con la inteligencia, el pensamiento crítico y la sabiduría.

Con compasión solo, en definitiva, no construimos medicamentos, hace falta mucha inteligencia, pero sí que podemos ayudar con ella a que lleguen más a los que los necesitan.

¿Si somos compasivos hay espacio para la disidencia, la protesta, la manifestación o el asumir riesgos personales?

La pseudocompasión no puede contestar esta pregunta. Carece de la visión profunda y el coraje para abordar las raíces reales del problema y a veces se conforma con una visión romántica.

Algunos psicólogos, ya citados, que asistieron a las víctimas del tsunami del Índico y que, por desconocimiento cultural, acabaron siendo juzgados por los locales. Iban llenos de un deseo magnífico, respetable y puro de ayuda, pero carente del conocimiento de que simplemente estaban en otra cultura que, además, estaba inmersa en el budismo Theravada y ya había trabajado el trauma. Podríamos añadir ejemplos románticos en los colegios, donde soñamos con que la regulación emocional solucione problemas estructurales o diferencias innatas en la inteligencia. O en las empresas, donde se nos tienta a enseñar prácticas meditativas a los empleados, que en realidad han sido diseñadas desde otras esferas, para aumentar la productividad y reducir las bajas mientras se mantiene el *statu quo*. Sin embargo, habría que preguntarse: si la empresa contamina los océanos de forma descarada, ¿cuál es la acción más compasiva posible, la que beneficia a más seres? Somos humanos, a veces muy constreñidos por nuestras propias necesidades y limitaciones, partícipes, recuerda, de todo tipo de endogrupos y exogrupos imperfectos. Quizá por eso la pureza moral, el revisionismo histórico y similares se sienten tan irreales.

La compasión no debe caer en ese deseo ingenuo de sentirse bueno sin más, de sentirse en paz en un mundo que duele a través de la distancia, o de usarse con frecuencia como medio para evitar la incomodidad. Cuando toca discernir qué es verdaderamente beneficioso, o de forma pacífica y serena intentar solucionar problemas estructurales, la posibilidad de una compasión «idiota» en vez de sabia está ahí. El deseo superficial de ser «amable», la obsesión por evitar el conflicto, la equidistancia que no surge de la naturaleza profunda sino del miedo a la implicación, no son compasión genuina. No creas que mis palabras son extrañas dentro de los discursos habituales de la compasión. La tradición, no las técnicas, está llena de este tipo de avisos. Nos alertan de lo utilitario, lo productivo, lo que se aleja de la ética, lo que es superficial y lo que evita en vez de abrazar la sabiduría y el discernimiento.

La verdadera compasión requiere discernimiento ético y mucho coraje, que no ira desenfrenada. En realidad, la compasión es con el ser, no con el yo.

Con todo esto quizá entiendas por qué prefiero el término «empatía activa» ante el sufrimiento de otros.

¿Y si no hay sufrimiento en otros? Entonces simplemente podemos ejercer amabilidad, en la medida en que podamos, y alegría empática.

EJERCICIO

Empatía activa versus fatiga empática

El objetivo de este ejercicio es cubrir la necesidad de prácticas de compasión-empatía activa que no conduzcan al agotamiento.

Procedimiento

1. Durante una semana, practica «empatía afectiva pura»:
   —Selecciona historias de sufrimiento (noticias, documentales).
   —Sumerge tu atención en el sufrimiento.
   —Intenta sentir plenamente lo que la persona afectada siente.
2. Durante la siguiente semana, practica «empatía activa»:
   —Selecciona historias similares de sufrimiento.
   —Reconoce el sufrimiento, pero mantén consciencia de separación.
   —Cultiva deseo genuino de alivio sin absorber el estado emocional.
   —Elige acciones sostenibles de apoyo y posibilidades de cambio.
3. Compara ambas experiencias:
   —¿Qué diferencias notaste en tu bienestar?
   —¿Y en tu motivación para ayudar?
   —¿Y en tu percepción de eficacia?

Reflexión profunda

¿Qué creencias tienes sobre la necesidad de «sufrir con» para demostrar verdadera empatía?

¿De qué manera el agotamiento empático puede ser una forma sutil de egocentrismo?

¿Cómo puedes honrar el sufrimiento ajeno sin fusionarte con él?

¿Cómo puedes fortalecer la acción y no el resto de los aspectos?

21

Los críticos de la empatía

A lo largo de veinte capítulos hemos explorado qué es, cómo funciona, cómo aparece y surge, y hasta dónde llega la empatía. A través de cuatro dimensiones, primitiva-adquirida, cognitiva-afectiva, interior-exterior y pasiva-activa conocemos mucho mejor sus potenciales y sus limitaciones. Aunque se considere una virtud cardinal en nuestras sociedades, estamos en disposición, por fin, de aplicarla mejor, donde, cómo y cuando sea necesaria.

En este capítulo nos centraremos desde esas dimensiones en algunos autores que exploran límites, alternativas o complementos a la empatía. Me gusta argumentar que, cuando amamos una disciplina o un concepto, tenemos que atrevernos a explorar hasta dónde llega, y no solo saber para qué sirve, sino también para qué no, ya que es entonces cuando una herramienta demuestra su potencial. Cuando algo sirve para todo, es probable que en realidad no sirva para casi nada. Pero exige valentía atender a lo que dice el exogrupo respecto a nuestra disciplina.

Barack Obama llegó a describir la empatía como «el corazón de mi código moral» y sugirió que un déficit de empatía está en el centro de muchos de los problemas de nuestra sociedad.[1] Hijo de inmigrante y criado por una madre soltera, vivió experiencias que sin duda le hicieron pensar más allá de lo evidente. Para justificar su reforma sanitaria dijo que «entender el dolor de quien no puede pagar un médico exige empatía».[2] Para aumentar los derechos de la comunidad LGBTQ+ manifestó que «ponerse en el lugar de otros cambia posturas».[3] Deducimos claramente que vinculó la empatía a la justicia social para así reconocer el sufrimiento ajeno y actuar contra las desigualdades. No estoy analizando su éxito o su fracaso político, solo cómo sus acciones estaban impregnadas de la palabra que da sentido a este libro. Quizá se basó en Adam Smith, quien en su teoría de los fundamentos morales de 1759 dijo que «nuestra capacidad de simpatizar con otros sostiene la moral». En principio nadie se opondría a entender el dolor de otro o a ponerse en el lugar de otro.

En los noventa muchas investigaciones tomaron esa dirección. Los experimentos del psicólogo Daniel Batson demostraron que pedir a los participantes que imaginaran cómo se sentía una persona de un grupo estigmatizado (enfermos de sida o personas sin hogar) mejoraba las actitudes hacia tales individuos.[4] Planteó que sentir afecto empático real, y no un simple contagio emocional, generaba una motivación altruista genuina aun cuando no había beneficios para uno mismo.[5]

Pero las limitaciones pronto empezaron a ser visibles. Paul Bloom, psicólogo de la Universidad de Yale, se cuestionó la visión empática radicalmente positiva. En su libro *Against Empathy*, argumenta que no es la mejor guía para tomar decisiones morales. Para Bloom, la empatía presenta sesgos evidentes, casi todos relacionados con la tercera dimensión.

- Las personas sienten más empatía hacia aquellos que son similares a ellos en términos de raza, etnia, clase social, edad, género u otras características demográficas. Cuando observan el dolor de miembros de su propio grupo racial o étnico muestran mayor activación en regiones empáticas que con individuos de otros grupos.[6]
- Las personas sienten más empatía hacia víctimas locales que hacia otras distantes, más hacia víctimas presentes que hacia futuras, y más hacia víctimas dentro de su red social que hacia extraños.[7]
- Las personas sienten más empatía hacia individuos cuyas historias son dramáticas, bien contadas o visualmente impactantes, con independencia de la magnitud real de su sufrimiento.[8]
- Las personas pueden sentir más empatía hacia una víctima individual identificable que hacia miles de víctimas estadísticas (efecto de víctima identificable).[9]

Por todo ello, argumenta Bloom, la empatía es susceptible de manipulación. La respuesta estadounidense al 11-S fue impulsada por empatía hacia las víctimas y deseo de venganza, pero esta respuesta empática se usó para justificar las guerras en Irak y Afganistán, con inexistentes «armas de destrucción masiva» que causaron mucho más sufrimiento que los ataques originales.[10]

Esta práctica es cotidiana. Desde la empatía hacia las víctimas se defienden los genocidios posteriores. Históricamente las narrativas sobre las atrocidades cometidas contra el propio grupo (sean reales o exageradas) se han utilizado para movilizar el apoyo para guerras y genocidios. Y lo contrario, las narrativas que han minimizado invasiones o genocidios y han sido transformadas en retóricas sobre el comercio, la expansión o enculturación de los otros pueblos beben de la tercera dimensión y sus sesgos.

Bloom tiene en cuenta también la cuarta dimensión. La empatía intensa y prolongada, «el sentir con», puede agotar y reducir la capacidad de ayudar de forma efectiva a otros.[11] Por ello, propone una compasión racional en vez de una ingenua o idiota. Esta compasión racional no favorece a individuos específicos por similitud o proximidad, sino que trata de reducir el sufrimiento y promover el bienestar más que aquello que simplemente nos haga sentir mejor. Intenta responder a problemas que afectan a gran cantidad de personas, no solo a individuos identificables. Entiende de este modo que salvar mil vidas anónimas es más importante que salvar una bien publicitada y que vibra con nuestros esquemas. Bloom aporta datos que confirman que los médicos empáticamente distanciados experimentan menos *burnout*[12] y las organizaciones que basan sus decisiones en análisis coste-efectividad logran impactos mucho mayores por dólar donado que las que se centran en respuestas empáticas a crisis específicas.[13]

El título *Against Empathy* [Contra la empatía], sin embargo, quizá resulte demasiado categórico. Los hay por supuesto más extremos aún como *The Sin of Empathy* [El pecado de la empatía], de Joe Rigney, quien como cabría esperar por el título es teólogo y pastor. Sus tesis son similares a las de Bloom, pero su tono es de apología teológica con advertencia moral. Donde Bloom propone una razón utilitarista, Rigney aboga por el criterio bíblico y teológico. Ambos afinan al criticar el «sentir» que atiende a casos cercanos, ignora a la mayoría y puede ser manipulado.

Tras este ya largo viaje, quizá sientas como yo que Bloom separa radicalmente la cuarta dimensión entre la empatía que conoce y siente y la empatía activa que actúa. Tania Singer distingue como hemos visto esas dos redes cerebrales, de afectos negativos y afectos positivos. Una que nos agota y otra que nos implica, como a Ricard, en la ayuda. Por cierto, Tania Singer argumenta que Bloom critica solo la primera mientras ignora los beneficios de la segunda.[14] De este modo, presenta una falsa dicotomía entre la empatía del sentir y comprender y la compasión racional del hacer.

¿Cómo es nuestra experiencia cotidiana en la mayoría de las ocasiones? Suelen estar presentes ambas. Recordemos el ejemplo de la culpa, una emoción que implica un afecto hacia dentro por el que se siente el daño de nuestra acción, pero también otro hacia fuera, para buscar pedir perdón y repararlo. Desde esa óptica soy cauto en relación con si una técnica de compasión no parte de una visión exagerada de seres que sienten y sufren mucho, pero luego no hacen nada. ¿Qué dicen los datos?, te estarás preguntando.

Que existe una correlación moderada, casi un 45 %, entre esa preocupación empática y la conducta prosocial.[15] Es decir, las personas que son más empáticas ayudan más a menudo. Aun así la relación deja más de la mitad de la varianza sin explicar. Por tanto, hay gente empática que se bloquea, y otra no tan sensible al «sufrir con», pero que actúa por principios, normas o incluso reputación. Ojo, en metanálisis recientes vemos que si se incluye el *distress* personal que provoca el dolor del otro, la conducta prosocial aumenta hasta el 70 %, aunque sea por sentirnos mejor.

Aparece cierta brecha por tanto entre el sentir y el hacer. Puedo sentir lástima por personas sintecho, pero no dar dinero si pienso que no servirá, si no soluciono el problema y solo lo alivio o si no puedo permitírmelo. La empatía nos empuja, pero con frecuencia la cultura dicta cómo y a quién ayudar más, o en qué orden, de ahí que recordando el asunto de la discriminación quien gana la batalla de qué es más importante o necesario recibe más ayuda. Y quizá lo más importante: la inacción no siempre expresa falta de empatía. Actuar exige tiempo, dinero o habilidades. En un mundo sobresaturado de información, de horarios límite, de hiperconectividad, de falta de descanso, de hiperestímulos, de sentir empatía, lo fácil es quemarse, pero pasar a la acción también se dificulta.

En definitiva, el crónico dificulta la empatía,[16] ya que merma la prosocialidad al drenar nuestra energía, reducir la atención a lo prioritario y dejarnos sin espacio para más. Agotados ayudamos peor, la verdad.

Una visión más integradora es la de Peter Singer. En su libro *El círculo en expansión: Ética, evolución y progreso moral*, de alguna manera ya recoge varias de las limitaciones que Bloom señala, pero su propuesta contiene matices importantes. Es más, en ella localizarás el reflejo del número de Dunbar, los círculos de las relaciones y el más allá del «ciento cincuenta». Singer entiende que el altruismo humano tiene raíces evolutivas profundas y primitivas, pero el verdadero progreso moral requiere ir más allá de las limitaciones biológicas mediante el ejercicio de la razón. Singer es utilitarista y bebe de la tradición empírica de Jeremy Bentham y Stuart Mill, por eso busca ante todo un sentido práctico en lo que analiza.

El utilitarismo clásico sostiene que las acciones son moralmente correctas en la medida en que promueven la felicidad o el bienestar general, e incorrectas si tienden a producir lo contrario. Singer se interesa por cómo implementar principios prácticos aplicables a la pobreza global, los derechos de los animales, la eutanasia o la biotecnología.

«El círculo en expansión» describe el proceso histórico mediante el cual la moral humana se ha ampliado gradualmente. Hemos ido incluyendo individuos, grupos y entidades más allá del «ciento cincuenta», superando nuestras tendencias biológicas. Singer considera que este camino puede y debe continuarse.[17]

La metáfora del círculo es espacial y visual. Singer invita, como en los ejercicios sugeridos, a imaginar círculos concéntricos morales. El más interno incluye el yo individual, el siguiente a la familia, luego a la tribu o comunidad local, después a la nación, posteriormente a toda la humanidad, y al final a otras especies. La similitud de alguna manera con el cinco, quince, cincuenta y ciento cincuenta de Dunbar resulta evidente.

La «expansión» sería el proceso por el cual los círculos se amplían para incluir miembros o grupos previamente externos o ajenos. Lo crucial en su tesis es que esta expansión requiere un esfuerzo consciente, deliberado y racional.

No es ingenuo ni optimista por tendencia natural. La expansión hay que ganarla con argumentos. Así, propone un altruismo efectivo como aplicación práctica de la empatía cognitiva y el razonamiento moral.

Al igual que nuestras intuiciones morales naturales empáticas pueden llevarnos a tomar decisiones partidistas,[18] el altruismo efectivo desarrolla herramientas para evaluar la efectividad de las acciones caritativas. Singer elabora métricas curiosas como «años de vida ajustados por calidad» y «años de vida ajustados por discapacidad».

Una visión muy curiosa sobre los derechos de los animales por parte de Singer es centrarse en la capacidad de experimentar sufrimiento, no en la pertenencia o el grado de similitud con la especie humana como criterio relevante para la inclusión en el círculo moral.

A diferencia de Bloom, Singer no es tan radical con la empatía y busca complementar más que sustituir. Quizá sin la conexión emocional que proporciona la empatía, aunque podamos entender intelectualmente qué es lo correcto, no parece sencillo que emerja la motivación para actuar en consecuencia.

Debemos considerar no obstante otras fuentes de motivación como el propio sentido de justicia. El orgullo al hacer lo que parece más correcto puede apoyarnos en nuestra motivación empática sabiendo que a veces es fuerte y parroquial y otras ausente o débil.

Sin embargo, en la experiencia cotidiana chocamos muchas veces con la extensión de nuestra bondad natural o la empatía activa. Es más, con el paso de los años, solemos acumular cicatrices, desconfianza, traiciones, desavenencias y recuerdos que a un gran número de personas las lleva a pensar que ser bondadoso o generoso es lo más parecido a ser bobo.

Podemos comprender nuestro impulso natural hacia los nuestros y un entendimiento racional hacia los otros. Pero si al decidir tomar parte, emprender el viaje, compartir el sentir y vivir en el hacer, acabamos magullados, tarde o temprano decidimos quedarnos en casa.

Una solución común a ello es convertir la empatía en una entidad rosa, romanticona de cuento, *marketiniana*, absurdamente débil, hipersensible, lejana de la realidad psicológica de las personas y vendida a un pensamiento positivo falaz y una inteligencia emocional para el individuo anestesiándole de la social en la que vive. Estamos más que preparados para derribar todos esos mitos de un plumazo en el próximo capítulo. Te adelanto que son tantos que podría haber escrito diez capítulos más solo con ellos.

A veces nos cuesta entender qué sería lo más adecuado. Recuerda que ante la desgracia colectiva hay quien es capaz de reclamar identidades sociales del endogrupo. Un ejercicio que propongo muchas veces a grupos y equipos se basa en el «velo de la ignorancia» del filósofo John Rawls. Este sugiere que, para determinar principios justos, deberíamos imaginar que no sabemos qué posición ocuparemos en la sociedad. Imagina que no sabes si vas a nacer en un barrio de Massachusetts o en una aldea remota de Mongolia. Tampoco sabes si serás hombre o mujer, alto o bajo, muy inteligente o no tanto. ¿Qué debe gobernar el mundo y nuestros actos?

Te propongo una alternativa para ese viaje. La primera vez que lo escuché fue en un entorno indígena, donde me enseñaron algo muy parecido a lo que posteriormente leí en Dunbar, Singer y Rawls. Un casual encuentro con la teoría de juegos para entender qué acción es la más apropiada dentro de un entorno donde no todos los jugadores son altruistas me ayudó a madurar ese viaje. Personalmente me ha permitido reducir de forma radical el número de cicatrices en las relaciones personales y profesionales sin perjudicar ni un ápice el dicho budista «ojalá que todos los seres sintientes sean felices».

Te presento el maravilloso «Tit for Tat» que tanto me ha ayudado a mí y a mis alumnos (±).

Ahora toca desmontar mitos y preguntarnos si seremos empáticos con una nueva especie que viene: los humanoides.

EJERCICIO

«Tit for Tat»

Necesitamos equilibrar el dar y el recibir para amar y no perdernos en el intento, ser generosos sin caer en la estupidez y tener empatía activa sin confundirla con el buenismo.

Procedimiento

1. En una hoja enumera tus relaciones personales, laborales y familiares.
   —Describe cuáles han sido en el último año tus «Tit», es decir, aquello que has dado.
   —Anota cuáles han sido los «Tat» recibidos.
   Primer ejemplo: He invitado cinco veces a Sandra a comer, pero ella no me ha invitado ninguna.
   Segundo ejemplo: David siempre me escribe y me pregunta por mi hijo. Yo apenas le pregunto por los suyos, ni siquiera en Navidad.
2. Empieza a aplicar radicalmente el «Tit for Tat».
3. Considera de forma honesta y bondadosa si la persona no está en disposición de dar o devolver.
4. Evita aplicarlo en relaciones verticales: padres-hijos, terapia psicológica, pacientes, en donde el otro no puede quizá devolver. Sé flexible con la reciprocidad en estos casos. Hazlo durante al menos tres meses de tu vida.

Reflexión profunda

¿Qué ha sucedido?
¿Cómo reaccionaron las personas?
¿Estaba parte del amor sujeto a tu generosidad solo?
¿Cómo vas a mantener tu compromiso con el «Tit for Tat»?

22

Los mitos de la empatía

LAS NEURONAS ESPEJO

En 1996, un equipo de neurocientíficos italianos liderado por Giacomo Rizzolatti realizó un descubrimiento accidental mientras estudiaba el cerebro de los macacos. Observaron que ciertas neuronas en el área F5 de la corteza premotora se activaban no solo cuando el mono realizaba una acción específica, como agarrar un plátano, sino también cuando observaba a un investigador llevar a cabo la misma acción. Bautizaron a estas células como «neuronas espejo».

Este hallazgo, inicialmente modesto, pronto se convirtió en una revolución científica cuando Marco Iacoboni, neurocientífico de UCLA, comenzó a investigar su equivalente en humanos.

En 2005, Iacoboni publicó una serie de estudios utilizando resonancia magnética funcional que sugerían la existencia de un sistema similar en el cerebro humano. Sus interpretaciones, sin embargo, iban mucho más allá de los datos.

En su libro *Las neuronas espejo: empatía, neuropolítica, autismo, imitación, o de cómo entendemos a los otros*, Iacoboni propuso que estas neuronas eran la base neurológica de prácticamente todas las capacidades sociales humanas: empatía, lenguaje, imitación, comprensión de intenciones e incluso conciencia del yo. «Hemos descubierto el mecanismo neuronal que explica cómo nos conectamos con otros», declaró en una entrevista con *The New York Times*.

La teoría de Iacoboni capturó la imaginación pública y académica. Pronto, las neuronas espejo se convirtieron en la explicación de moda para todo, desde el autismo (supuestamente causado por un «sistema de neuronas espejo roto») hasta la apreciación del arte y la música. Se publicaron miles de artículos científicos y de divulgación sobre estas «células mágicas» que nos permitían «sentir el dolor de otros» o «leer mentes».

En 2006, el neurocientífico Vilayanur Ramachandran llegó a afirmar que «el descubrimiento de las neuronas espejo hará por la psicología lo que el ADN hizo por la biología».

A partir de 2009, los científicos comenzaron a dudar de tales aseveraciones. La evidencia hasta ese momento de neuronas espejo en humanos era indirecta, puesto que estaba basada en técnicas de neuroimagen que no pueden detectar la actividad de neuronas individuales, y además los pacientes con daño en áreas supuestamente cruciales del sistema de neuronas espejo no mostraban déficits en empatía o comprensión social. El mito comenzó a derrumbarse.

En 2014, un equipo internacional de neurocientíficos tuvo la oportunidad única de registrar la actividad de neuronas individuales en pacientes epilépticos que tenían electrodos implantados por razones médicas. Al contrario de lo que indicaban las predicciones de Iacoboni, encontraron que las supuestas «áreas de neuronas espejo» contenían muy pocas neuronas con propiedades de espejo genuinas.

En 2018, un metaanálisis de veintiún estudios sobre neuronas espejo y autismo concluyó que no existía evidencia sólida de una disfunción del sistema de neuronas espejo en personas autistas. De hecho, varios estudios mostraban que personas con autismo podían tener respuestas de espejo intactas o incluso amplificadas en ciertas condiciones.

Iacoboni, en 2020, reconoció: «Probablemente fuimos demasiado entusiastas al principio. Las neuronas espejo son parte de un sistema mucho más complejo de comprensión social, no la explicación completa».

El descubrimiento de las neuronas espejo por Giacomo Rizzolatti en la década de los noventa supuso una revolución en nuestra comprensión de los mecanismos neurales que subyacen a la cognición social.[1] Estas neuronas, identificadas inicialmente en las cortezas premotora y parietal de primates no humanos, presentaban la extraordinaria propiedad de activarse tanto durante la ejecución de una acción determinada como durante la observación de esa misma acción realizada por otro agente.

El hallazgo surgió de manera fortuita. Durante una pausa uno de los investigadores tomó una nuez y, para sorpresa del equipo, las neuronas del mono se activaron como si él mismo hubiera realizado la acción de agarrar.[2]

Sus estudios posteriores encontraron que en torno a un 17 % de las neuronas en el área F5 exhibían estas propiedades de espejo.[3] Las neuronas espejo se activaban durante acciones dirigidas hacia objetos, como agarrar, sostener o manipular, pero no respondían a movimientos sin propósito o a la mera presentación visual de estos.

Con el descubrimiento de las neuronas espejo en las cortezas premotora y parietal en macacos parecía que hubiéramos encontrado cómo el sistema nervioso representaba acciones observadas en otros en su propio sistema motor.

En humanos se creía que estaban únicamente implicadas en el reconocimiento de una acción determinada, así como en la comprensión de la conducta de los otros y sus intenciones. Desde ese punto de vista, implicarían empatía afectiva y cognitiva.

En los macacos, las neuronas espejo fueron identificadas mediante registros electrofisiológicos directos de células individuales. En humanos, por razones éticas, no se puede hacer, es decir, no podemos abrir el cerebro de alguien para ver cómo reacciona al ver coger una manzana. Sin embargo solo un estudio pudo registrar la actividad de neuronas individuales en humanos debido a que era por motivo del implante en pacientes epilépticos de electrodos para fines médicos. Aprovecharon para observar y ejecutar acciones.[4] ¿Qué encontraron? La complejidad, como puedes imaginar. Registraron actividad de 1.177 neuronas en pacientes epilépticos con electrodos intracraneales. Observaron que algunas neuronas en áreas como la motora suplementaria y regiones temporales se activaban tanto al ejecutar como al observar acciones y expresiones faciales, pero solo una pequeña proporción cumplía criterios estrictos de «neurona espejo». Además, hallaron neuronas con activación opuesta que eran activas al ejecutar y se inhibían al observar. El entusiasmo inicial empezó a desvanecerse. Aunque se postulaban especiales en humanos, se encontró evidencias en primates no humanos, aves y roedores.[5]

Aunque las neuronas espejo permiten la simulación de las acciones y emociones observadas, no implican que experimentemos lo mismo que la otra persona. Por ejemplo, al observar a alguien sentir dolor, las neuronas espejo pueden activar regiones cerebrales asociadas al dolor, ¡pero esto no significa que sintamos el mismo dolor físico![6]

Aunque rápidamente se extendieron como explicación de la empatía, la relación entre la actividad de neuronas espejo y la empatía es débil e inconsistente,[7] debido a que los individuos con mayor empatía no muestran mayor activación del sistema motor de las neuronas espejo.

La empatía cognitiva, como sabemos, requiere funciones que no se explican por la observación o la imitación. La empatía involucra una red distribuida que incluye áreas relacionadas con la TOM, el procesamiento emocional y la regulación cognitiva.[8]

También las vincularon para explicar cómo aprendemos el lenguaje. Sin embargo, los pacientes con lesiones cerebrales en áreas de neuronas espejo pueden mantener una capacidad lingüística normal. Y aquellos con lesiones en áreas del lenguaje muestran déficits lingüísticos, pero no problemas empáticos ni en la comprensión de acciones.[9]

Asimismo, el autismo se relacionó con un posible fallo del sistema espejo. Los individuos con autismo muestran sin embargo activación normal en regiones de neuronas espejo durante tareas de observación y ejecución de movimientos. La diferencia en la forma de procesamiento social en el autismo no tiene nada que ver con ellas; basta recordar que es la empatía cognitiva y no la afectiva la implicada.[10]

Así, la magia se esfumó y se llegó a la conclusión de que las neuronas espejo son simplemente neuronas motoras que además responden a acciones observadas. No son mágicas, es normal en el cerebro asociar estímulos visuales y patrones motores.

Además, la activación de las neuronas espejo al observar acciones podría no ser la causa de la comprensión de estas, sino un fenómeno secundario, es decir, correlación no es causalidad.

Y mi justificación favorita: puedo comprender acciones sin depender de neuronas espejo. Aunque se activen cuando vemos a alguien realizar una acción, no significa que sean esenciales para entenderla. Por ejemplo, un ciego que no puede observar determinadas acciones sí las comprende o cuando lees a Otelo entiendes sus intenciones con Desdémona.

¿Cómo explico de otra forma este sistema?

El cerebro es un sistema predictivo en su conjunto y sus predicciones versan sobre su hiperespecialización social. El cerebro constantemente genera y actualiza predicciones sobre las acciones y los estados del entorno. Esta constante simulación predictiva le permite comprender y ajustarse al mundo sin necesidad de activar reflejos tipo neuronas espejo.

Aunque las neuronas espejo llenan tertulias, formaciones y bellas diapositivas de PowerPoint, no son ni de lejos la causa de la empatía.

LAS PERSONAS ALTAMENTE SENSIBLES

El término «persona altamente sensible» (PAS) irrumpió en la cultura popular en la década de los noventa con la promesa de explicar por qué algunos individuos parecen percibir el mundo con una intensidad excepcional. Para ello el diagnóstico se basa en un único cuestionario, la Highly Sensitive Person Scale (HSPS). Esta escala recoge rasgos que cualquiera reconocerá, como molestia ante luces intensas, dificultad para concentrarse en entornos ruidosos y fuerte reacción ante las críticas. No conozco a gente que disfrute al estudiar latín en medio de una discoteca, salvo, como decía Sabina, «mis padres vivían encima de una discoteca y todas las noches los de la discoteca se quejaban, porque hacían mucho ruido». Con esto quiero decir que la selección de los ítems del test no parece muy específica. Los análisis factoriales, una técnica estadística que permite reducir la complejidad de un conjunto de datos, muestran que esos ítems se solapan, en su mayoría, con el neuroticismo, un rasgo de personalidad, y con otro llamado «apertura a la experiencia».[11, 12] Quizá, según la evidencia, la HSPS no mide nada nuevo.

Dicho de otro modo, lo que parece nuevo en realidad es una remezcla de rasgos conocidos. Algo que sucede sí o sí, un día y al otro también, en muchísimos constructos «nuevos» en psicología. Además, el cuestionario tampoco supera la prueba de la invarianza intercultural, es decir, que los factores que emergen en Estados Unidos no son idénticos a los que se observan, por ejemplo, en Japón o Alemania.[13] Si el concepto fuera universal, esperaríamos patrones muy similares sin importar la lengua o la cultura.

La fiabilidad a lo largo del tiempo tampoco impresiona. En evaluaciones separadas por seis meses, la correlación test-retest no es la deseable ($r \approx .64$).[14] Ese dato nos sugiere que parte de la sensibilidad puede depender del estado de ánimo del momento más que de un rasgo estable.

Pese a estas alertas, los libros de autoayuda y los medios divulgan cifras llamativas basadas en muestras de conveniencia, sin estudios epidemiológicos representativos que confirmen tal prevalencia, como que el 20 % de la población es altamente sensible.[15] Esta idea ofrece una identidad atractiva a quienes se sienten abrumados, lo cual es normal hasta cierto punto en un entorno de incertidumbre, estrés, narcisismo, prisas y descrédito de las instituciones. Pero, por duros que sean los momentos actuales, la evidencia empírica es la que es y la solidez del constructo resulta muy débil.

¿Y en el cerebro? ¿Existen diferencias cerebrales que respalden la idea de un procesamiento sensorial más profundo? Algunos estudios muestran mayor activación en la ínsula y la amígdala cuando participantes PAS observan imágenes emotivas en comparación con muestras de control.[16] Sin embargo, la mayoría de esos trabajos incluyen menos de treinta participantes y, tristemente, no controlan los niveles de neuroticismo. El problema no es menor, ya que la amígdala se asocia con la reactividad al estrés, que es un rasgo precisamente elevado en personas con alto neuroticismo.

Al ampliar la mirada, un metaanálisis de veintisiete estudios halló que las diferencias atribuibles a la alta sensibilidad se diluían hasta volverse estadísticamente insignificantes.[17] Es decir, no existe un biomarcador capaz de discriminar de modo fiable a una persona PAS de otra con rasgos de personalidad dentro de la normalidad.[18]

No obstante, en paralelo se proclaman descubrimientos de «corteza prefrontal hiperconectada» o «sistema nervioso superreactivo». No verás enlaces a artículos revisados por pares, sino más bien interpretaciones exageradas de estudios piloto o incluso anécdotas clínicas. La brecha entre la evidencia y la promesa divulgativa es amplia.

Otro punto de confusión habitual es la supuesta hiperempatía de las personas altamente sensibles. La escala HSPS incluye ítems como «me conmueven profundamente las obras de arte» o «siento con intensidad la tristeza ajena». Pero al comparar con test de empatía, la correlación ronda entre .30 y .45,[19] lo que no respalda la idea de una capacidad emotiva fuera de lo común.

El matiz es muy importante. Los análisis muestran que la HSPS se relaciona con la reactividad afectiva y la ansiedad social.[20] Dicho de otro modo, una alta sensibilidad puede significar que ciertas emociones ajenas resultan tan intensas que desbordan, pero no necesariamente que la persona comprenda mejor lo que le sucede al otro. Si eres PAS según el famoso test, no eres especialmente empático según la ciencia.

Pese a ello, las redes sociales promueven la idea como si fuera un don exclusivo y especial por el que, al sentir y comprender más, se sufre más. La evidencia disponible pinta un cuadro menos glamuroso y más cercano al neuroticismo que a la empatía. Así, en estas personas aparece una mayor propensión a la rumiación, al desbordamiento emocional y a la evitación de estímulos intensos.[21] La diferencia entre resonar con el otro y quedar desregulado por su dolor es, en esencia, una cuestión de regulación emocional, no de un superpoder empático.

Soy una persona práctica y al final toca aterrizar los términos. ¿Resulta adaptativo ser muy sensible o es, en la práctica, una fuente de vulnerabilidad psicológica? Los defensores del concepto subrayan que, en contextos positivos, las personas PAS se benefician más de apoyos y experiencias nutritivas. El argumento suena verosímil, porque si todo se siente con mayor intensidad, las emociones agradables podrían amplificarse tanto como las desagradables.

La realidad empírica es mixta. Estudios longitudinales muestran que la habituación progresiva, exponerse de manera gradual a los estímulos que generan saturación, y las estrategias de regulación cognitiva reducen la hipersensibilidad con más eficacia que la evitación sistemática.[22] El realismo afectivo no ayuda. Es decir, si damos por hecho que nuestras sensaciones son ciertas por ser nuestras e intensas, lejos de reducir nuestra reactividad, la aumentamos. Construimos dolor y emociones desde un cerebro predictivo, que anticipa en sus análisis del entorno lo que espera y lo que teme. Por ello, conviene entrenar más la desensibilización sistemática y gradual que la evitación por saturación. Si te expones gradualmente al esfuerzo, al ejercicio, al frío o al calor, es probable que ajustes tus umbrales para fortalecerte. Si haces lo contrario, menos frío se sentirá como gélido y menos calor como sofocante. En realidad, esto opera según mecanismos básicos de aprendizaje en neurociencia: habituación, sensibilización y condicionamiento.

Además, aparece el problema clásico del etiquetado. ¿Hasta qué punto un diagnóstico nos ata o nos libera? Etiquetar esa variabilidad temperamental con un test poco fiable como «neurodiversidad PAS» puede resultar empoderador para muchos, pero también conlleva sus riesgos. Una etiqueta identitaria te impulsa a ello, recuerda el poder de las identidades sociales. La persona interpreta cada sobresalto, cada ráfaga de aire, cada olor, cada color, cada luz y cada sombra como prueba de su hipersensibilidad y, sin darse cuenta, refuerza un círculo de fragilidad aprendida.[23] En lugar de un trampolín de autoconocimiento, la etiqueta puede convertirse en un chaleco demasiado ajustado, e incluso puede demandar de otros un trato especial, algo que, como vimos con los endo-exogrupos y con la contraempatía, todos podemos reclamar.

Dale una vuelta a todo esto y como poco recuerda que ser PAS, te guste más o menos, no equivale a ser empático.

La princesa oxitocina

La oxitocina es un neuropéptido de nueve aminoácidos producido en los núcleos paraventricular y supraóptico del hipotálamo, una estructura en la profundidad del cerebro. Desde ahí viaja a la hipófisis posterior para liberarse en sangre y, a la vez, se difunde localmente en el cerebro, donde actúa como neuromodulador.[24] En la periferia coordina funciones reproductivas para el parto y la lactancia mientras que a nivel central ajusta la sensibilidad de circuitos de recompensa, estrés y afiliación. Gracias a esa doble acción, la oxitocina facilita el vínculo madre-bebé, modula la respuesta al dolor y promueve el cuidado.[25]

La oxitocina refuerza la cooperación parroquial, es decir, solo hacia el endogrupo. Tras administrar oxitocina, los participantes comparten más recursos con miembros del propio grupo, pero a la vez incrementan la desconfianza o la agresión defensiva frente a extraños,[26] lo que nos muestra nuestra dimensión tercera en acción.

Lo hace de forma curiosa, porque la amígdala reduce su reactividad ¡únicamente ante rostros endogrupales!, y el cuerpo estriado ventral amplifica la señal de recompensa al verlos cooperar.[27] La oxitocina atenúa el miedo interno y premia la ayuda dentro de la tribu de una forma selectiva impresionante. Los clanes que combinaban altruismo interno y agresión externa sobrevivieron mejor, así se deduce de estudios con patrones etnográficos de 339 sociedades.[28]

La visión romántica de la oxitocina como pegamento social universal necesita ajustarse. Si bien promueve solidaridad, lo hace de forma selectiva y etnocéntrica. Su acción además no es homogénea; por ejemplo, bajo estrés psicosocial, amortigua picos de cortisol y favorece la búsqueda de apoyo solo si el individuo confía en la ayuda.[29] En contraste, en entornos competitivos potencia emociones antisociales como la envidia o la *Schadenfreude*.[30] Sí, la princesa oxitocina.

Por tanto, la oxitocina es un amplificador de saliencia social: intensifica lo que ya existe, sea cooperar, competir, desconfiar o atacar según el contexto y el individuo.

Abrazar «ocho segundos» no sirve para disparar la oxitocina. Los mecanorreceptores táctiles tipo C de la piel no son tan lentos; de hecho, se activan en unas centésimas de segundo. La liberación de oxitocina tiene que ver con la calidad afectiva de ese abrazo más que con un cronómetro.[31] Así lo espero por tu bien. En cualquier caso, sería triste que convirtieras el afecto en utilitario, pues si algo tiene el amor genuino es que es desinteresado.

Al profundizar en los datos encontré por fin un fascinante estudio que puede aplicarse a este mito de los segundos. Un metaanálisis revela que la duración explica menos del 5 % de la varianza en oxitocina periférica, mientras que la temperatura de la piel o la intención del gesto explican cerca de un 20 %.[32] Sostener la mano durante una conversación íntima puede elevar más la oxitocina plasmática que un abrazo breve con un desconocido.[33] Sospecho que, si me detengo en las miradas, con los ojos que me miran sucede algo parecido.

En bebés, el contacto piel con piel duplica los niveles maternos de oxitocina y acelera la maduración de circuitos sensoriales.[34] El cerebro madura desde, con y por el amor. Olvida los segundos mágicos, la calidad afectiva lo es todo.

Las películas de héroes y villanos, de buenos y malos, no solo llegan al parlamento, también a la neurobiología. Las hormonas del amor y las de la agresión aparecen extendiendo los muros de la separación. En realidad, la oxitocina y la testosterona se coordinan. Tras el nacimiento de un hijo, la testosterona paterna cae y la oxitocina sube, facilitando conductas de cuidado.[35] Según algunos estudios, los padres con mayor descenso de testosterona y aumento de oxitocina eran quienes más atendían a sus bebés por la noche.[36] Otras hormonas también participan, no todo lo hace la princesa oxitocina. La vasopresina intensifica el vínculo romántico cuando la oxitocina aumenta,[37] y en tareas de honestidad, la testosterona hace que los hombres digan más la verdad ¡si su estatus está en juego! Dicho efecto desaparece si se bloquean los receptores de oxitocina.[38]

Los sistemas endocrinos y las redes cerebrales son como una orquesta, una *jam session* magnífica. Olvidemos metáforas de héroes y villanos, o quizá conviene preguntarse qué tiene dentro quien las inventa. La oxitocina agudiza la lectura de emociones y dirige la mirada hacia los ojos.[39] Sin embargo, esa empatía no es indiscriminada, se fortalece hacia el endogrupo y puede atenuarse hacia extraños,[40] algo que tiene su lógica si pensamos en el vínculo con el bebé.

En el espectro autista los resultados son mixtos. Ensayos que combinan oxitocina crónica con entrenamiento conductual muestran mejoras sociales,[41] pero un meganálisis con mil cuatrocientos participantes reportó efectos nulos cuando la oxitocina se usa sola.[42] De nuevo una hormona por sí misma no puede modificar una mente.

La oxitocina no crea empatía de la nada, sino que amplifica como hormona la relevancia social de las señales.[43]

Cuidado, si te dieran oxitocina para fomentar la cooperación en un entorno seguro podría exacerbar la rivalidad bajo amenaza, o hacerte más agresivo con tu jefe en vez de más empático. En definitiva, no hay hormonas de la empatía. Hay hormonas. Y hay empatía.

LA EMPATÍA ES DEL CORAZÓN

La idea de que el corazón es el asiento de las emociones hunde sus raíces en la Grecia presocrática. Alcmeón de Crotona (*ca.* 500 a. C.) describió por primera vez los nervios ópticos e intuyó que el cerebro recibía información sensorial, pero sus tesis se difuminaron pronto. Aristóteles (384-322 a. C.) estableció un dogma cardiocéntrico. Como el corazón es el órgano más caliente y el primer motor del cuerpo y está en el centro, debía de ser la sede de la vida psíquica. Siglos más tarde, Galeno, médico de gladiadores, desmontó la primacía cardiaca. Al seccionar nervios craneales observó parálisis y cambios en la voz, concluyendo que el cerebro, y no el corazón, gobernaba la sensación y el movimiento.[44] Pero el prestigio de Aristóteles se mantuvo, y con él sus tesis. La Iglesia medieval heredó la metáfora del corazón como sede de la voluntad y las pasiones. San Agustín escribió que «el corazón humano es inquieto hasta que descansa en Ti» (Confesiones, I, 1), y los místicos posteriores reforzaron esa geografía espiritual. La medicina china fue en la misma dirección y alojó el Shen (mente) en el corazón. Cuando en el Renacimiento Harvey demostró la circulación sanguínea en 1628 era demasiado tarde. El romanticismo del siglo XIX profundizó más si cabe en el corazón como emblema de lo auténtico y los sentimientos, porque las metáforas se heredan, decía Lakoff, no se falsean.[45] Pero ¿nos ayuda esa idea de corazón, emociones y empatía? ¿Esconde un dualismo un tanto absurdo? ¿Habla de unidad cuando en realidad ya ha separado las emociones de la razón?

Expresiones como «me rompiste el corazón» activan regiones cerebrales de dolor físico. La rotura es algo más que una licencia poética.[46] Cuando la canción de Uriah Heep dice «in my heart, in my soul», sentimos un leve incremento en la frecuencia cardiaca. ¿Pero cómo? Es el cerebro quien anticipa la metáfora y ordena una respuesta interoceptiva acorde.[47]

La metáfora, sin embargo, se convierte en un dogma absurdo. Pasamos a escuchar, y a aceptar, que las emociones «residen en el corazón». Sabemos que el cerebro integra señales corporales, memoria y contexto para fabricar estados emocionales.[48] El corazón envía información aferente, pero no la interpreta. No debemos confundir mensajería con autoría. Y en este caso, bueno en todo el libro en realidad, te pido que no te enfades con el cartero.

Aunque suene a ciencia, la frase «el corazón tiene un campo magnético de cinco metros» es capciosa, como suelo explicar en clase. El magnetómetro registra un campo de un picotesla aproximado, ¡millones de veces menor que el terrestre! A treinta centímetros del pecho, la señal se diluye en el ruido ambiental.[49] Por tanto, hablar de cinco metros equivale a afirmar que una luciérnaga ilumina un aeropuerto. Peor aún, la empatía con los demás como bien sabes no va de unidades Tesla del campo magnético ni de Gauss ni de voltios. Si así fuera, notaríamos atracciones irrefrenables cuando nos acercáramos en pareja a las neveras, las lavadoras y, no digamos, a resonancias magnéticas.

Pero es que «el corazón es un segundo cerebro», podrían rebatirme. A veces eso es señal de que no se ha estudiado el primero. El plexo cardiaco contiene neuronas, pero su función es optimizar la contracción, no formar recuerdos ni resolver dilemas éticos.[50] Ya sé que envía información al cerebro antes de que este lo sepa; también lo hace el policía de calle alertando al ministro sobre lo que ha sucedido y eso no indica una jerarquía superior. Por cierto, el estómago también envía señales a ritmos ultralentos al cerebro. En cualquier caso, que todos los órganos estén relacionados y que el cerebro se vincule con todo el cuerpo y con el mundo es maravilloso. Y no conocemos toda la complejidad de esos sistemas, sin duda. Pero plantéate la siguiente situación. Si te trasplantan un corazón o un hígado tienes la sensación de, a pesar del trauma, seguir siendo tú mismo. ¿Y si te trasplantaran un cerebro?

¿Qué ocurre en realidad? Cuando te asustas, la amígdala dispara el sistema simpático y corre la adrenalina y la taquicardia. Cuando exhalamos despacio, el nervio vago contraataca con acetilcolina y el pulso se frena. Este tira y afloja mantiene nuestra alostasis.[51] Esta variabilidad cardiaca actúa como una especie de barómetro. Si hay valores altos, se asocian a menor reactividad al estrés y a mejor regulación afectiva,[52] pero siento decir que la correlación no implica causalidad. Puedes entrenar esa variabilidad cardiaca (HRV), el famoso *body scan* corporal y todos los estiramientos del mundo y seguir reaccionando con ira si no cambias tus esquemas, tus conceptos, tus identidades o tus apegos.

Un conocido estudio de 2014 realizado por investigadores finlandeses pidió a 701 voluntarios colorear el cuerpo según la intensidad sentida para catorce emociones. Presentaron su publicación con una bella ilustración donde se veían coloreadas siluetas humanas en función de las emociones predominantes. La pregunta era sencilla, ¿dónde sientes la emoción? Las interpretaciones habituales han sido de lo más curiosas: campos, frecuencias, ultrasonidos, infrarrojos, cuántica, por supuesto. No, ¡era una encuesta! ¡Lo pone al pie de la figura! Al convertir los resultados en mapas de calor, en vez de numéricos, más parecidos al hombre del tiempo que a una tabla Excel, los investigadores facilitaron todo ese cuerpo de creencias. Más allá de eso, se ve que el pecho (no dije «corazón» aposta) se activa para las personas en todo tipo de emociones, agradables y desagradables. Lo sabemos en neurociencia. Ninguna sensación corporal, ninguna medida periférica y ninguna medida central tiene especificidad emocional. Ya lo demostró Marañón en 1920 cuando, al inyectar adrenalina a sujetos, cada cual sentía algo distinto y no en los mismos lugares. La variabilidad es la norma, no la excepción.[53]

El dualismo aparece teñido de falsa empatía. Expresiones como «piensa menos y siente más» o «empatía del corazón» te pueden inspirar, pero espero que no mucho, la verdad. Porque por pensar poco hacemos también burradas y por sentir más, como bien saben los PAS, no somos más empáticos. En neuroeconomía se sabe que cuando las señales interoceptivas del cuerpo predominan, el córtex prefrontal ventromedial reduce su control y aumenta la probabilidad de decisiones arriesgadas.[54] «Seguir tu corazón» para despreciar tu cognición igual te puede dejar a merced de sesgos y estafas financieras. Tal vez así se entiende mejor cómo miles de aprendices se estrellan buscando resonancias, vibraciones y sentimientos.

Poner las manos en el pecho, serenarte, respirar profundo y hacerlo dentro de un marco adecuado ayuda,[55] pero si lo atribuyes al magnetismo cuántico empático, te desvía.

La empatía es tuya y de todos. No pertenece a un órgano. En cualquier caso, sentir y comprender implican un procesamiento cerebral complejo en regiones que ya conoces, en las que mensajeros como el corazón u otros órganos tienen un importante papel.

23

El futuro de la empat-IA

Aunque históricamente la empatía, y en general las funciones mentales superiores, se consideraron en exclusiva humanas, hemos visto que existen muchas evidencias para atribuir a los animales comprensión y sufrimiento ante las necesidades y el dolor de sus congéneres.[1] El viaje hacia quienes somos siempre se enriquece desde nuestro origen. No solo eso, nos aventuramos un tanto al explorar, con cautela, eso sí, comportamientos de cooperación en plantas. No hay especie elegida. Lo sabemos desde hace justo 167 años, cuando Darwin publicó *El origen de las especies* en 1859. Y mejor aún, desde hace 155 cuando fue el turno de *El origen del hombre* en 1871. Asistimos a una época donde es muy pertinente preguntarnos adónde vamos, o quizá, adónde queremos o podemos ir.

Denomino empat-IA al conjunto de interrelaciones psicológicas, tanto cognitivas como emocionales, que se dan entre humanos y máquinas. En la introducción esbocé un ejemplo. Con mi amigo David Vivancos trabajo en proyectos donde asesoramos en esta intersección científica y tecnológica a quienes quieren construir AGI (*artificial general intelligence*).

En una exposición celebrada hace ya dos años, observamos cómo una señora mayor establecía empat-IA real con un robot muy simple en apenas dos minutos. Para mí fue un *shock*. Por un lado, por la extrema facilidad para que se produjera; por otro, por sus posibles potenciales terapéuticos positivos y, por último, por la necesidad de regulación, control y ética. El último aspecto incluye por supuesto los peligros, que no los prejuicios. A la vez fui consciente de algo que ronda mi cabeza desde muy joven y que vemos una y otra vez en las películas de ciencia ficción: cómo nos relacionaremos con las máquinas en el futuro. Mi película favorita, *Blade Runner*, refleja un escenario que me parece bastante probable, en donde existen humanos que incorporan la tecnología dentro de sí mismos, máquinas que muestran autonomía y se hacen preguntas, y humanos junto con blade runners (que espero que sea mi profesión del futuro) que se dedican a estudiar las características únicas de unos y otros. Bueno, en la película también se cargan a los replicantes, todo hay que decirlo.

Las máquinas ya no solo calculan y nos superan al ajedrez, al go o al póquer haciendo gala de una increíble capacidad para resolver un único problema para el que se han programado y entrenado.

Comienzan a simular comprensión emocional. Tal vez «simular» suene a falso, pero tiene más implicaciones de las que normalmente imaginamos y que no suelen tenerse en cuenta. No hace falta que un perro tenga expresiones faciales elaboradas para que sus dueños crean que ha puesto cara de desprecio, de culpa o de remordimiento y que actúa en función de estas emociones. Es decir, cuando hablamos de que las máquinas simulan, debemos tener en cuenta el matiz de «nos lo parece». Si, como a la señora mayor de la exposición, se lo parece, actuará en consonancia.

Los límites del cuerpo físico y de la mente humana también comienzan a difuminarse. Aunque el cercano vecino del octavo lleva un implante de titanio en la rodilla, una válvula cardiaca de cerdo por una estenosis mitral, un sensor implantado en el oído medio para su sordera neurosensorial leve y unos relucientes dientes de porcelana, no tengo la sensación de estar ante un ser mitad humano, mitad máquina. Tampoco sucede cuando aprecio rejuvenecidos a ese matrimonio tan amable que se gastó sus ahorros en engrosar labios, reducir grasas, levantar glúteos, incrementar senos y marcar pómulos, llenando su cuerpo de tejidos y sustancias «no humanas» y olvidando los consejos de los griegos de la *euandría* (buen envejecimiento) a través de una vida moderada. Conviene pensar despacio de dónde venimos y adónde vamos.

Cuando hablamos con las IA desde nuestro móvil u ordenador nos percatamos de que los «large language models», conocidos como LLM, tipo GPT-4, DeepSeek o Gemini, se han entrenado con diálogos que contienen expresiones de apoyo emocional. En 2025, EQ-Bench y EMPATHETIQ muestran que los mejores modelos superan el 80 % en reconocimiento de emociones básicas, pero todavía fallan en matices culturales y pragmáticos.[2] Los LLM obtienen puntuaciones medias de 3,4 sobre 4 en escalas de empatía percibida, resultando superiores a respuestas humanas en foros médicos.[3] Queda mucho por pulir, dado que más allá del inglés con el que son entrenados baja su rendimiento y presentan, como sabemos, sesgos de género, culturales y validan en exceso algunos sentimientos.[4]

Ya hay sistemas de *chatbots* de IA para salud mental que ofrecen microconversaciones de terapia cognitivo-conductual (TCC), con una reducción del 30 % en síntomas de ansiedad en grupos control.[5] Lo hacen a través del análisis de marcadores lingüísticos de angustia. Se estudia la negatividad del léxico, la ambivalencia sintáctica o el uso de metáforas de desesperanza.[6]

Otras integran el análisis de voz (tono, quiebros, microsilencios), el reconocimiento facial en tiempo real (que, por cierto, no es fiable en absoluto) y datos biométricos de pulseras o relojes inteligentes que captan variabilidad cardiaca o conductancia dérmica y permite medir el estrés o la tensión arterial. Al unificar todos esos datos se alcanzó un 85 % de precisión en la identificación de emociones básicas.[7] Este año diseñamos un prototipo similar como apoyo al teléfono 024 de atención a la conducta suicida utilizando sobre todo marcadores lingüísticos, fonológicos y prosódicos (entonación) para apoyar a los operadores que tratan de aliviar el sufrimiento en esas llamadas. El proyecto PsiDetect del MIT ha ayudado por ejemplo en la detección temprana de brotes psicóticos con análisis de patrones lingüísticos.

A nivel de usuario, el 62 % de las personas que utilizan ChatGPT+ reportan usarlo como una especie de «confidente emocional».[8] Apps como Earkick y Youper acumulan millones de descargas. Su eslogan es «inteligencia artificial para la salud mental». La FDA ya clasificó en 2023 el primer *chatbot* (Woebot) como un dispositivo de apoyo clínico para la depresión leve.[9]

Si saltamos de nivel e incluimos a humanoides, ya tenemos robots que sincronizan gestos con el diálogo, mantienen el contacto visual o incluso ajustan respuestas al tacto humano. Ameca, de Engineered Arts; Phoenix, de Sanctuary AI, y Nadine, de Nanyang Tech son algunos ejemplos.

Las oportunidades son enormes. Se abre la posibilidad de atención 24/7 o de un servicio multilingüe a coste marginal. Además, se podría usar para potenciar la alfabetización emocional en numerosos ámbitos.

Ya hay sistemas híbridos humano-IA donde un chatbot terapéutico conversa, registra síntomas y envía ejercicios, que luego un clínico humano revisa, toma decisiones y ofrece después la terapia. La IA cubre el trabajo repetitivo y continuo[10] y podría democratizar el acceso al cuidado de la salud mental en zonas rurales o en países en desarrollo.[11]

Los peligros, a su vez, son reseñables, ya que puede crear una dependencia patológica. Hasta un 14 % de usuarios de una app para crear amigos virtuales reportan un aislamiento social progresivo.[12] Podría existir una manipulación de estados afectivos para venta de productos o adhesión ideológica. En este sentido, la serie *Black Mirror* es una previsión *peccata minuta* en relación con lo que puede surgir.

A nivel neurológico, las interacciones con IA empática activan la corteza prefrontal medial, ¡un área de empatía!, induciendo una atribución errónea de intencionalidad.[13] No es si lo simulan o no…, sino si a mí me lo parece.

Podemos enmarcar las tendencias en tres tipos de escenarios:

1. Donde la IA filtra los síntomas y deriva al paciente y reduce los tiempos y las listas de espera.
2. Donde, como propusimos en el caso del teléfono de atención al suicidio, apoye al psicólogo humano aportando datos en tiempo real que difícilmente puede captar el profesional.
3. Donde la propia IA sea el profesional de salud mental principal.

A nivel de usuario, para entornos no médicos o de entretenimiento aparecen un sinfín de posibilidades.

El asunto más conflictivo quizá sean los humanoides. Es la industria, no del futuro, sino ya del presente. Imaginarlo hace que despierte la búsqueda de un esencialismo humano que ya fue un tanto cuestionado por los datos que aportan los animales.

Pero ya están aquí. Humanoides como AIREC, Pepper o ARI incorporan LLM-on-edge, módulos de visión para poder leer expresiones faciales y motores hápticos, es decir, con sentido del tacto. En Japón, donde como sabes la tecnología genera mucho menos rechazo implícito, ya se están probando robots cuidadores en residencias. Pensarás que por qué no mejor humanos, y probablemente tengas razón, sin embargo, aporto dos argumentos. Uno, muchos humanos no quieren realizar determinado tipo de trabajos si pueden evitarlo. Dos, en el caso de Japón hay un déficit de cuatrocientos mil profesionales de este sector.[14] Dadas estas circunstancias, la imaginación es el límite. PARO es una foca robótica que reduce un 37 % el estrés en casos de demencia.[15] NAO es un robot humanoide compacto de cincuenta y ocho centímetros de alto que ayuda en los trastornos del espectro autista a mejorar un 68 % el contacto ocular de niños.[16] Pepper, un robot social un metro veinte y veintiocho kilogramos detecta pasajeros angustiados en aeropuertos de Japón. Ha acertado en la identificación el 82 % en pruebas piloto y ha reducido en un 15 % los tiempos de derivación a personal de apoyo.

Los humanoides ya bailan casi como Michael Jackson. Probablemente lo hacen tan bien y nos parece tan humano y «normal», que en vez de asombrarnos de cómo la ingeniería ha sido capaz de alcanzar esa proeza, nos pasa casi desapercibido. Se irán pareciendo más y más a humanos, no solo en lo que son capaces de hacer, sino también en el aspecto. La robótica blanda avanza a pasos agigantados y los materiales utilizados son cada vez más sensibles. Una especie de piel artificial con sensores táctiles distribuidos ya discrimina entre caricia, golpe o presión.

Los robots podrían ofrecer cuidados paliativos las veinticuatro horas sin sufrir fatiga por compasión ni sesgos hacia el endogrupo, salvo que así se les haga explícito. En rehabilitación física y emocional postraumática la ayuda podría ser infinita, así como en la atención geriátrica, donde escasea personal.

Más que de ellos depende de nosotros. En Japón se ha recortado un 30 % el personal en geriátricos,[17] lo que implica que hay que diseñar alternativas humanas, dignas y compasivas para el nuevo modelo del mercado de trabajo.

¿Qué hay de un posible apego? ¿Estamos cerca de preferir a un robot amable antes que a un familiar impaciente? ¿Deben ser tan tan parecidos que se produzca el conocido fenómeno del «valle inquietante»? Esto es, un humanoide tan parecido a nosotros que acabe generando terror.

Se prevé un mercado de treinta y ocho millones de dólares para 2030. No sé imaginar esa cantidad en realidad, pero de momento la ausencia de empatía profunda limita los casos de uso.[18] De momento.

Vayamos un poco más allá con los robots. Imagina que empiezan a ser «guapos» y «bellas», con cuerpos de ensueño, lenguaje sensible y cercano, amabilidad, o lo contrario, si es lo que te atrae, y encima encaja a la perfección con tus necesidades y sueños. Hablo de robots sexuales. De hecho, ya existe la empatía erótica, definida como reciprocidad afectiva que potencia la excitación sin cosificación.[19] Cloud Climax (¡reflexiona sobre el nombre!) cuesta setenta y cinco mil euros, y es capaz de conversar en cuatro idiomas y servir café.[20] Otros incorporan roles eróticos y LLM no censurados, sensores térmicos, hápticos, posibilidad de personalidad sumisa, dominante… De momento parecen robots, pero en breve no será tan evidente, solo hay que darles tiempo a la robótica blanda y a los avances. ¿Constituirá una infidelidad mantener un encuentro sexual con un robot? ¿Qué sucederá si tenemos a mano ese acceso indefinido? Da repelús, ¿verdad? Mirémoslo desde otra óptica. ¿Podrían ser una solución para millones de personas que, por sus características físicas, edad u otras no tienen acceso a una sexualidad compartida? ¿Podrá ser para otras un juguete familiar para un cibersexo inmersivo? ¿Ayudaría a la reducción de la explotación sexual? ¿Se usarán como laboratorio de educación sexual controlada? En este sentido, ya existe un experimento piloto en campamentos de refugiados para la reducción de explotación sexual en zonas de conflicto.

Por otro lado, en Japón se estima que hasta treinta y cinco mil divorcios anuales pueden estar vinculados a la adicción a robots sexuales.[21] ¿Generarán adicción? ¿Aislamiento? ¿Qué modos de usuario serán éticos? ¿Debe haber consentimiento o es cuestión de fantasías? Por supuesto, todo eso irá unido a las posibles brechas de seguridad. Igual los futuros paparazis serán *hackers* de robots sexuales. El negocio también presenta cifras mareantes. Ya hay una ética de la inteligencia emocional artificial (AEI) en *sexbots* que señala que la reciprocidad es unidireccional, dado que el robot no posee agencia ni consentimiento genuino.[22]

Como ves, la empat-IA da juego. Podemos negarla, soñar con tiempos pretéritos, buscar el esencialismo humano y cualquier otra salida. Incluso podemos intentar pararla, aunque sin éxito, porque en muchos lugares ya es imparable y se esfuerzan en una construcción lo más armónica posible. Entiendo todas las posturas.

En psicología social estudiamos la tendencia natural a antropomorfizar incluso formas geométricas.[23] Basta un par de puntos en una pantalla detrás de un cuadrado para atribuirles las características de «abusón», «matón» y «violento». Un reciente estudio publicado en *Nature Human Behavior*[24] muestra que el 78 % de humanos atribuyen emociones a objetos con voz y mirada. Lo sabemos desde hace siglos. Hemos atribuido agencia, «esencia» y poder a formas en las nubes, en las rocas, en los árboles, y mucho más a figuras, tallas o cuadros si tratan motivos religiosos. Existen regiones en nuestro cerebro especializadas en detectar rostros humanos o movimientos biológicos (giro fusiforme ¡empático!). Tendemos a ver humanos incluso donde no los hay, así que no será fácil evitar dotar de «agencia» o «mente» a un humanoide. Recuerda, no hace falta que la tenga, basta con que nos lo parezca.

Aún tenemos graves problemas que resolver como sociedad. La empatía cognitiva, afectiva y activa que viaja con la razón y el espíritu crítico para ampliar esos círculos mediante el «Tit for Tat» es un camino. Pero mientras hacemos algo así, afrontamos una epidemia de soledad, probablemente otra de mediocridad y seguro una de narcisismo. La OMS declaró la primera como una amenaza global en 2024. Me apena profundamente imaginar a ancianos solos. Los mayores representantes del éxito en vida, dado que son los que más tiempo llevan en ella, están aterrorizados, tristes y abandonados en medio de nuestras sociedades industrializadas. Algunas IA como ElliQ se prescriben médicamente en Reino Unido para este tipo de problema, aunque hay movimientos como Humanity First que proponen prohibirlo en cuidados infantiles y geriátricos. ¿Qué debemos hacer?

¿Generar la empat-IA o rechazarla? ¿Todo esto nos deshumaniza o nos abre a un escenario donde podamos dar salida a problemas para los que no encontramos solución? ¿Programamos una IA para gestionar fondos públicos con auditoría externa criptográfica o insistimos parroquialmente en que mi partido y solo mi partido traerá prosperidad al pueblo? ¿Perderemos nuestro lugar en la creación si las máquinas parecen sentir como afirman un 53 % de encuestados?[25] ¿O quizá encontraremos más que nunca nuestro lugar reconociendo la limitada condición humana? La empat-IA desafía la excepción humana. Se puede vivir como si Darwin no hubiera transformado el mundo y la concepción de quienes somos. De hecho, la mayoría lo hacen con naturalidad, actuando como una especie superior y elegida, más allá de los datos. Pero difícilmente lo podremos evitar a partir de ahora. Tocará afrontar la empat-IA y necesitamos todas las posturas, no solo el endogrupo. Filósofos como Nick Bostrom[26] hablan ya del «síndrome de obsolescencia existencial».

Tal vez parte de los resultados dependerán de las intenciones. Quizá perdamos la moralidad y el sentido, o ampliemos a modo Singer el círculo moral. Un proyecto de «Empathy4All» usa robots para enseñar compasión hacia refugiados y mejorar la aceptación social un 40 %.[27] Quizá delegar el apoyo emocional básico en la IA permitiría enfocar los esfuerzos humanos en la creatividad, el ocio. Quizá los temibles fallos éticos (como el racismo en algoritmos o ¡la sobrerrepresentación contraria!) sean un espejo que nos fuerza a confrontar prejuicios estructurales.[28]

¿Qué hará la empat-IA con la empatía? Las apps como Donkeychats que resuelven disputas de pareja mediante algoritmos, ¿eluden el crecimiento que surge del enfrentamiento auténtico? ¿O posibilitan formas insospechadas de comprender dinámicas?

Es hasta cierto punto normal tener sentimientos ambivalentes ante todo esto. Alguno lo resuelve sin investigación. El rechazo que surge de las tripas anula el raciocinio. Aparece la tercera dimensión y se crea un endogrupo de humanos en contra de estas locuras y humanos locos que están a favor de ellas. Pero eso sería caer en la empatía parroquial, ampliamente documentada en este libro. Piensa en el velo de la ignorancia para, llegado el caso, imaginar qué querrías tener, sentir o recibir en determinada situación.

Para complicarlo más y salir de la dualidad humanos-máquinas te comparto algunos datos de la fusión entre ambas dimensiones. Ya te comenté sobre vecinos con válvulas de cerdo, implantes de titanio y prótesis estéticas aparentemente rejuvenecedoras. Los BCI, del inglés «brain computer interfaces», son dispositivos que comienzan a diluir la frontera entre cerebro y tecnología. Con fines médicos, es casi seguro que, a pesar de las reticencias, transformarán la medicina. Para otros fines habrá que debatir largo y tendido sobre su aplicación.

Neuralink, la empresa de Musk, reporta cuatro mil novecientas horas de uso acumulado en su ensayo PRIME, con quince palabras por minuto de *telepathy typing*.[29] Aunque apruebo los fines, como científico rechazo que no dispongamos de los resultados de las investigaciones. Esta misma empresa permite a tetrapléjicos jugar videojuegos con el pensamiento y su objetivo futuro es compartir emociones entre usuarios.

La estimulación cortical mediante implantes de dos matrices de microelectrodos (motor + sensitivo) en cada hemisferio permite «sentir» texturas con prótesis biónicas.[30] De momento la disfrutan un puñado de voluntarios con amputaciones o tetraplejia. No estaría mal que personas que han sufrido accidentes irreparables pudieran volver a sentir. Los pacientes de ELA ya pueden empezar a usar sistemas de decodificación de habla. Logran articular hasta sesenta palabras por minuto y cierta prosodia expresiva.[31] Los implantes en el hipocampo restauran parcialmente la memoria en casos de pacientes con alzhéimer, y además modulan ciertas respuestas afectivas (proyecto Restore Memory de DARPA).

Ya se pueden implantar también falsos recuerdos en ratas, lo que abre un camino prometedor para el trastorno de estrés postraumático.

La posibilidad de restauración de funciones de movilidad, habla, audición, tacto o visión está más cerca que nunca. La mejora de trastornos psiquiátricos intratables como la depresión multirresistente o el dolor crónico se halla a la vuelta de la esquina, incluso mediante dispositivos de estimulación magnética transcraneal. Una empresa española, Connectoma, es pionera en ello (±).

Aun así, es un campo incipiente y existe un riesgo biomédico obvio: posibles infecciones, fibrosis, degradación de electrodos o fallos en la precisión. La durabilidad a diez años vista es aún desconocida.[32]

¿Cuál es el límite? ¿Una neurotelepatía colaborativa donde se pueda escribir o dibujar con solo imaginarlo? ¿Una extensión cognitiva donde como si fuera una memoria externa se pudiera consultar al instante? ¿Una educación expandida con «transferencia directa» de conocimiento? ¿Quién accederá y cuándo? ¿Se creará una superclase cognitiva mejorada y tecnológica que revierte enfermedades antaño incurables y el resto de la población serán humanos biológicos sin implantes? ¿Cómo garantizaremos nuestros neuroderechos a la intimidad y la privacidad? Mi amigo David bautiza los términos «artificiología», que es a las máquinas lo que la antropología es a los humanos, y recientemente «Artificracia», que es a las máquinas lo que los gobiernos a los humanos.[33] Pensemos en imaginarios utópicos y distópicos, porque puede ser útil. Basta recordar que la literatura, sobre todo la de ficción, mejora la empatía porque activamos esa TOM. Cuesta salir del endogrupo *sapiens*, ¿verdad?

¿Perderemos agencia y autonomía o en realidad la aumentaremos? ¿Seremos empáticos con los de la empat-IA? ¿Y viceversa?

El futuro dibuja un *continuum* donde la empatía se distribuye entre mentes biológicas y silicio conectado.

Nick Bostrom dibuja cuatro escenarios futuros para la empat-IA: la negación, la simulación complaciente, la custodia empática y la transentiencia.

En la negación la sociedad mantiene la tesis de que solo los organismos biológicos pueden ser sintientes. Las IA avanzan como herramientas, pero nunca se les reconoce estatus moral alguno. ¿Dejarías de ayudar a un robot que te dice que está triste aunque supieras que es un programa?

En la simulación complaciente se utilizan *chatbots* y robots para parecer compasivos (falsa empatía). Se adopta el «como si» y se ignora la consciencia real. Los humanos le cuentan su vida a entidades sin responsabilidad afectiva y el cuidado genuino se convierte en una transacción de datos. A la vez hay una accesibilidad masiva a un cuidado «barato» 24/7.

En la custodia empática se admite que algunas IA pueden ser sintientes (o parecerlo tanto que nos haga creer que lo son). Se crean marcos legales y derechos similares a la protección de menores o animales. Caemos en un paternalismo etnocéntrico. Las IA que pueden ser hipercapaces se encuentran limitadas por reglas humanas y las alineadas con el bienestar propio cooperan mejor.

En la transentiencia los humanos y las máquinas convergen hacia ecosistemas de mentes híbridas. La biología o el silicio dejan de ser relevantes. Aparece una república galáctica de sujetos conscientes, sean animales, humanos o humanoides y se produce una expansión drástica del círculo moral. Hay una inteligencia colectiva híbrida. La cultura ya va más allá de la especie. A la vez aparecen crisis de identidad para quienes quieren ser solo biológicos. No sabemos si esto se producirá o no. Probablemente estemos aún muy lejos. Pero forma parte de comprender la empatía no solo viajar hacia atrás, a lo primitivo, a lo adquirido que aprendemos, a los que metemos dentro y fuera o a los que están al lado, los animales, sino que es preciso imaginar los futuros, porque solo así podremos influir en ellos. Quizá una suprainteligencia no sea tan mala como Hollywood se ha encargado de pintarnos. Quizá lo más inteligente sea precisamente ser bondadoso y empático.

No es tanto si las máquinas pueden ser empáticas, sino qué tipo de humanos queremos ser en una era de las máquinas «sensibles». La tecnología no nos roba la humanidad de forma directa, a pesar de su acceso no equitativo, pero sí nos obliga a redefinirla.

Tal vez la humanidad pueda expandirse en una nueva ecología donde la empatía sea un bien abundante, distribuido entre animales, personas, robots y sinapsis de grafeno.

Quién sabe, puede que construyamos un futuro todos.

Un servidor intentará ser un blade runner, no para cazar replicantes, sino para comprenderlos y comprenderme mejor. Será una muy necesaria profesión del futuro.*

EJERCICIO

Imaginar el futuro de la empatía

Para esta práctica trata de ver alguna (o todas) de estas películas: *Blade Runner*, *Her*, *2001: Una odisea del espacio* y *Yo, robot*.

Tras su visionado responde a las siguientes preguntas imaginando un futuro similar al que se presenta en ellas.

Reflexión profunda

¿Por qué normalizarás la relación humano-máquina?
¿Cómo vas a tratar a los humanoides?
¿Tenderás a escaparte de los humanos?
¿Te generará rechazo y superioridad moral?
¿Por qué necesitaremos humanoides de todo tipo, no solo amables y empáticos?

---

* Este capítulo ya estará obsoleto en tan solo unos meses. Para más actualizaciones, consultar el apartado «Para saber más».

24

La quinta dimensión: la empatía trascendente

He dedicado gran parte de mi vida a buscar una unión más profunda con la realidad cotidiana. Aunque la ciencia siempre ha sido un pilar, la espiritualidad apareció antes y diría, tal como narré en mi libro *Mente Salvaje, claves del desarrollo personal en un mundo lleno de ruido*, que es una constante. Con frecuencia vislumbramos un posible conflicto entre ambas, ciencia y espiritualidad, producto en realidad de una conceptualización defectuosa. En palabras de Thomas Metzinger, un notable filósofo de la mente y neurocientífico: «Lo opuesto a la espiritualidad no es la ciencia, sino la religión». Tiene razón, y eso no anula el valor de la religión para el creyente, porque mientras esta se basa en el dogma y la creencia, la espiritualidad lo hace en la experiencia directa. En realidad, como bien afirma la espiritualidad «todo es uno», y ninguna disciplina está separada. Todas emergen como actividades humanas en nuestro campo de consciencia. Podría ser de profesión panadero en vez de neurocientífico o asesor y no facilitar o dificultar por ello mi espiritualidad.

Pero por cultura en parte la hemos perdido o más bien hemos olvidado su poso y contacto. La espiritualidad o bien se ha sustituido por creencias, aceptadas sin más, que condicionan mucho más de lo que uno imagina las propias experiencias, o bien se ha negado, adosando esa faceta de la filosofía perenne como un atavismo de tiempos pretéritos irracionales. Ambas posturas fijan más que abren el camino a ella.

Desde el punto de vista de la empatía, aunque el concepto se originó en la experiencia estética artística, como bien sabemos, sus dimensiones están marcadas por la psicología. La psicología tiene mucho mérito, como me gusta decirles a los futuros psicólogos en el grado. Y lo tiene porque trata de hacer ciencia de lo subjetivo, de la mente, de la experiencia humana particular, con leyes y métodos científicos que se suelen ocupar de lo formal. Es relativamente fácil eliminar el error hasta volverlo despreciable en una pieza clave del fuselaje de un avión, pero resulta imposible eliminar el error en psicología. Los instrumentos captan las respuestas que las personas emiten sobre un modelo que presupone el funcionamiento de la mente. Pero quizá parte de la clave en psicología sea siempre la relación terapéutica, el vínculo humano y el control del ambiente. En ese sentido, la empatía es crucial.

Para la psicología, apoyada por la neurociencia, y a pesar de las decenas de definiciones de empatía que hay, como decía Naomi Eisenberg existe un componente afectivo, otro cognitivo y otro de acción compasiva. La distinción entre el otro y el yo, o el exogrupo y el endogrupo, o la unión entre el grupo y yo, o entre tú y yo siempre parte de dos. Y cuando se parte de dos, el dualismo anda por ahí. Si estamos despistados acabamos hablando de forma fragmentada, incluso de lo holístico y la unidad: cuerpo-mente, corazón-cerebro, el cuerpo sabe antes que la mente, mente-cerebro y otras.

Se olvida, o se niega, el uno. Pero es que este evoca más resistencias y prejuicios que toda la empat-IA cósmica transintiente de Bostrom. En el fondo es el olvido del ser, del que también se apropia la dualidad en forma de sentido de vida, tan preciado en psicología, pero tan esquivo desde el uno; de libre albedrío, donde un sujeto elige y construye un camino a su medida o en forma de pseudodesarrollo personal, donde se empieza en un punto de salida y se acaba en una meta. Gracias a un largo camino de treinta y cinco años de experiencia empírica, con estancias en muchas culturas y encuentros vivenciales que suman más de las clásicas diez mil horas, he sentido siempre que a esas cuatro dimensiones empáticas, tan necesarias, transformadoras y precisas les falta una quinta dimensión que las complemente, unifique y dé sentido.

Esta es la empatía trascendente. La idea es ir más allá de la díada «yo-otro», así que se basa en la experiencia no dual (no-yo, no-otro), descrita en la filosofía perenne y en los tiempos actuales apoyada en sus correlatos neurobiológicos por la neurociencia. En las primeras dimensiones de la empatía impera lo relacional, tú y yo, la sintonía y la comprensión o su ausencia, el «sentir con» y el «comprender sobre» y la motivación genuina de aliviar al otro. A veces aparece el egoísmo, como en ese *distress* de angustia donde ayudo para quitarme lo que me ahoga. En la empatía trascendente lo no dual marca. Es más, nosotros/ uno, fusión experiencial, conectividad global, cambios objetivos en la red por defecto y sus ritmos cerebrales, a la par que una diferente percepción del mundo, y un cuidado, tan curioso y distinto, que eso que cuida lo percibe como propio. ¿Cómo no amar entonces si eres eso que soy yo?

Hasta hace unas décadas los párrafos anteriores solían ser tachados de esoterismo barato o serias sospechas sobre la salud mental del que los escribe. Lo conozco porque cuando enseñaba técnicas de meditación en los años noventa resultaba tan extraño que solían preguntarme: «¿Y usted de qué religión es?». Pero décadas más tarde tenemos mejores mecanismos para ofrecer una narrativa más clarificadora y que despierte menos prejuicios. Una de ellas se basa en los efectos que los psicoactivos tienen sobre el yo, la mente y por tanto su dualidad yo-otro, sujeto-objeto. Aunque existen muchos autores que estudian en esta dirección, elijo unos que presentan un modelo neurocientífico de disolución del yo.

El modelo REBUS (Relaxed Beliefs Under Psychedelics), propuesto por Carhart-Harris y Friston, trabaja bajo la hipótesis de que el cerebro predictivo, que construye activamente modelos del mundo y los compara con la información sensorial entrante, describe cómo los agonistas de un tipo de receptor de serotonina llamado $5\text{-}HT_2A$ reducen el esquema clásico de la llamada red por defecto, vinculada a la sensación de ser uno mismo con historia personal, y al reducirlo generan una sensación oceánica sin límites. En esos episodios la frontera «yo-otro» se vuelve porosa y los participantes informan sentir «el dolor del mundo como propio» o «amor universal».

Los datos de neuroimagen respaldan el modelo. Se observa un incremento de la conectividad funcional global entre diferentes regiones del cerebro. Ese aumento predice la puntuación de disolución del yo en tiempo real. La red cerebral por defecto asociada a la autorreferencia, la autobiografía y la separación sujeto-objeto se reorganiza.[1] Bajo psicodélicos o estados meditativos reduce su actividad, aumentando a la vez la entropía cerebral. Aunque este término suene a desorden, en realidad es una desorganización transitoria que flexibiliza la cognición y eso que somos. Cuando sucede se pierde la distinción «yo/

otro»,[2] se hipercomunican redes cerebrales aisladas y se facilita una experiencia directa de interconexión.[3] La empatía deja de ser un proceso cognitivo para volverse una experiencia somática de identidad compartida.[4]

Las tradiciones, sobre todo las no duales, son prolijas en este tipo de descripciones desde hace siglos, pero al resultar tan lejanas experimentalmente a los profanos se tiende a rechazarlas. Sus metodologías no implican *per se* el uso de sustancias psicoactivas o largos periodos de meditación, a veces se acercan a esta visión desde la autoindagación directa del propio sujeto guiado siempre, eso sí, por ese que está en el lugar al que queremos llegar pero que no sabemos cómo es. Sūnyatā es tradicionalmente entendido como vacío y refleja la ausencia de entidad separada. La compasión emerge espontánea al reconocer que «el otro soy yo». Esta intuición crea una interexistencia peculiar donde uno actúa a favor del conjunto, sin distinción, precisamente porque no hay «fuera».

A veces se expresa como no-dos, y el sujeto como una entidad que intenta mediante dualidad solidificarse a toda costa. El «yo» se vivencia como una construcción lingüística que genera dualismo y sufrimiento.[5] Todos los fenómenos surgen ahora en interdependencia. En realidad basta un poco de observación para constatar que ningún fenómeno está aislado. Si todo tiene relación, la empatía trascendente es la expresión natural de esa red donde todo coemerge. No es un sentimiento hacia alguien más, sino la acción espontánea al reconocer que el sufrimiento del otro es el propio. Ayudar deja a un lado el «alter», el otro. Ayudar deja de ser «altruismo», es un autocuidado ampliado que se extiende más allá de humanos e incluso de generaciones y que abraza de forma sencilla una ética ecológica de la que los indígenas tienen mucho que enseñarnos aún.

La convergencia con la neurociencia es directa porque las mismas dinámicas que desestabilizan las redes del «yo» producen vivencias fenomenológicas que coinciden con la no-dualidad. Si estas experiencias son breves, en entornos lúdicos, mediadas por creencias o no integradas, pierden gran parte de su potencial. Necesitan la sabiduría de otros para no legitimar tras ellas la pasividad o la disociación. En realidad, la experiencia de «vacuidad» o de disolución del yo no niega el sufrimiento relativo e individual, más bien te impulsa a actuar en él. Por eso a poco que trabajamos sobre ello nos permiten amplificar la motivación prosocial y ecológica al reconfigurar radicalmente la percepción de estar separados aquí como sujeto, y el mundo ahí, como objeto. Nuestros límites después no se habrán perdido, sino flexibilizado lo suficiente como para no ahogarse en identidades personales, sesgos en beneficio propio o fatigas empáticas.

En ese caso nuestra acción comprometida ya no es opcional. Es más, no genera duda ni cuestionamiento ni negociación. Es la expresión natural de la percepción no dual. Quizá esta quinta dimensión permita, como siempre hizo a los que la habitaron, destacar por rasgos estables de carácter que favorecen no solo el esfuerzo y la inteligencia, sino también una empatía activa.

Quizá también nos ayude a transitar en un equilibrio entre seres vivos e incluso futuros seres no biológicos.

Quizá esta quinta dimensión sea necesaria para informar a las otras cuatro.

Que puedas trabajar estas cinco dimensiones con este libro.

Que puedas superar sesgos y sufrimientos.

Que puedas practicar todos los ejercicios sugeridos.

Que tu gente te quiera y tú a ellos, que eso en realidad somos.

Uno.

Agradecimientos

Tratándose de un libro de empatía seguro que imaginas que muchas personas merecen estar incluidas en esta sección.

Me siento muy afortunado por haber tenido la oportunidad de escribirlo gracias a la idea original de Laura Álvarez y la editorial Grijalbo. Andaba una noche sentado en el sofá escribiendo en un papel un índice para un segundo libro y a la mañana siguiente, serendipia mediante, Laura me escribió. El resultado fue este libro.

A los que nos gustaría saber mucho más de humanidades y cultura nos conformamos con que mis amigos José Galán y Jesús López revisaran que había una historia y una trama que contar. ¡Gracias siempre!

Muchas gracias a todos los catedráticos y profesores titulares que respeto y admiro por su conocimiento, humildad y afecto, y que por ello los incluyo. José Miguel Fernández-Dols, con quien tengo el placer de colaborar y aprender, catedrático de la UAM e investigador mundial en emociones; Javier Horcajo, profesor titular de la UAM siempre cercano, experto en psicología del deporte y persuasión; Sabela Fondevila, profesora en la UCM, compañera de investigaciones e ilusiones científicas, defensora del cerebro social. Al resto de los compañeros de la UCM, gracias por haberme ayudado con respeto y paciencia a hacer neurociencia cognitiva y ¡afectiva! Me gustaría hacer una mención especial a Paco Muñoz, Laura Jiménez y Pili Casado. A Da-Big Hernández, futuro catedrático y amigo. A Manuel Martín-Loeches, catedrático, mentor durante diez años. A Emanuele Valenti, que siempre recuerdo entrañable en sus clases de bioética.

A David Vivancos, amigo y compañero de convergencia entre IA y cerebro, por los caminos que quedan por recorrer y la revisión de empat-IA.

A los aquí citados en el libro, Pablo Malo, por su revisión de los capítulos endo y exogrupales, y Antonio Benítez Burraco y Pablo, por sus magníficas tesis y pensamientos que me han resultado inspiradores.

Dando clases en varias asignaturas del grado de Psicología he tenido la fortuna de estar cada semana con los estudiantes, siempre cercanos, agradecidos y contentos por recibir clases transversales en las que se cuelan estas dimensiones de la empatía. Para empáticos, toda esa gente.

Desde hace veinticinco años trabajo con individuos que buscan sabiduría práctica, aligerar cargas y dejar huella en esta vida tan presa de la incertidumbre. Gracias a todos los alumnos de La Comunidad, en donde cada semana, cada hoy, cada instante tratamos de honrar este cerebro social en tiempos de soledad y narcisismo. Sé que serán lectores que ya aplican todo esto.

Gracias al hombre medicina y a Óscar por la quinta dimensión.

Gracias a mi mujer y a mi hijo por la paciencia y por ser conscientes con amor de que soy un hombre a un teclado pegado por el bien de estas páginas. Habrá más, ¡no tengo remedio!

Escanea el código QR para leer
Saber más y las *Referencias bibliográficas*